极简资治通鉴

张宏儒 沈志华◎主编

江苏凤凰文艺出版社
JIANGSU PHOENIX LITERATURE AND ART PUBLISHING, LTD

图书在版编目（CIP）数据

极简资治通鉴 / 张宏儒，沈志华主编. — 南京：江苏凤凰文艺出版社，2020.7

ISBN 978-7-5594-4424-0

Ⅰ.①极… Ⅱ.①张… ②沈… Ⅲ.①中国历史－古代史－编年体－通俗读物 Ⅳ.①K204.3-49

中国版本图书馆CIP数据核字（2019）第293481号

书　　名	极简资治通鉴
主　　编	张宏儒　沈志华
责任编辑	孙金荣
特约编辑	易家成
出版统筹	孙小野
责任校对	孔智敏
封面设计	八牛·设计 34508448@QQ.com 8NEW DESIGN STUDIO
版面设计	李　亚
出版发行	江苏凤凰文艺出版社
出版社地址	南京市中央路165号，邮编：210009
出版社网址	http://www.jswenyi.com
印　　刷	三河市金元印装有限公司
开　　本	700毫米×1000毫米 1/16
印　　张	29
字　　数	400千字
版　　次	2020年7月第1版　　2020年7月第1次印刷
标准书号	ISBN 978-7-5594-4424-0
定　　价	68.00元

目录

战国

秦汉

魏晋南北朝

隋唐五代

战国

极简资治通鉴

三家分晋

周威烈王二十三年（前 403）

当初，晋国大夫智襄子当政。有一天，他与晋国另两位大夫韩康子、魏桓子在蓝台饮宴。席间，智襄子戏弄了韩康子，又侮辱了他的家相段规。

智襄子的家臣智国听说此事以后，就告诫说："主公，如果您不对招来灾祸的行为加以提防，那么灾祸就一定会来了！"

智襄子却说："别人是否有生死灾祸都取决于我，如果我不给他们降临灾祸，我看有谁敢兴风作浪？"

智国又说："这话可不妥。《夏书》中说：'如果一个人屡次三番地犯错误，那么他结下的仇怨又岂能在明处？我们应该在仇怨还没有表现出来的时候就加以提防。'贤德的人能够谨慎地处理小事，所以不会招致大祸。现在主公一次宴会就得罪了别人的大夫和家相，又不加以戒备，还说他们都不敢兴风作浪，这种态度恐怕不行吧？就连蚊子、蚂蚁、蜜蜂、蝎子都能害人，更何况是大夫和家相呢？"

但是智襄子不听。

后来，智襄子向韩康子索要土地，韩康子不想给他。

段规进言说："智襄子贪财好利，又刚愎自用，如果我们不给，他一定会讨伐我们，所以不如姑且给他。他拿到土地以后会更加狂妄，一定又向别人索要；如果别人不给，他必定向人动武用兵，这样我们就可以免于祸患并伺机行动了。"

韩康子说："好主意。"于是派使臣去送上有万户居民的土地。

智襄子大喜，果然如段规所料，又向魏桓子提出索地要求，魏桓子也不想给。

他的家相任章问："为什么不给呢？"

魏桓子说："他无缘无故来要地，所以我不想给他。"

任章说："智襄子无缘无故强索他人领地，一定会引起其他大夫的警惧；我们给智襄子地，他一定会骄傲。他骄傲就会轻敌，我们警惧的同时互相团结；用精诚团结之兵来对付狂妄轻敌的智襄子，智家的命运一定不会长久了。《周书》说：'要打败敌人，就必须暂时听从他；要夺取敌人的利益，就必须先给他一些好处。'主公不如先答应智襄子的要求，让他骄傲自大，然后我们可以选择盟友共同图谋，又何必让我们独自成为智襄子的靶子呢？"

魏桓子说："你说得对。"于是也交给智襄子一块有万户居民的土地。

智襄子对此并没有满足，又向赵襄子索要蔡和皋狼两处地方。赵襄子拒绝，没有给他土地。

智襄子勃然大怒，率领韩、魏两家的甲兵前去攻打赵家。

赵襄子准备出逃，问随从："我应该到哪里去呢？"

随从说："长子城最近，而且城墙坚厚又完整。"

赵襄子说："百姓筋疲力尽地修完城墙，又要他们舍生入死地为我守城，谁能和我同心？”

随从又说：“邯郸城里仓库充实。”

赵襄子说：“搜刮民脂民膏才使仓库充实，现在又因战争让他们送命，谁会和我同心？还是投奔晋阳吧，那里是先主的地盘，尹铎又待百姓宽厚，人民一定能同我们同舟共济。”[1]

于是赵襄子一行便前往晋阳。

智襄子、韩康子、魏桓子三家出兵围住晋阳，又引水灌城。城墙头只差三版的地方没有被淹没，锅灶都被泡塌，青蛙滋生，人民仍没有背叛之意。

智襄子巡视水势，魏桓子为他驾车，韩康子站在右边护卫。

智襄子说：“我今天才知道水可以让人亡国。”

魏桓子用胳膊肘碰了一下韩康子，韩康子也踩了一下魏桓子的脚，因为汾水可以灌魏国都城安邑，绛水也可以灌韩国都城平阳。

智家的谋士絺（chī）疵对智襄子说：“韩、魏两家肯定会反叛。”

智襄子问：“你怎么知道？”

絺疵说：“以人之常情而论。我们调集韩、魏两家的军队来围攻赵家，赵家覆亡，下次灾难一定是祸及韩、魏两家了。现在我们约定灭掉赵家后三家分割其地，晋阳城仅差三版就被水淹没，城内宰马为食，破城已是指日可待。然而韩康子、魏桓子两人没有高兴的心情，反倒面有忧色，这不是必反又是什么？”

第二天，智襄子把絺疵的话告诉了韩康子、魏桓子二人，二人说：“这一定是小人离间你我，想为赵家游说，让主公您怀疑我们韩、魏两家而放松对赵家

[1] 此前，赵襄子的父亲赵简子派尹铎去晋阳，临行前尹铎请示说：“您是打算让我去抽丝剥茧般地搜刮财富呢，还是将晋阳作为保障之地？”赵简子说：“作为保障之地。”尹铎便少算居民户数，减轻赋税。赵简子又对儿子赵襄子说：“一旦晋国发生危难，你不要嫌尹铎地位不高，不要怕晋阳路途遥远，一定要以那里作为归宿。”

的进攻。不然的话，我们两家岂不是放着早晚就分到手的赵家田土不要，而要去干那危险又必不可成的事吗？”

二人出去以后，絺疵进来说：“主公为什么把臣下的话告诉他们二人呢？”

智襄子惊奇地反问：“你怎么知道的？”

絺疵说：“我看见他们认真看着我然后匆忙离去，应该是因为知道我看穿了他们的心思。”

智襄子不改。于是絺疵请求让他出使齐国。

赵襄子派张孟谈[1]秘密出城来见韩康子、魏桓子二人。

张孟谈说：“我听说唇亡齿寒。现在智襄子率领韩、魏两家来围攻赵家，赵家灭亡就该轮到韩、魏了。”

韩康子、魏桓子也说：“我们心里也知道会这样，只怕事情还未办好而计谋先泄露出去，就会马上大祸临头。”

张孟谈又说：“计谋出自二位主公之口，进入我一人耳朵，有什么伤害呢？”

于是两人秘密地与张孟谈商议，约好起事日期后送他回城了。

夜里，赵襄子派人杀掉智军守堤官吏，使大水决口反灌智襄子军营。智子军为救水淹而大乱，韩、魏两家军队乘机从两翼夹击，赵襄子率士兵从正面迎头痛击，大败智子军。于是他们杀死智襄子，又将智家族人尽行诛灭。

赵、韩、魏三家瓜分了智家的田土，从此晋国的大权由赵、韩、魏三家把持。

后来周威烈王封赵襄子的曾侄孙赵籍为赵烈侯，韩康子的孙子韩虔为韩景侯，魏桓子的孙子魏斯为魏文侯。

---

[1]张孟谈，战国初年晋国人，赵襄子的家臣。司马迁在《史记》中为避其父司马谈讳，写作“张孟同”。

文侯治魏

周威烈王二十三年（前 403）

魏文侯以卜子夏[1]、田子方[2]为国师，他每次经过名士段干木[3]的住宅，都要在车上俯首行礼。四方贤才德士很多前来归附他。

有一天，魏文侯与群臣饮酒。奏乐间，下起了大雨，魏文侯却下令备车前往山野之中。

左右侍臣问："今天饮酒正在兴头上，天又下大雨，国君打算到哪里去呢？"

魏文侯说："我与虞人[4]约好了去打猎，虽然这里很快乐，也不能不遵守约定！"于是亲自前去告知虞人停猎。

韩国向魏国借兵攻打赵国。

---

[1]卜子夏（前 507—前 400），名商，字子夏，曾求学于孔子，孔门十哲之一。孔子去世后，前往魏国教学育人。

[2]田子方，名无择，字子方，孔子再传弟子，师从子贡。

[3]段干木，即李克，封于段，为干木大夫，故称段干木。他是卜子夏的弟子，田子方的朋友。

[4]虞人，古代林业职官名称，掌管山泽、苑囿、田猎。

魏文侯说：“我与赵国是兄弟之邦，不敢从命。”

赵国也来向魏国借兵讨伐韩国，魏文侯仍然用同样的理由拒绝了。

两国使者都怒气冲冲地离去。后来两国得知魏文侯对自己的和睦态度，都前来朝拜魏国。魏国于是开始成为魏、赵、韩三国之首，各诸侯国都不能和它争雄。

魏文侯派将领乐羊攻打中山国，尽占其地，封给自己的儿子魏击。

魏文侯问群臣：“我是什么样的君主？”

大家都说：“您是仁德的君主！”

谋士任座却说：“国君您得了中山国，不用来封给您的弟弟，却封给自己的儿子，这算什么仁德君主！”

魏文侯勃然大怒，任座快步离开。

魏文侯又问翟璜[1]，翟璜说：“您是仁德君主。”

魏文侯问：“你何以知道？”

翟璜说：“臣下我听说国君仁德，他的臣子就敢直言。刚才任座的话很耿直，于是我知道您是仁德君主。”

魏文侯大喜，派翟璜去追任座回来，还亲自下殿堂去迎接，奉为上客。

魏文侯与田子方饮酒，魏文侯说：“编钟的乐声不协调吗？左边有些高。”

田子方笑了，魏文侯问：“你笑什么？”

田子方说：“臣下我听说，国君懂得任用乐官，不必懂得乐音。现在国君您精通音乐，我担心您会疏忽了任用官员的职责。”

魏文侯说：“对。”

[1]翟璜，又名翟触，辅佐魏文侯多年，爵至上卿。

魏文侯问李克[1]："先生曾经说过：'家贫思良妻，国乱思良相。'现在我选国相，不是魏成[2]就是翟璜，这两人怎么样？"

李克说："下属不参与尊长的事，外人不过问亲戚的事。臣子我在朝外任职，不敢随意置喙。"

魏文侯说："先生不要临事推让！"

李克说："国君您没有仔细观察呀！看人，平时要看他所亲近的，富贵时要看他所交往的，显赫时要看他所推荐的，穷困时要看他所不做的，贫贱时要看他所不取的。仅此五条，就足以去断定人，又何必要等我指明呢！"

魏文侯说："先生请回府吧，我的国相已经选定了。"

李克离去，遇到翟璜。

翟璜便问他道："听说今天国君召您去征求国相人选，到底定了谁呢？"

李克说："魏成。"

翟璜立刻愤愤不平地变了脸色，说："西河守令吴起，是我推荐的。国君担心内地的邺县，我推荐西门豹。国君想征伐中山国，我推荐乐羊。中山国攻克之后，没有人去镇守，我推荐了先生您。国君的公子没有老师，我推荐了屈侯鲋。凭耳闻目睹的这些事实，我哪点儿比魏成差！"

李克说："你把我介绍给你的国君，难道是为了结党以谋求高官吗？国君问我国相的人选，我说了刚才那一番话。我所以推断国君肯定会选中魏成为相，是因为魏成享有千钟的俸禄，十分之九都用在外面，只有十分之一留作家用，所以向东得到了卜子夏、田子方、段干木。这三个人，国君都奉他们为老师；而你所举荐的五人，国君都任用为臣属。你怎么能和魏成比呢！"

翟璜听罢徘徊不敢进前，一再行礼说："我翟璜，真是个粗鄙之人，失礼了，我愿终身做您的弟子！"

---

[1]此处李克疑为李悝。

[2]魏成，魏文侯的弟弟，因排行最小，又叫魏季成。

吴起之死

周威烈王二十三年（前 403）

吴起，卫国人，在鲁国任官。齐国攻打鲁国，鲁国想任用吴起为将，但吴起娶的妻子是齐国人，鲁国猜疑吴起。于是，吴起杀死了自己的妻子，求得大将，大破齐国军队。

有人在鲁穆公面前攻击他说："吴起当初曾师事曾参，母亲死了也不回去治丧，曾参与他断绝关系。现在他又杀死妻子来求得您的大将职位。吴起，真是一个残忍缺德的人！况且，以我们小小的鲁国能有战胜齐国的名气，各个国家都要来算计鲁国了。"

吴起恐怕鲁国治他的罪，又听说魏文侯贤明，于是就前去投奔。

魏文侯征求李克的意见，李克说："吴起为人贪婪而好色，然而他的用兵之道，连齐国的名将司马穰苴（rɑ́ng jū）也超不过他。"

于是魏文侯任命吴起为大将，攻击秦国，攻占五座城。

周安王十五年（前 387）

魏文侯去世，太子魏击即位，是为魏武侯。

魏武侯乘船顺黄河而下，在中游对吴起说："稳固的山河真美啊！这是魏国的宝啊！"

吴起说："国宝在于德政而不在于地势险要。当初三苗氏部落，左面有洞庭湖，右面有彭蠡湖，但他们不修德义，被禹消灭了；夏朝君王桀的居住之地，左边是黄河、济水，右边是泰华山，伊阙山在其南面，羊肠坂在其北面，但因朝政不仁，也被商朝汤王驱逐了；商朝纣王的都城，左边是孟门，右边是太行山，常山在其北面，黄河经过其南面，因他施政不德，被周武王杀了。由此可见，国宝在于德政而不在于地势险要。如果君主您不修德政，恐怕就是这条船上的人，也要成为您的敌人。"

魏武侯说："你说得对。"

魏国设置国相，任命田文为相。

吴起不高兴，对田文说："我和你比一比功劳如何？"

田文说："可以。"

吴起便说："统率三军，使士兵乐于战死，敌国不敢谋算，你比我吴起如何？"

田文说："我不如你。"

吴起又问："整治百官，亲善百姓，使仓库充实，你比我吴起如何？"

田文说："我不如你。"

吴起再问："镇守西河，使秦兵不敢向东侵犯，韩国、赵国依附听命，你比我吴起如何？"

田文还是说："我不如你。"

吴起质问道："这三条你都在我之下，而职位却在我之上，是什么道理？"

田文说："如今国君年幼，国多疑难，大臣们不能齐心归附，老百姓不能信服。在这个时候，朝政是嘱托给你呢，还是嘱托给我呢？"

吴起默默不语想了一会儿，说："嘱托给你啊！"

过了很久，魏国新国相公叔娶了公主为妻，以吴起为忌。

他的仆人献计说："吴起很容易除掉。他为人刚劲而沾沾自喜。您可以先对国君说：'吴起是个杰出人才，但君主您的国家小，我担心他没有长留的心思。国君您何不试着要把女儿嫁给他，如果吴起没有久留之心，一定会辞谢的。'主人您再与吴起一起回去，让公主羞辱您，吴起看到公主如此轻视您，一定会辞谢国君的婚事，这样您的计谋就实现了。"

公叔照此去做，吴起果然辞谢了与公主的婚事。

魏武侯因此疑忌吴起，不敢信任。吴起害怕杀身之祸，于是投奔了楚国。

楚悼王早就听说吴起是个人才，他一到，便任命他为国相。

吴起严明法纪号令，裁减一些不重要的闲官，罢免了王族中的远亲疏戚，用来安抚奖励征战之士，大力增强军力，破除合纵连横游说言论。

于是楚国向南平定百越，向北抵挡住韩、魏、赵三国的扩张，向西征讨秦国，各诸侯国都害怕楚国的强大。而楚国的王亲贵戚、权臣显要中却有很多人怨恨吴起。

周安王二十一年（前 381）

楚悼王去世。贵族国戚和大臣作乱，攻打吴起，吴起逃到悼王尸体边，伏在上面。攻击吴起的暴徒用箭射吴起，连同射中了悼王的尸体。

办完丧事，楚肃王即位，命令楚相全数翦灭作乱者，因箭射吴起之事而被灭族的多达七十余家。

商鞅变法

周显王七年（前 362）

秦国秦献公去世，其子即位为秦孝公。

这时黄河、崤山以东有六个强国，淮河、泗水流域十几个小国林立，楚国、魏国与秦国接壤。魏国筑有一道长城，从郑县沿着洛水直到上郡；楚国自汉中向南占有巴郡、黔中等地。

各国都把秦国当作未开化的夷族，予以鄙视，不准参加中原各诸侯国的会议盟誓。目睹此情，秦孝公决心发愤图强，整顿国家，修明政治，想让秦国强大起来。

周显王八年（前 361）

秦孝公下令说："当年我国的国君秦穆公，立足于岐山、雍地，修明政德，建立武功，向东平定了晋国之乱，以黄河为国界；向西称霸于戎翟等族，占地广达千里；被周王赐予方伯重任，各诸侯国都来祝贺，所开辟的基业是多么光大宏伟。

“只是后来历代国君厉公、躁公、简公及出子造成国内动乱不息，才无力顾及外事。魏、赵、韩三国夺去了先王开创的河西领土，这是无比的耻辱。到献公即位时，平定安抚边境，把都城迁到栎阳，亲往治理，准备向东征讨，收复穆公时的旧地，重修穆公时的政策法令。

“我想到先辈的未竟之志，常常痛心疾首。现在宾客群臣中谁能献上奇计，让秦国强盛，我就封他为高官，给他封地。”

卫国的公孙鞅[1]听到这道命令，于是西行来到秦国。

公孙鞅是卫国宗族旁支后裔，喜好法家刑名之学。他在魏国的国相公叔痤（cuó）手下做事，公叔痤深知他的才干，但还未来得及推荐。

适值公叔痤患病，魏惠王前来看望，问道：“您如果不幸去世，国家大事如何来处置？”

公叔痤说：“我手下任中庶子之职的公孙鞅，年纪虽轻，却有奇才，希望国君把国家交给他来治理！”

魏惠王听罢默然不语。

公叔痤又说：“如果国君您不采纳我的建议而重用公孙鞅，那就要杀掉他，不要让他到别的国家去。”

魏惠王许诺后告辞而去。

公叔痤又急忙召见公孙鞅道歉说：“我必须先忠于君上，然后才能照顾属下；所以先为国君谋划，然后再告诉你。你一定要赶快逃走啊！”

公孙鞅摇头说：“国君不能听从你的意见来任用我，又怎么能听从你的意见

[1]公孙鞅（约前395—前338），公孙氏，名鞅，卫国国君的后代。因是卫国人，又称卫鞅。后来因辅佐秦孝公变法，封于商於（位于今陕西商洛），号称为商君，又称商鞅。

来杀我呢？”到底没有出逃。

魏惠王离开公叔痤，果然对左右近臣说：“公叔痤病入膏肓，真是太可怜了。他先让我把国家交给公孙鞅去治理，然后又劝我杀了公孙鞅，岂不是太荒谬了吗？”

公孙鞅到了秦国后，托宠臣景监推荐见到秦孝公，陈述了自己富国强兵的计划，孝公大喜过望，从此与他共商国家大事。

周显王十年（前359）

公孙鞅想实行变法改革，秦国人都不赞同。

他对秦孝公说：“对下层人，不能和他们商议开创的计划，只能和他们分享成功的利益。讲论至高道德的人，与凡夫俗子没有共同语言；建成大业的人，不去与众人商议。所以圣贤只要能够强国，就不拘泥于旧的传统。”

大夫甘龙反驳说：“不对，按照旧章来治理，才能使官员熟悉规矩而百姓安定不乱。”

公孙鞅说：“普通人安于旧习，学者往往陷于所知范围不能自拔。这两种人，让他们做官守法可以，但不能和他们商讨旧章之外开创大业的事。聪明的人制定法规政策，愚笨的人只会受制于人；贤德的人因时而变更礼制，无能的人则死守成法。”

秦孝公说：“说得好！”便任命公孙鞅为左庶长的要职。

于是公孙鞅制定了变法的法令。

下令将人民编为五家一伍、十家一什，互相监督，犯法连坐。举报奸谋的人与杀敌立功的人获同等赏赐，隐匿不报的人按临阵降敌给以同等处罚。立军功者，可以获得上等爵位；私下斗殴内讧的，以其轻重程度处以大小刑罚。致力于本业，耕田织布生产粮食布匹多的人，免除他们的赋役。不务正业因懒惰而贫穷的人，全家收为国家奴隶。王亲国戚没有获得军功的，不能享有宗族的地位。明确由低到高的各级官阶等级，分别配给应享有的田地房宅、奴仆侍女、衣饰器物。使有功劳的人获得荣誉，无功劳的人即使富有也不能显耀。

法令已详细制定但尚未公布，公孙鞅怕百姓不相信，于是在国都的集市南门立下一根长三丈的木杆，下令说有人能把它拿到北门去就赏给十金。

百姓们感到此事很古怪，没人动手去搬。

公孙鞅又说："能拿过去的赏五十金。"

于是有一个人半信半疑地拿着木杆到了北门，立刻获得了五十金的重赏。这时，公孙鞅才下令颁布变法法令。

变法令颁布一年后，前往国都控诉新法使民不便的秦国百姓数以千计。

这时太子也触犯了法律，公孙鞅说："新法不能顺利施行，就在于上层人士带头违犯。"

太子是国君的继承人，不能施以刑罚，便将他的老师公子虔处刑，将另一个老师公孙贾脸上刺字，以示惩戒。

第二天，秦国人听说此事，都小心翼翼地遵从法令。

新法施行十年，秦国出现路不拾遗、山无盗贼的太平景象，百姓勇于为国作战，不敢再行私斗，乡野城镇都得到了治理。

这时，那些当初说新法不便的人中，有些又来说新法好。

公孙鞅说："这些人都是乱法的刁民！"把他们全部驱赶到边疆去住。

此后老百姓不敢再议论法令的是非。

孙庞斗智

周显王十五年（前 354）

魏惠王率军攻打赵国，围困邯郸城。

楚宣王派景舍为将出兵救赵。

周显王十六年（前 353）

齐威王派田忌率军救赵。

起初，孙膑与庞涓一起学兵法，庞涓在魏国做将军，自己估量才能不如孙膑，便召孙膑前来魏国，又设计依法砍断孙膑的双脚，在脸上刺字，想使他终身成为废人。

齐国使者来到魏国，孙膑以受刑罪人身份与他暗中相见，说动了齐国使者，偷偷地把孙膑藏在车中带回到齐国。

齐国大臣田忌把他奉为座上客，又推荐给齐威王。齐威王向他请教了兵法，于是延请他为老师。

这时齐威王计划出兵援救赵国，任命孙膑为大将，孙膑以自己是个残疾之人为由坚决辞谢，齐威王便以田忌为大将、孙膑为军师，让他坐在帘车里，出谋划策。

田忌准备率兵前往赵国，孙膑便说："排解两方的斗殴，不能用拳脚将他们打开，更不能上手扶持一方帮着打，只能因势利导，乘虚而入，紧张的形势受到阻禁，就自然化解了。

"现在两国攻战正酣，精兵锐卒倾巢而出，国中只剩老弱病残；您不如率军急袭魏国都城，占据交通要道，冲击他们空虚的后方，魏军一定会放弃攻赵回兵救援。这样我们一举两得，既解了赵国之围，又给魏国国内以打击。"

田忌听从了孙膑的计策。

十月，赵国的邯郸城投降了魏国。

魏军急忙还师援救国内，在桂陵与齐国军队发生激战，魏军大败。

周显王二十八年（前341）

魏国庞涓率军攻打韩国。韩国派人向齐国求救。

齐威王召集大臣商议说："是早救好呢，还是晚救好呢？"

成侯邹忌建议："不如不救。"

田忌不同意，说："我们坐视不管，韩国就会灭亡，被魏国吞并。还是早些出兵救援为好。"

孙膑却说："现在韩国、魏国的军队士气正盛，我们就去救援，是我们代替韩国承受魏国的打击，反而听命于韩国了。这次魏国有吞并韩国的野心，待到韩国感到亡国迫在眉睫，一定会向东再来恳求齐国，那时我们再出兵，既可以加深与韩国的亲密关系，又可以乘魏国军队疲敝，正是一举两得，名利双收。”

齐威王说：“对。”便暗中答应韩国使臣的求救，让他回去，却迟迟不出兵。

韩国以为有齐国的支持，便奋力抵抗，但经过五次大战都大败而归，只好把国家的命运寄托在齐国身上。

齐国这时才出兵，派田忌、田婴、田盼为将军，孙膑为军师，前去援救韩国，仍用老办法，直袭魏国都城。

庞涓听说，急忙放弃韩国，回兵国中。魏国集中了全部兵力，派太子申为将军，抵御齐国军队。

孙膑对田忌说：“魏、赵、韩那些地方的士兵向来剽悍勇猛，看不起齐国，齐国士兵的名声也确实不佳。善于指挥作战的将军必须因势利导，扬长避短。《孙武兵法》说：‘从一百里外去奔袭会损失上将军，从五十里外去奔袭只有一半军队能到达。’”

于是孙膑便命令齐国军队进入魏国地界后，修造十万个灶做饭，第二天减为五万个灶，第三天再减为两万个灶。

庞涓率兵追击齐军三天，见此情况，大笑着说：“我早就知道齐兵胆小，进入我国三天，士兵已逃散一多半了。”于是丢掉步兵，亲率轻兵精锐日夜兼程追击齐军。

孙膑估计魏军的行程当晚将到达马陵。马陵这个地方道路狭窄而多险隘，可以伏下重兵。

孙膑便派人刮去一棵大树的树皮，在白树干上书写六个大字：“庞涓死此树下！”再从齐国军队中挑选万名优秀射箭手夹道埋伏，约定天黑后一见有火把亮光就万箭齐发。

果然，庞涓在夜里赶到那棵树下，看见白树干上隐约有字，便令人举火照看，还未读完，两边箭如飞蝗，一齐射下，魏军大乱，溃不成军。

庞涓自知败势无法挽回，便拔剑自尽，临死前叹息说：“让孙膑这小子成名了！”

齐军乘势大破魏军，俘虏了太子申。

苏秦合纵

周显王三十六年（前 333）

当初，洛阳人苏秦向秦惠王进献兼并天下的计策，秦惠王却没有采纳。

苏秦于是离去，又游说燕文公道："燕国之所以不遭受侵犯和掠夺，是因为南面有赵国做挡箭牌。秦国要想攻打燕国，必须远涉千里之外，而赵国要攻打燕国，只需行军百里以内。现在您不担忧眼前的灾患，反倒顾虑千里之外，办事情没有比这更错的了。我希望大王您能与赵国结为亲密友邦，两国一体，则燕国可以无忧无虑了。"

燕文公听从苏秦的劝告，资助他车马，让他去游说赵肃侯。

苏秦对赵肃侯说道："当今之时，崤山以东的国家以赵国最强，秦国的心腹之患也是赵国，然而秦国始终不敢起兵攻赵，就是怕韩国、魏国在背后算计。秦国要是攻打韩、魏两国，没有名山大川阻挡，可以渐渐蚕食它们，直到逼近国都为止。韩国、魏国不能抵挡秦国，必定会俯首称臣；秦国没有韩国、魏国的牵制，就会把战祸蔓延到赵国。

"让我根据天下的地图来分析一下。各国的土地面积是秦国的五倍，估计各国的兵力是秦国的十倍，如果六国结成一气，向西进攻秦国，一定可以攻破。现在主张结好秦国的人都想割各国的土地去献给秦国，秦国成就霸业，他们可以获得个人荣华富贵，而各国遭受秦国的践踏，他们却丝毫不为国分忧。所以这些人日日夜夜总是用秦国的威势来恐吓各国，以使各国割地。

“因此我劝大王好好地想一想！为大王着想，不如联合韩、魏、齐、楚、燕、赵各国为友邦，抵抗秦国，让各国派出大将、国相在洹（huán）水举行会议，互换人质，结成同盟，共同宣誓：‘如果秦国攻打某一国，其他五国都要派出精兵，或者进行牵制，或者进行救援。哪一国不遵守盟约，其他五国就一起讨伐它！’各国结成盟邦来对抗秦国，秦国就再也不敢派兵出函谷关来侵害崤山以东各国了。”

赵肃侯听罢大喜，优待苏秦，尊重和宠信他，给予他丰厚赏赐，让他去约会各国。

这时秦国派犀首[1]为大将攻打魏国，大败四万多魏军，活捉魏将龙贾，攻取雕阴，又要引兵东下。苏秦担心秦兵到赵国会挫败联合各国的计划，盘算没有别人可以到秦国去用计，于是用激将法挑动张仪，前往秦国。

张仪游说各国没有被赏识，流落楚国，这时苏秦便召他前来，又加以羞辱。张仪被激怒，心想各国中只有秦国能让赵国吃苦头，便前往秦国。苏秦又暗中派门下小官送钱去资助张仪，使张仪见到了秦王。秦王很高兴，以客卿地位礼待张仪。

苏秦派来的人告辞时曾对张仪说明：“苏秦先生担心秦国攻打赵国会挫败联合各国的计划，认为除了您没有人能操纵秦国，所以故意激怒您，又暗中派我来供给您费用，这些都是苏秦先生的计谋啊！”

[1]犀首，即公孙衍，纵横家，因曾任犀首官职（一说曾以犀首为称号），故史书以此称之。

张仪感慨地说："哎呀，我在别人的计谋中还不自知，我不如苏秦先生是很明显的事了。请代我拜谢苏秦先生，只要他活着，我张仪就不说二话！"

接着苏秦又劝说韩宣惠王："韩国方圆九百多里，有几十万甲士，天下的强弓、劲弩、利剑都产于韩国。韩国士兵双脚踏弩射箭，能连续百发以上。用这样勇猛的士兵，披上坚固的盔甲，张起强劲的弓弩，手持锋利宝剑，一个顶百个也不在话下。大王若是屈服秦国，秦国必定索要宜阳、成皋两城，现在满足了它，明年还会要割别的地。再给它已无地可给，不给又白费了以前的讨好，要蒙受后祸。

"况且大王的地有限而秦国的贪欲无止，以有限的地来迎合无穷的贪求，这正是自找苦吃，没打一仗就丢了土地。俗话说得好：'宁为鸡口，无为牛后。'大王您这样贤明，拥有韩国的强兵，而落个尾从的名声，那时我也背地里要为您羞愧了！"

韩宣惠王听从了苏秦的劝说。

苏秦又对魏惠王说："大王的领地方圆千里，表面上虽不算大，然而村镇房屋的稠密，已到了无处可放牧的地步。百姓、车马之多，日夜络绎不绝于道路，熙熙攘攘，好似千军万马。我私下估计，大王的国家不亚于楚国。现在听说大王有二十万武士、二十万苍头军、二十万敢死队、十万仆从、六百辆战车、五千匹战马，却打算听从群臣的浅见，去屈服秦国。所以我们赵王派我向您建议，订立盟约，望大王明察决断。"

魏惠王也同意了苏秦的建议。

苏秦再游说齐威王说："齐国是四面要塞之国，广袤两千余里，披甲士兵几十万，谷积如山。精良的三军，郊外二十县的五都之兵，进攻像离弦利箭，作战如雷霆万钧，解散似风雨扫过。有了他们，即使遇到战事，也不用到泰山、清河、渤海一带去征兵。临淄城里有七万户，以我的猜度，每户男子不下三人，不用到边远县乡去征发，仅临淄城里的人已够二十一万兵了。临淄城富庶殷实，居民都斗鸡、赛狗、下棋、踢球。临淄的道路上，车多得互相碰撞，人多得摩肩接踵，衣服连起来成了帷帐，众人挥汗如同下雨。

“那韩国、魏国之所以十分害怕秦国，是因为与秦国接壤，出兵对阵，作战用不了十天，就到了存亡的生死关头。韩国、魏国如果打败了秦国，自身也损伤过半，边境难守；如果败给秦国，那么紧接着国家就濒临危亡。所以韩国、魏国对与秦国作战十分慎重，常常表示屈服忍让。

“而秦国来攻齐国就不一样了，要背靠韩国、魏国的国土，经过卫国阳晋之路，再经过亢父的险隘，车辆、骑兵都难以并行。只要有一百人守住险要，一千人也不敢通过。秦国即使想驱兵深入，也要顾忌韩、魏两国在它背后的活动，所以它疑心重重、虚张声势、骄傲专横，而不敢冒进攻齐，以此可见，秦国难以危害齐国是明显的。而你们不仔细考虑秦国对齐国的无可奈何，却要向西俯首称臣，这是齐国群臣的失策。现在听我的建议，齐国可以免去屈服于秦国的卑名，而获得强国的实际利益，因此我希望大王您能仔细思考一下！”

齐威王也应允了苏秦的建议。

苏秦又到西南劝说楚威王道：“楚国，是天下的强国，有方圆六千余里，百万甲士，千辆战车，万匹战马，存粮可支持十年，这是称霸天下的资本。秦国的心腹之患莫过于楚国，楚国强则秦国弱，秦国强则楚国弱，两国势不两立。所以我为大王着想，不如联合各国孤立秦国。

“我可以让崤山以东各国四季向您进贡，以求得大王的抗秦明令；再把江山社稷、祖先宗庙都托付给您，练兵整军，听从您的指挥。由此而见，联合结盟，则各国割地来归附楚国；横向亲秦，则楚国要割地去归附秦国，这两种办法有天壤之别，大王您选择哪一种呢？”

楚威王也听从了苏秦的劝说。

于是苏秦成为主持六国联盟的纵约长，同时成为六国的国相。他北归赵国复命时，车马随从之多，可与君王相比。

燕昭求贤

周慎靓王五年（前316）

苏秦死后，他的弟弟苏代、苏厉也以游说手段在各国获得显耀地位。燕国的国相子之便与苏代结为姻亲，想谋得燕国大权。

苏代出使齐国归来，燕王哙问他："齐王能称霸吗？"

苏代回答："不能。"

燕王哙又问："为什么？"

苏代回答："他不信任臣僚。"

于是燕王哙把大权交给子之。

燕国人鹿毛寿也对燕王哙说："人们称道尧是贤明君主，就是因为他能让出天下。现在燕王您要是把国家让给子之，就能与尧有同样的名声。"

燕王哙于是把国家嘱托给了子之。子之从此集大权于一身。

还有人对燕王哙说："上古时禹推荐益为接班人，又任命儿子启的属下作益的官吏。到老时，禹说启不能胜任治理天下的重责，把君位传给益。然而启勾结自己的党羽攻击益，很快夺取了君位。因此天下人都说禹明着是传天下给益，而实际上是安排儿子启去自己夺位。

“现在燕王您虽然说了把国家交给子之，但官员都是太子的人，这同样是名义属于子之而实权在太子手里啊！”

燕王哙便下令收缴所有官印，把三百石俸禄以上的官职都交给子之任命。

从此，子之面南称王，燕王哙年老，不再听理政事，反而成了臣子，国家大事都由子之来决断。

周赧王元年（前 314）

燕国的子之做了三年的王，国内开始大乱，将军市被与太子燕平合谋攻打子之。

齐宣王派人对燕平说：“我听说您将要整饬君臣大义，申明父子名位，我的国家愿意支持您的号召，做坚强后盾。”

燕平于是聚集死党，派将军市被进攻子之，却没有得手，市被反而倒戈攻打燕平。

燕国国内动乱几个月，死者数万，人心惶惶。

此时，齐宣王命章子为大将，率领国都周围五城的军队及北方的部队征伐燕国。燕国士兵则毫无战意，城门大开不守。

齐国便捕获了子之，把他剁成肉酱。燕王哙也同时被杀。

齐宣王想要趁机吞并燕国，各国诸侯则策划援救燕国。

不久后，齐宣王去世，其子田地即位为齐湣王。

周赧王三年（前 312）

燕国人共同推举燕平为燕昭王[1]。燕昭王是在燕国被齐国攻破后即位的，他凭吊死者，探访孤贫，与百姓同甘共苦。自己纡尊降贵，用重金来招募人才。

他问燕国贤士郭隗：“齐国乘我们的内乱而攻破燕国，我深知燕国国小力微，不足以报仇。然而招揽贤士与他们共商国是，以雪先王的耻辱，是我的愿望。先生您如果见到合适的人才，我一定亲自服侍他。”

郭隗说：“古时候有个君主派一个负责洒扫的涓人用千金去购求千里马，那个人找到一匹已死的千里马，用五百金买下马头带回。君主大怒，涓人解释说：‘死马您都买，何况活的呢？天下人知道了，好马就会送上来的。’不到一年，果然得到了三匹千里马。

“现在大王您打算招揽人才，就请先从我郭隗开始，比我贤良的人，都会不远千里前来的。”

于是燕昭王为郭隗翻建府第，尊他为老师。各地的贤士果然争相来到燕国，乐毅从魏国来，剧辛从赵国来。燕昭王奉乐毅为亚卿高位，委托以国家大事。

周赧王三十年（前 285）

齐湣王灭掉宋国后十分骄傲，便向南侵入楚国，向西攻打赵、魏、韩三国，想吞并东、西二周，自立为天子。

燕昭王日夜安抚教导百姓，使燕国更加富足，于是他与乐毅商议进攻齐国。

乐毅说：“齐仍有称霸的余力，地广人多，不易独力攻打。大王一定要讨伐它，不如联合赵、楚、魏三国。”

[1] 有说法认为燕昭王不是太子平，而是他的弟弟，曾在韩国为质的公子职，子之之乱平定后，由赵武灵王派送回国即位为王。

燕昭王便派乐毅约定赵国，另派使者联系楚国、魏国，再让赵国用讨伐齐国的好处引诱秦国。各国苦于齐湣王的骄横暴虐，都争相合谋同燕国一道伐齐。

周赧王三十一年（前 284）

燕昭王调动全部兵力，以乐毅为上将军。秦尉斯离率军队与韩、赵、魏联军前来会合。赵惠文王把相国大印授给乐毅，乐毅统一指挥秦、魏、韩、赵大军发动进攻。

齐湣王集中国内全部兵力进行抵御，双方在济水西岸大战。齐国军队大败。

乐毅便退回秦国、韩国军队，分遣魏国军队分兵进攻宋国旧地，部署赵国军队去收复河间。他自己则率领燕军，由北长驱直入。

剧辛劝说道："齐国大，燕国小，依靠各国的帮助我们才打败齐军，应该及时地攻取边境城市充实燕国领土，这才是长久的利益。现在大军过城不攻，一味深入，既无损于齐国又无益于燕国，只能结下深怨，日后必定要后悔。"

乐毅说："齐王好大喜功，刚愎自用，不与下属商议，又罢黜贤良人士，专门信任谀谄小人，政令贪虐暴戾，百姓十分怨愤。

"现在齐国军队已溃不成军，如果我们乘胜追击，齐国百姓必然反叛，内部发生动乱，齐国就可以收拾了。如果不抓住时机，等到齐王痛改前非，体贴臣下而抚恤百姓，我们就难办了。"于是进军深入齐国。

齐国果然大乱，失去常度，齐湣王出逃。

乐毅率军进入齐都临淄，搜刮宝物和祭祀重器，运回燕国。燕昭王亲自到济水上游去慰劳军队，颁行奖赏，酒食宴飨将士，燕昭王封乐毅为昌国君，让他留在齐国进攻其余尚未攻克的城市。

乐毅听说昼邑[1]人王蠋（zhú）贤良，下令围绕昼邑三十里周围不得进入军队，又派人请王蠋，王蠋辞谢不去。

燕国人威胁说："你要是不来，我们就在昼邑屠城！"

王蠋叹息说："忠臣不事二君，烈女不更二夫。国破君亡，我已不能自存，而燕人又要用武力来进行逼迫，与其苟且偷生，不如一死！"于是把脖子挂在树枝上，纵身一跃，自尽而死。

燕国军队乘胜长驱直入，齐国城市守卫望风崩溃。乐毅整肃燕军纪律，禁止侵掠；寻访齐国的隐士高人，致以荣誉礼待；还放宽人民赋税，革除苛刻的法令，恢复齐国旧的良好传统。齐国人民都十分喜悦。

乐毅于是调左军在胶东、东莱渡过胶水；前军沿泰山脚下向东到达渤海，进攻琅邪；右军循着黄河、济水而下，屯扎在东阿、鄄城，与魏国军队相连；后军沿北海镇抚千乘，中军占据临淄，镇守齐国国都。他还亲至城郊祭祀齐桓公、管仲，表彰齐国的贤良人才，修治王蠋的陵墓。

经过安抚人心，齐国人接受燕国所封君号、领取俸禄的有二十余人；接受燕国爵位的有一百多人。六个月之内，燕军攻下齐国七十余座城，都设立郡县治理。

当时齐国大部分地区都被燕军占领，仅有莒城、即墨未沦陷。乐毅于是集中右军、前军包围莒城，集中左军、后军包围即墨。

乐毅围攻两城，一年未能攻克，便下令解除围攻，退至城外九里处修筑营垒，下令说："城中的百姓出来不要抓捕他们，有困饿的还要赈济，让他们各操旧业，以安抚新占地区的人民。"

过了三年，城还未攻下。

[1]昼邑，齐国西南边城，位于今山东淄博。

有人在燕昭王面前挑拨说：“乐毅智谋过人，进攻齐国，一口气攻克七十余城。现在只剩两座城，不是他的兵力不能攻下，之所以三年不攻，就是他想倚仗兵威来收服齐国人心，自己好南面称王而已。

“如今齐国人心已服，他之所以还不行动，是因为妻子、儿子在燕国。况且齐国多有美女，他早晚将忘记妻儿。希望大王早些防备！”

燕昭王听罢下令设置盛大酒宴，拉出说此话的人斥责道：“先王倡导全国礼待贤明人才，并不是为了多得土地留给子孙。他不幸遇到继承人缺少德行，不能完成大业，使国内人民怨愤不从，无道的齐国趁着我们国家动乱得以残害先王。我即位以后，对此痛心疾首，才广泛延请群臣，对外招揽宾客，以求报仇。谁能使我成功，我愿意和他分享燕国大权。

“现在乐先生为我大破齐国，平毁齐国宗庙，报了旧仇，齐国本来就应归乐先生所有，不是燕国该得到的。乐先生如果能拥有齐国，与燕国成为平等国家，结为友好的邻邦，抵御各国的来犯，这正是燕国的福气、我的心愿啊！你怎么敢说这种话呢？”

于是燕昭王将挑拨者处死，又赏赐乐毅妻子以王后服饰，赏赐乐毅的儿子以王子服饰，配备君王车驾乘马及上百辆属车，派国相侍奉送到乐毅那里，立乐毅为齐王。乐毅十分惶恐，不敢接受，一再拜谢，写下辞书，并宣誓以死效忠燕昭王。

从此齐国人敬服燕国乐毅的德义，各国也畏惧他的信誉，没有人再敢来算计他。

张仪使楚

周赧王二年（前313）

秦惠王想征伐齐国，又顾虑齐国与楚国有互助条约，便派国相张仪前往楚国。

张仪对楚怀王说："大王如果能听从我的建议，废除与齐国的盟约，断绝邦交，我可以向楚国献上商於的六百里土地，让秦国的美女来做侍奉您的妾婢，秦、楚两国互通婚嫁，永远结为兄弟之邦。"

楚怀王十分高兴，答应了张仪的建议。

群臣都前来祝贺，只有陈轸[1]（zhěn）表示哀痛。

楚怀王恼怒地说："我一兵未发而得到六百里土地，有什么不好？"

陈轸说："您的想法不对。依我之见，商於的土地不会到手，齐国、秦国却会联合起来，齐、秦一联合，楚国即将祸事临门了。"

楚怀王说："你有什么解释呢？"

陈轸说："秦国之所以重视楚国，就是因为我们有齐国做盟友。现在我们如

[1]陈轸，楚国客卿，纵横家。

果与齐国毁约断交，楚国便孤立了，秦国又怎么会偏爱一个孤立无援的国家而白送商於的六百里地呢？

“张仪回到秦国以后，一定会背弃对大王您的许诺。那时大王北与齐国断交，西与秦国生出怨仇，两国必定联合发兵夹攻。为您算计，不如我们暗中与齐国仍旧修好而只表面上绝交，派人随张仪回去，如果真的割让给我们土地，再与齐国绝交也不晚。”

楚怀王斥责道：“请陈先生你闭上嘴巴，不要再说废话了，等着看我去接收大片土地吧！”于是把国相大印授给张仪，又重重赏赐他，随后下令与齐国毁约断交，派一名将军同张仪前往秦国。

张仪回国后，假装从车上跌下，三个月不上朝。

楚怀王听说后自语道：“张仪是不是觉得我与齐国断交做得还不够？”便派勇士宋遗北上到齐国去辱骂齐宣王。

齐宣王大怒，便降低身份去讨好秦国，于是齐国、秦国和好。

这时张仪才上朝，见到楚国使者，故作惊讶地问：“你为何还不去接收割地？从某处到某处，有广阔的六里之地。”

使者愤怒地回国报告楚怀王，楚怀王勃然大怒，想发兵攻打秦国。

陈轸说：“我可以开口说话了吗？攻打秦国还不如用一座大城的代价去收买它，与秦国合力攻打齐国。这样我们从秦国失了地，还可以在齐国得到补偿。现在大王您已经与齐国断交，又去质问秦国的欺骗行为，是我们促使齐国、秦国和好而招来天下的军队了，国家一定会有大损失！”

楚怀王仍是不听陈轸的劝告，派将领屈匄（gài）率军队征讨秦国，秦国也任命将领魏章为庶长，起兵迎击。

周赧王三年（前 312）

春季，秦、楚两国军队在丹阳大战，楚军大败，八万甲士被斩杀，屈匄及以下的列侯、执圭等七十多名官员被俘。秦军乘势夺取了汉中郡。

楚王又征发国内全部兵力再次袭击秦国，在蓝田决战，楚军再次大败。

韩、魏等国听说楚国危困，也向南袭击楚国，直达邓县。楚国听说了，只好率军回救，割让两座城向秦国求和。

周赧王四年（前 311）

秦惠王派人通知楚怀王，想用武关以外的地方换黔中之地。

楚怀王说：“我不愿换地，只想用黔中之地来换张仪。”

张仪听说后，请求秦王同意。

秦惠王问：“楚国要杀死你才甘心，你为什么还要去？”

张仪说：“秦国强，楚国弱，只要大王您在，估计楚国不敢把我怎么样。而且我和楚王的宠臣靳尚关系密切，靳尚又侍奉楚王的爱姬郑袖，郑袖的话，楚王没有不听的。”于是前往楚国。

楚怀王把张仪囚在狱中，准备处死。

靳尚对郑袖说：“秦王十分宠信张仪，想用上庸等六个县及美女来赎回他。大王看重土地，又尊重秦国，秦国的美女一定会被宠幸，您就会遭到冷落。”

于是，郑袖日夜在楚怀王面前哭着哀求：“当年的事，不过是臣子各为其主。现在要是杀了张仪，秦国必定震怒。我请求让我们母子两人先迁居江南，不要成为秦国刀下的鱼肉。”

于是楚怀王赦免了张仪，还以厚礼相待。

张仪劝说楚怀王道:“倡导各国联合抗秦，简直是赶着羊群去进攻猛虎，明显无法相斗。现在大王您不肯听命秦国，秦国如果逼迫韩国、驱使魏国来联合攻楚，楚国可就危险了。

“秦国西部有巴、蜀两地，备船积粮，沿岷江而下，一天可行五百余里，不到十天就兵临扞(hàn)关。扞关惊动，则由此以东的各城都要修治守备，黔中、巫郡便不再是大王您的了。

“秦国如果大举甲兵攻出武关，那么楚国的北部就成为绝地，秦兵再南攻楚国，楚国的存亡只在三个月以内，而楚国等待各国来救援要在半年以上。坐等那些弱国来救，而忘记了强秦的威胁，我可要为大王您现在的做法担心啊!

“大王如果能诚心诚意地听我的意见，我可以让楚国、秦国永久结为兄弟之邦，不再互相攻杀。”

楚怀王虽然已经得到了张仪，却又舍不得拿黔中之地来交换，于是同意了张仪的建议，让他离开。

胡服骑射

周赧王八年（前 307）

赵武灵王向北进攻中山国，大兵经房子城，抵达代地，再向北直至大漠中的无穷，向西攻到黄河，登上黄华山顶，与大臣肥义商议让百姓穿短衣胡服，学骑马与射箭。

赵武灵王说："愚蠢的人会嘲笑我，但聪明的人是可以理解的。即使天下的人都嘲笑我，我也这样做，一定能把北方胡人的领地和中山国都夺过来！"于是改穿胡服。

国中的士人有不少反对赵武灵王的做法，公子赵成假称有病，不来上朝。

赵武灵王派人前去说服赵成，对他说道："家事听从父母，国政服从国君，现在我向人民宣传改变服饰，而叔父您不穿，我担心天下人会议论我徇私情。

"治理国家有一定章法，以有利人民为根本；办理政事也有一定常规，执行命令是最重要的。宣传道德要先针对卑贱的下层，而推行法令必须从贵族近臣做起。所以我希望能借助叔父您作为榜样来完成改穿胡服的功业。"

赵成跪拜道："我听说，中国是在圣贤之人的教化下，用礼乐仪制，使远方国家前来游观，让四方夷族学习效法的地方。现在君王您舍此不顾，去穿远方外国的服装，是改变古代教化、违背人心的举动，我希望您慎重考虑。”

使者将赵成的话回报给赵武灵王，赵武灵王便亲自登门解释说：“我国东面有齐国、中山国；北面有燕国、东胡；西面是楼烦，与秦、韩两国接壤，如果没有骑马射箭的训练，怎么能守得住国家呢？

“先前中山国倚仗齐国的强兵，侵犯我们的领土，掠夺我们的人民，又引水围灌鄗（hào）城，如果不是老天保佑，鄗城几乎就失守了。

“此事先王深以为耻，所以我决心改变服装，学习骑射，想以此防备四面的灾难，一报中山国之仇。而叔父您一味依循中国旧俗，厌恶改变服装，已经忘记了鄗城的奇耻大辱，这不是我所希望的啊！”

赵成听了赵武灵王的话，第二天就穿戴赵武灵王赐给他的胡服入朝。

于是，赵武灵王下达改穿胡服的法令，招揽骑马射箭的武士。

周赧王九年（前 306）

赵武灵王进攻中山国，兵抵宁葭；又向西进攻胡人之地，直至榆中。胡人的林胡王献马求和。赵武灵王归来，派楼缓出使秦国，仇液出使韩国，王贲出使楚国，富丁出使魏国，赵爵出使齐国；命代相赵固主持胡人部落事务，召集胡兵。

周赧王十年（前 305）

赵武灵王进攻中山国，夺取丹丘、爽阳、鸿之塞，又攻占鄗城、石邑、封龙、东垣。中山国只好献出四城求和。

周赧王十四年（前 301）

赵武灵王出兵攻打中山国，中山国君逃奔齐国。

周赧王十六年（前 299）

五月二十六日，赵武灵王在东宫举行盛大仪式，把国君之位传给幼子赵何，是为赵惠文王。

赵惠文王举行祭祀宗庙典礼之后，登位治理政事，他属下的大夫都成为朝廷大臣。赵武灵王又任命肥义为相国，并让他辅佐赵惠文王赵何，自己则自称主父。

赵主父想让赵惠文王在国中治事，他自己则穿上胡人服装，率领武将去攻打西北胡人的领地。他计划从云中、九原向南袭击秦国的都城咸阳，便自己扮作使者，前往秦国，想借此来侦察秦国地形及秦王的为人。

秦王没有觉察，事后诧异此人相貌伟岸不凡，不像是臣子能有的风度，便派人去追赶他，而赵主父一行已经出了边关。经过一番盘问调查，秦国人才知道他就是赵主父，大吃一惊。

周赧王十九年（前 296）

齐、韩、魏、赵、宋五国共同出兵攻打秦国，到了盐氏地方即行撤回。

赵主父视察新获取的领土，离开代郡，西行在西河会见楼烦王，接收了他的部队。

周赧王二十年（前 295）

赵主父与齐国、燕国联合灭掉中山国，把中山王迁到肤施居住。赵主父回来后，论功行赏，大赦罪人，举酒庆祝，全国欢宴五天。

赵主父把长子赵章封到代这个地方，号称安阳君。赵章平素为人骄横，内心对弟弟为王十分不服[1]。赵主父派了田不礼做赵章的相。

肥义与高信[2]约定说："公子赵章与田不礼语言动听而本质凶恶，在内讨得主父的欢心，在外恣意施暴。他们一旦假借主父的命令来发动政变，是很容易得手的。

"现在我忧虑此事，已到了废寝忘食的程度。强盗在身边出入不能不防！从此以后，有人奉主父命来召见赵王必须先见我的面，我将先前往，没有变故，赵王才能去。"

高信说："好。"

赵主父让赵惠文王朝见群臣，自己在旁边窥察，只见他的长子赵章反而俯首称臣，垂头丧气地屈从于弟弟，心中感到哀怜，于是想把赵国一分为二，让赵章在代郡称王，但这个计划还没有最后决定就搁置起来。

赵主父和赵惠文王出游沙丘，分别住在两个行宫里。赵章、田不礼乘机率领徒众作乱，他们假称赵主父的命令召见赵惠文王，肥义先进去，被杀死。高信便与赵惠文王一同抵抗。

---

[1] 起初，赵主父定长子赵章为太子。后来赵主父娶了美女吴孟姚（后改名吴娃），十分宠爱，曾经几年不出宫上朝。赵主父与吴娃生下儿子赵何后，便废去太子赵章，立赵何为太子。吴娃死后，赵主父对赵何的偏爱也逐渐减退，又可怜起原来的太子，想立两个王。

[2] 高信，胡人将领。肥义为防变故，命令高信日夜守护赵惠文王。

赵成与李兑从国都邯郸赶来[1]，发动四邑的军队入宫镇压叛乱，杀死赵章及田不礼，消灭全部党羽。赵成担任相国，称为安平君；李兑被任命为司寇。当时赵惠文王还年幼，政权都掌握在赵成、李兑手中。

赵章败退的时候，逃到赵主父那里，赵主父开门接纳了他。赵成、李兑于是带兵包围了赵主父的行宫。

杀死赵章后，赵成、李兑商议道："我们为追杀赵章，竟包围了主父的行宫，如此大罪，要是撤兵回去，会被满门抄斩的！"

于是他们又下令围住赵主父行宫，宣布："宫中的人，出来晚的就杀！"

宫中的人听见命令全部逃出，赵主父想出来却不被准许，又得不到食物，只好捕捉幼鸟吃，三个多月后，他终于饿死在沙丘行宫中。

直到确认赵主父死亡，赵国才向各国报告丧事。

[1] 赵成和李兑表达过对赵惠文王处境的担忧，并愿意效劳。肥义让他们拿着赵惠文王的兵符，在都城附近，准备随时起兵救驾。

田单遭忌

周赧王三十六年（前 279）

安平君田单出任齐国国相。

有次他路过淄水，见到一个老人涉过淄水后冻得直哆嗦，走出水面后不能前行，便解下自己的皮袍给老人披上。

齐襄王听说后十分厌恶，说："田单对别人施恩，是打算夺我的国位，我不早下手，恐怕以后会有变故！"

说完一看左右无人，只有一个在殿阶下穿珠子的人，齐襄王便召他过来问道："你听见我的话了吗？"

穿珠人回答："听见了。"

齐襄王问："你觉得怎么样？"

穿珠人回答："大王不如把此事变成自己的善行。大王可以嘉奖田单的善心，下令说：'我忧虑人民的饥饿，田单就收养他们，供给饮食；我忧虑人民的寒冷，田单就脱下皮袍给他们披上；我忧虑人民的操劳，田单也因此忧虑。他正符合我的心意。'田单有善行而大王嘉奖他，那么田单的善行也就是大王的善行了。"

齐襄王说："好。"于是赏赐田单牛和酒。

过了几天，穿珠子的人又来见齐襄王说：“大王应该在群臣朝见日召见田单，在殿庭上对他行礼，亲自慰劳他，然后在国内发布告，寻找百姓中饥饿者，予以收养。”

齐襄王这样做后，派人到街头里巷去探听，听到大夫等官员互相说：“哦！田单疼爱百姓，是大王的教诲呀！”

田单向齐襄王推荐貂勃。

齐襄王宠信的九个臣子都想中伤田单，一同对齐襄王说：“燕国攻打齐国时，楚王曾派将军率一万军队来帮助齐国。现在齐国已经安定，社会也已稳固，何不派使者前去楚国道谢？”

齐襄王问：“左右的人谁合适？”

九个人都说：“貂勃可以。”

貂勃出使楚国，楚顷襄王予以热情款待，几个月不放他回去。

九个人又一齐对齐襄王说：“以貂勃其人的地位能被万乘之君楚王挽留，难道不是倚仗了田单的权势吗？田单与大王之间，不分君臣上下，况且他心怀不良之志，对内安抚百姓，对外关怀狄族，礼待天下的贤良人才，他的志向是想大有作为，希望大王明察！”

过了几天，齐襄王喝道：“召国相田单来！”

田单非常惊恐，摘下帽子，光着脚，赤裸上身前来，退下时请齐王治他的死罪。

过了五天，齐襄王却说：“你没有得罪我。只不过要你行你臣子的礼节，我守我君王的礼节而已。”

貂勃从楚国回来，齐襄王赐宴招待。

饮到兴头上，齐襄王又喝道：“召国相田单来！”

貂勃离开座位下拜说："大王上比周文王如何？"

齐襄王说："我不如。"

貂勃说："是的，我本知道大王不如。那么下比齐桓公如何？"

齐襄王说："我也不如。"

貂勃又说："是的，我也知道大王不如。然而周文王得到吕尚，尊为太公；齐桓公得到管仲，敬为仲父。现在大王您得到安平君田单，却直呼'田单'，怎么能说这种亡国的话呢？

"何况自开天辟地，有人民起，做臣子的功劳，谁能比安平君更高？当年大王不能承守祖业，在燕国起兵袭击齐国时，大王逃到城阳的山里，安平君以人心危恐的即墨方圆三五里城郭，疲惫不堪的七千名士兵，力擒敌军大将，收复齐国千里领土，这些都是安平君的功劳呀！

"如果当时他置城阳的大王于不顾，自立为王，天下没有谁能阻止。然而，他从道德礼义考虑，认为坚决不能那样做，所以修筑栈道木阁前去城阳山中迎接大王和王后，大王您才能得以回归，治理百姓子民。

"现在国家已经稳定，人民已经安宁，大王却'田单、田单'地叫，小孩子也知道不该这样做。大王您赶快杀掉那九个家伙向安平君谢罪，不然，国家就危险了！"

齐襄王听从指责，杀掉了那九个宠臣并流放其家族，封赏给田单夜邑地方一万户人家的采邑。

范雎复仇

周赧王四十五年（前 270）

当初，魏国人范雎随魏国中大夫须贾出使齐国，齐襄王听说范雎能言善辩，私下赠给他黄金、牛及酒。须贾以为范雎把魏国的秘密告诉了齐国，回国后便向魏国国相魏齐告发。

魏齐震怒，下令鞭打范雎，折断了肋骨，打脱了牙齿。范雎只好装死，被卷进竹席，抛到厕所，魏齐还让醉酒的宾客向他身上撒尿，以警告他人不得妄言。

范雎悄悄对看守说："你放走我，我必有重谢。"

看守于是去请示把席中死人扔掉，魏齐正喝醉了酒，便说："可以。"

范雎这才得以脱身。

事后魏齐后悔，又派人去搜捕范雎。魏国人郑安平把范雎藏了起来，改名叫张禄。

秦国任谒者之职的王稽出使魏国，范雎深夜前去求见。王稽把他暗中装上使车，一起带回国，推荐给秦昭襄王。

秦昭襄王决定在离宫召见范雎。范雎假装不识道路走入宫中巷道。

秦昭襄王乘轿舆前来，宦官怒声驱赶范雎说："大王来了！"

范雎故意胡说道："秦国哪里有大王，秦国只有王太后和穰侯而已！"

秦昭襄王略微听见了几句，便屏退左右随从，下跪请求说："先生有什么指教我的？"

范雎只说："嗯嗯。"

如此三次，秦昭襄王又说："先生到底不愿对我赐教吗？"

范雎才说："我哪里敢呢？我是一个流亡在外的人，和大王没有什么交往，而想向您陈述的又都是纠正您失误的大事，关系您的骨肉亲人，我即使愿意一效愚忠却还不知大王的真心，所以大王三次下问我都不敢回答。

"我知道今天在您面前说了，明天就有被处死的危险，但我还是不敢回避。死是人人都无法避免的，如果我的死能对秦国有所裨益，那就是我最大的愿望。我只怕自己被处死之后，天下的贤士都闭口不言，裹足不前，不再投奔秦国了。"

秦昭襄王又下跪说："先生您这是什么话啊？今天我能见到先生，是上天认为我愚笨，为了保存秦国的祖业宗庙而把您赐给我的。无论事情大小，上及王太后，下至大臣，希望您都一一对我指教，不要再怀疑我的真心了！"

范雎于是下拜，秦昭襄王也急忙回拜。

范雎这才说道："以秦国的强大、士卒的勇猛，对付各国，就好比用韩卢那样的猛犬去追击跛脚兔子。而秦国却坐守函谷关十五年，不敢派兵出击崤山以东，这是穰侯魏冉为秦国谋划不忠实，而令大王您的决策失误。"

秦昭襄王跪着说："我想知道错在何处。"

但是左右随从有不少人在侧耳偷听，范雎不敢提及内政，便先说到外事，以看秦昭襄王兴趣的高低。

他于是说："穰侯越过韩国、魏国去进攻强大的齐国，不是好计划。当年齐国向南进攻楚国，破军杀将，开辟千里土地，而最后齐国连一尺一寸领土也未能得到，难道是不想要吗？实在是因为形势不允许。

“而各国看到齐国征战疲劳，便起兵攻打齐国，大破齐军，使齐国几乎灭亡。落得如此下场，就是因为齐国攻打楚国而使好处落到韩、魏两国手中。

“现在大王不如采取远交而近攻的方针，得一寸地就是大王您的一寸地，得一尺地就是大王您的一尺地。魏国、韩国，位于中原，是天下的中枢。大王如果想称霸，必须接近中原之地控制天下枢纽，以威逼楚国、赵国，楚国强，赵国就会来归附秦国，赵国强，则楚国就会来归附秦国，楚国、赵国一旦归附您，齐国就会恐慌。等齐国再归附，韩国、魏国便有虚可乘了。”

秦昭襄王说：“好。”于是以范雎为客卿，与他商议军事。

周赧王四十七年（前 268）

秦昭襄王听从范雎的计策，派五大夫绾攻打魏国，攻克怀地。

周赧王四十九年（前 266）

秦国攻克魏国邢丘。秦昭襄王日益信任范雎，使他掌权。

范雎便趁机建议秦昭襄王道：“我在峭山之东居住时，只听说齐国有孟尝君，不知道有齐王；只听说秦国有王太后、穰侯魏冉，不知道有秦王。所谓独掌国权称作王，决定国家利害称作王，控制生杀大权称作王。

“现在王太后擅自专行，不顾大王；穰侯出使外国也不报告大王；华阳君、泾阳君处事决断，无所忌讳；高陵君自由进退，也不请示大王。有这四位权贵，国家想不危亡是不可能的。在这四位权贵的威势之下，可以说秦国并没有王。

“穰侯魏冉派使者控制大王的外交重权，决断与各国事务，出使遍天下，征讨敌国，无人敢不听从。如果战胜了，他就把所获利益全部收归自己的封地陶邑；如果战败了，他就把百姓的怨愤推到国家身上。

“我还听说过，果实太多会压折树的枝干，枝干折断会损伤树根，封地过于强大会威胁到国家，大臣过于尊显会使君主卑微。当年淖齿管理齐国，用箭射齐王的大腿，抽去齐王的筋，把他吊在房梁上，过了一夜才折磨死。李兑统治赵国，把赵主父关在沙丘宫里，一百天后活活饿死。如今我看秦国四大权贵的所作所为，也正像淖齿、李兑一类。

“夏、商、周三代最后亡国，都是因为君王把专权转授给臣下，自己纵酒行猎，被授权者嫉贤妒能，欺下瞒上，以推行他的奸计。他们不为君主考虑，而君主也不觉察醒悟，所以失去了国家。

“现在秦国自有品秩的小官直至各个大官，再到大王您的左右随从，无一不是丞相魏冉的人。我看到大王您孤零零地在朝堂上，真为您万分担忧。恐怕您去世后，拥有秦国的将不是大王您的子孙了！”

秦昭襄王听后深以为然，于是毅然废黜太后的专权，把穰侯魏冉、高陵君、华阳君、泾阳君驱逐到函谷关外，任用范雎为丞相，封为应侯。

魏安僖（xī）王派须贾出使秦国，应侯范雎身穿破衣，徒步前去见须贾。

须贾惊奇地说：“范叔你还活得很好啊！”然后留下范雎用饭，又拿出一件丝棉袍送给他。

范雎便为须贾驾车前去丞相府，范雎说：“我先为你去向丞相通报。”很久都没出来。

须贾感到奇怪，便问丞相府守门人。

守门人说：“没有什么范雎，刚才进去的是我们丞相张先生。”

须贾大惊失色，知道自己落入圈套，只好用膝盖跪行进去谢罪。

范雎坐在上面，怒斥他说：“你之所以还能不死，是我念你赠送丝袍还有一丝照顾故人的旧情！”

于是范雎大设酒宴，招待各国宾客，令须贾坐在堂下，放一盘黑豆、碎草之类的喂马饲料让他吃，然后命令他回国告诉魏王："快快砍下魏齐的头送来，不然，我就杀尽魏都大梁城的人！"

须贾回国，把这番话告诉魏齐，魏齐只好逃奔赵国，藏在平原君赵胜家里。

周赧王五十六年（前259）

秦昭襄王想为应侯范雎报仇雪恨，听说魏齐逃到了赵国平原君赵胜家，便用花言巧语诱骗赵胜到秦国，把他扣留起来，并且派出使臣对赵孝成王说："不得到魏齐的人头，我决不放你的弟弟赵胜出关。"

魏齐无可奈何，走投无路，只好去找虞卿[1]。虞卿舍弃了相印，与魏齐一起逃走。

到了魏国，他们想借助信陵君魏无忌，逃到楚国去。信陵君十分为难，没有立即与他们见面。魏齐非常悲愤，便自杀了。

赵孝成王于是取到魏齐的人头去献给秦国，秦昭襄王才下令放回赵胜。

[1]虞卿，名信，担任赵国上卿，因此被称为虞卿。

长平之战

周赧王五十三年（前 262）

秦国武安君白起进攻韩国，攻克野王，上党与外界通道被切断[1]。

上党郡守冯亭与底下人商议说："去都城新郑的道路已经断绝，秦国军队每日推进，韩国又无法接应救援，不如将上党献给赵国。赵国如果接受我们，秦国必定进攻他们；赵国面对秦兵，一定会与韩国亲善，韩、赵联为一体，就可以抵挡秦国了。"

于是，他派使者去告诉赵孝成王说："我们韩国无法守住上党，想把它献给秦国，但郡中官员百姓都心向赵国，不愿做秦国的属下。我们现有大邑共十七个，愿意恭敬地献给赵王！"

赵孝成王把此事告诉平阳君赵豹，赵豹说："圣人认为接受无缘无故的利益不是好兆头。"

[1] 当时韩国的领土像一个竖着的哑铃，南北两头大，中间小。上党（位于今山西东南）在北部，靠近赵国，都城新郑（位于今河南新郑）在南部，野王（位于今河南沁阳）在中部，为南北连接处。秦国攻克野王之后，上党就成了韩国的一块飞地，难以保全。

赵孝成王说：“别人仰慕我的恩德，怎么能说是无缘无故呢？”

赵豹说：“秦国蚕食吞并韩国土地，从中部切断，使他们不相通，本来以为可坐待上党归降。韩国人之所以不把它献给秦国，就是想嫁祸于赵国。秦国付出千辛万苦而赵国坐收其利，即使我们强大，也不能这样从弱小手中夺取利益，何况我们本来就弱小，无法与强大的秦国相争。这难道还不是无缘无故吗？我们不应该接收上党。”

赵孝成王又把此事告诉平原君赵胜，赵胜却劝他接收。

赵孝成王于是派赵胜前去接收，封原上党郡守冯亭为华阳君，赐给他三个拥有万户百姓的城作封地；又封县令为侯，赐给三个拥有千户百姓的城作封地。所有官员和地方人士都晋爵三级。

冯亭不愿见赵国使者，流着泪说：“我实在不忍心出卖君主的土地还去享用它！”

周赧王五十五年（前260）

秦国派左庶长王龁（hé）进攻上党，顺利攻克。上党的百姓逃往赵国。赵国派廉颇率军驻扎长平，接应上党逃来的百姓。

于是，王龁便挥兵攻打赵国。赵军迎战，几次作战都没有取得胜利，一员副将和四名都尉阵亡。

赵兵屡次被秦军打败，廉颇便下令坚守营垒，拒不出战。赵孝成王以为廉颇损兵折将后更加胆怯，不敢迎敌，气愤得多次斥责他。

应侯范雎又派人用千金去赵国施行反间计，散布消息说：“秦国所怕的，只是马服君赵奢的儿子赵括做大将。廉颇好对付，而且他也快投降了！”

赵孝成王中计，用赵括代替廉颇为大将。

蔺相如劝阻说："大王因为赵括有些名气就重用他，这是粘住调弦的琴柱再弹琴呀！赵括只知道死读他父亲的兵书，不知道随机应变。"

赵孝成王不听。

当初，赵括从小学习兵法时，就自以为天下无人可比。他曾与父亲赵奢讨论兵法，赵奢也难不倒他，但并不说他有才干。

赵括的母亲询问原因，赵奢说："带兵打仗，就是出生入死，而赵括谈起来却很随便。赵国不用他为大将也还罢了，如果一定要用他，灭亡赵军的必定是赵括。"

待到赵括将要出发时，他的母亲上书，指出赵括不能重用。

赵孝成王说："为什么？"

赵括的母亲说："当年我侍奉赵括的父亲，他做大将时，他亲自去捧着饭碗招待的人有几十位，他的朋友有几百人。大王及宗室王族给他的赏赐，他全部分发给将士和谋臣。他自接受命令之日起，就不再理睬家事。

"而赵括刚刚做了大将，就向东高坐，接受拜见，大小军官没人敢抬头正脸看他。大王赏给他的金银绸缎，全部拿回家藏起来，每天察看有什么良田美宅可买的就买下。大王您以为赵括像他的父亲，其实他们父子的用心完全不同。请大王不要派他去。"

赵孝成王却说："老太太你不用管，我已经决定了。"

赵括的母亲便说："万一赵括出了什么差错，我请求不要连累我被治罪。"

赵孝成王同意了赵母的请求。

秦昭襄王听说赵括已经上任为大将，便暗中派武安君白起为上将军，改王龁为副将，下令军中："谁敢泄露白起为上将军的消息，格杀勿论！"

赵括到了赵军中，便全部推翻原来的规定，调换军官，下令出兵攻击秦军。

白起佯装战败退走，预先布置下两支奇兵准备截击。赵括乘胜追击，直达秦军营垒，秦军坚守，赵括无法攻入。

这时，秦军一支两万五千人的奇兵已切断了赵军的后路，另一支五千人的骑兵堵截住赵军返回营垒的通道，赵军被一分为二，粮道断绝。

白起便下令轻装精兵前去袭击，赵军迎战失利，只好坚筑营垒等待救兵。

秦昭襄王听说赵军运粮通道已经切断，亲自到河内征发十五岁以上的百姓全部调往长平，阻断赵国的救兵及粮食。

九月，赵军已断粮四十六天，士兵们都在内部暗中残杀，互相吞食。

赵括着急，便下令进攻秦军营垒，派出了四支队伍，轮番进攻，直到第五次进攻，仍旧无法突围。赵括亲自率领精兵上前肉搏，被秦兵射死。赵军于是便全线崩溃，四十万士兵全部投降。

白起说："当初秦军已攻克上党，上党百姓却不愿归秦而去依附赵国。赵国士兵反复无常，不全部杀掉，恐怕会有乱子。"于是使用奸计把赵国降兵全部活埋，只放了二百四十个年岁小的回赵国，前后共杀死俘虏四十五万人，赵国大为震惊。

奇货可居

周赧王五十年（前 265）

秦昭襄王立安国君嬴柱为太子。

周赧王五十八年（前 257）

太子嬴柱的夫人名叫华阳夫人，没有儿子；另一个夏姬则生有儿子嬴异人。

嬴异人在赵国做人质，秦国几次攻打赵国，赵国人因此对他很不友善。异人又因为是秦王的庶孙，在国外做人质，车马及日常供给都不充足，生活窘困而不得志。

阳翟大商人吕不韦去邯郸，见到嬴异人，说：“这是可以囤积起来卖好价钱的奇货呀！”

于是，吕不韦前去拜见嬴异人，说：“我可以扩大你的门庭！”

嬴异人笑着说：“你先扩大自己的门庭吧！”

吕不韦说：“你不知道，我的门庭要靠你的门庭来扩大。”

嬴异人心中知道他有所指，便邀他一起坐下深谈。

吕不韦说："秦王老了。太子宠爱华阳夫人，而华阳夫人却没有儿子。你兄弟二十余人中，子傒是长子，有继承秦国的条件，又有士仓辅佐他。你排行居中，不太受重视，长久在外做人质。如果太子即位做秦王，你很难争得继承人的地位。"

嬴异人说："那怎么办呢？"

吕不韦说："能够确立嫡子继承人的，只有华阳夫人。我吕不韦虽然不算富，也愿意拿出千金为你到西边去游说，让她立你为继承人。"

嬴异人说："如果能实现你说的计划，我愿意分割秦国与你共享。"

吕不韦于是拿出五百金给异人，让他结交宾客，又用五百金购买奇宝珍玩，自己携带，西行到秦国。

吕不韦见到华阳夫人的姐姐，通过她把珍宝献给华阳夫人，趁机称赞异人贤明，宾客遍天下，常常日夜哭着思念太子和华阳夫人，说："异人把夫人你当作自己的上天！"

华阳夫人听了大喜，吕不韦又通过她姐姐劝说她："靠容貌侍奉别人，年老色衰则宠爱减少。现在夫人虽受到宠爱却没有儿子，不趁着年华正盛自己早些在各个儿子中选一个贤良孝顺的，推举他为嫡子。等到年老色衰宠爱淡漠时，即便想说一句话，还有可能吗？

"现在异人贤明，又知道自己排行居中，做不了嫡子，夫人真能在这时候提拔他，异人就从无国变成了有国，夫人也从无子变成了有子，便会终生在秦国得到宠幸。"

华阳夫人认为她说得很对，抓住机会便对太子说："儿子异人绝顶贤明，来来往往的人都称誉他。"

又哭道："我不幸没有生儿子，想把异人立为自己的儿子，使后半辈子有个依靠！"

太子答应了，与华阳夫人刻下玉符，约定以嬴异人为继承人，因而送给他丰厚财物，并请吕不韦辅佐他。嬴异人的名望声誉从此便在各国盛传。

吕不韦娶了邯郸美女中最美的一位，与她同居，知道她已怀孕。一次，嬴异人与吕不韦饮酒，见到这位女子，便想要来。吕不韦假装动怒，不久又将她献给异人。这位女子怀孕一年后生下儿子，名叫嬴政，嬴异人便把她立为正室夫人。

邯郸被秦兵围困时，赵国人想杀死嬴异人，嬴异人与吕不韦用六百金送给看守，脱身逃到秦军中，于是得以回国。嬴异人身穿楚国服装前去见华阳夫人，华阳夫人说："我是楚人啊！我把你当作亲生儿子。"于是把他的名字改为楚。

秦昭襄王五十六年（前 251）

秋季，秦昭襄王去世，太子嬴柱即位，是为秦孝文王。

秦孝文王立子嬴异人为太子。于是，赵国人便将嬴异人的妻子儿女送回秦国。

秦孝文王元年（前 250）

十月初四，秦孝文王服丧期满，正式登王位。但他在位仅三天就去世了，他的儿子嬴异人继位，是为秦庄襄王。秦庄襄王尊奉嫡母华阳夫人为华阳太后，尊奉生母夏姬为夏太后。

秦庄襄王元年（前 249）

吕不韦任秦国的相国。

秦庄襄王封相国吕不韦为文信侯，食邑河南洛阳十万户。

秦庄襄王三年（前 247）

五月二十六日，秦庄襄王去世，太子嬴政即位。嬴政这时只有十三岁，因此一切国家大事都交由文信侯吕不韦决定，并称他为“仲父”。

秦汉

极简资治通鉴

始皇一统

秦始皇帝十年（前 237）

秦国的王族大臣们建议说："各诸侯国到秦国来做官谋职的人，大都是为自己的君主来游说，挑拨离间我们君臣上下之间的关系，因此，请大王将他们一律驱逐出境。"

于是，秦王嬴政便下令全国实行大搜索，驱逐外来人。

客卿楚国人李斯也在被逐之列，他在临离开前上书秦王说："从前穆公招纳贤才，由西部戎地选得由余，东方宛城物色到百里奚，在宋国借来了蹇叔，在晋国寻求到丕豹和公孙支。如此，秦国得以兼并二十多个国家，而称霸西戎。孝公任用商鞅实行变法，使各国都亲和服从，以至今日天下大治，国势强盛。惠王采纳张仪的策略，拆散六国的合纵联盟，使它们为秦国效力。昭王得到范雎的辅佐，加强了王室的权力，遏制了权贵私门的势力。这四位君王都是依靠客卿的作用而建功立业的。

"如此看来，客卿有什么地方辜负了秦国啊？美色、音乐、宝珠、美玉都不产在秦国，可大王搜集来使用、享受的却很多。但对人的取舍偏不是这样，不问可不可用，不论是非曲直，凡非秦国人就一概不用，凡是客卿就一律驱逐。似此便是只看重美色、音乐、宝珠、美玉等，而轻视人才了。

“我听说泰山不拒绝细小的泥土，故能成就其巍峨；河海不舍弃细流，故能成就其深广；圣贤的君王不排斥民众，故能彰显他的德行。这便是五帝三王之所以能无敌于天下的原因。现在您抛弃那些非秦国籍的平民百姓，使他们去帮助敌国，排斥那些外来的宾客，让他们去为各诸侯效力，这就是所谓的把武器借给入侵者，把粮草送给盗匪了。”

于是秦王召李斯入见，要恢复他的官职，并撤销逐客令。

此时李斯已走到了骊邑，接令后即刻返回。

秦王最终采用了李斯的计策，暗中派遣能言善辩的人携带金珠宝玉去游说各国国君。对各国有名望、有势力的人，凡是可以用钱财贿赂的，便出重金收买，结交他们；凡是不肯受贿的，便持利剑刺杀他们。

就这样，秦国不断挑拨各国国君与臣民之间的关系，离间他们的感情，然后派良将率兵攻打各国。

秦始皇帝十四年（前233）

韩王安向秦国割让土地，并献出国君的大印，请求作为秦国的附庸，派遣韩非[1]为使节往秦国拜谒问安。

[1]韩非是韩国的公子之一，精通刑名法术的学说。他看到韩国国力日益削弱，多次写信给韩王求取录用，但总得不到韩王的任用。

秦始皇帝十七年（前 230）

秦国的内史胜率军灭掉了韩国，俘获韩王安。秦国在韩国的土地上设置了颍川郡。

秦始皇帝十八年（前 229）

秦将王翦统率驻扎在上地的军队攻下井陉，然后与率领河内驻军的杨端和一同进攻赵国。赵国的大将李牧、司马尚领兵顽强抵抗秦军。

于是，秦国派人用重金收买赵王迁的宠臣郭开，让他诋毁李牧和司马尚，说他们企图反叛赵国。赵王迁便派赵葱及齐国的将领颜聚取代他们。

李牧不接受命令，赵国人便将他抓住杀了，然后罢免了司马尚。

秦始皇帝十九年（前 228）

王翦率军攻击赵军，大败赵兵，杀赵葱，颜聚逃亡。于是秦军攻陷邯郸，俘虏了赵王迁。

赵国的公子赵嘉统率他的宗族数百人逃往代地，自立为代王。赵国灭亡后，在逃的赵国官员们逐渐地投归代王嘉，与燕国合兵一处，共同驻扎在上谷。

燕国太子丹听说卫国人荆轲很贤能，便携带厚礼，以谦卑的言辞求见他。

太子丹对荆轲说："现在秦国已俘虏了韩王，又举兵向南进攻楚国，向北威逼赵国。赵国无力对付秦国，那么灾难就要降临到燕国头上了。燕国既小又弱，多次为战争所拖累，哪里还能够抵挡住秦国的攻势啊？各诸侯国都屈服秦国，没有哪个国家敢于再合纵抗秦了。

“我个人的计策颇愚鲁，认为如果真能获得一位天下最无畏的勇士，让他出使秦国，胁迫秦王嬴政，迫使他将兼并来的土地归还给各国，就像曹沫当年逼迫齐桓公归还鲁国丧失的领土一样。如此当然是最好的了。

“假若不行，便乘机刺杀掉秦王嬴政。秦国的大将拥兵在外，而国内发生动乱，于是君臣之间相互猜疑。趁此时机，各国如能够合纵抗秦，就一定可以击败秦军。希望您考虑这件事情。”

荆轲答应了。

秦始皇帝二十年（前 227）

荆轲行刺失败。秦王勃然大怒，增派军队去赵国，随王翦的大军攻打燕国。秦军在易水以西与燕军和代王嘉的军队会战，大破燕、代之兵。

秦始皇帝二十一年（前 226）

十月，王翦攻克燕都蓟城，燕王喜和燕太子丹率精兵向东图保辽东，秦将李信领兵急追。

代王嘉送信给燕王喜，要他杀太子丹献给嬴政。

太子丹这时躲藏在衍水一带，燕王喜就派使节往衍水杀了太子丹，准备把他的头颅献给秦王，但秦王再次发兵攻打燕国。

秦始皇帝二十二年（前 225）

秦将王贲率军征伐魏国，引汴河的水灌淹魏国都城大梁。

三月，大梁城垣塌毁，魏王假[1]投降，被杀死，魏国灭亡。

秦始皇帝二十三年（前 224）

王翦率大军取道陈丘以南抵达平舆。

楚国人听闻王翦增兵而来，便出动国中的全部兵力抵抗秦军。王翦坚守营寨不与楚军交锋。楚人多次到营前挑战，秦军始终也不出战。

王翦每天让士兵休息、洗浴，享用好的饮食，安抚慰问他们，并亲自与他们共同进餐。

这样过了很长一段时间，王翦派人打听："军中在进行什么游戏啊？"

有人说："军士们正在玩投石、跳跃的游戏。"

王翦便说："这样的军队可以用来作战了。"

此时楚军既然无法与秦军交锋，就挥师向东而去。王翦率军尾追，令壮士们发起突击，大败楚军，直至蕲县之南，斩杀楚国将军项燕，于是楚军溃败逃亡。王翦乘胜夺取并平定了楚国的一些城镇。

秦始皇帝二十四年（前 223）

秦将王翦、蒙武俘获了楚王负刍，在楚地设置楚郡。

[1]魏王假，即魏假，魏国最后一位国君。

秦始皇帝二十五年（前 222）

秦国大举兴兵，派王贲进攻辽东，俘获了燕王喜。

王贲率军攻代，俘获代王嘉。

王翦平定了楚国长江以南的所有地区，降服百越的首领，设置了会稽郡。

当初，齐国的君王后贤惠有才干，使齐国能小心周到地侍奉秦国，对其他各诸侯国奉守信义。齐国东靠大海，不与秦国相邻。而那时秦国日夜不停地进攻韩、赵、魏、燕、楚等国，这五国分别忙于自救，无暇他顾，所以齐王建即位四十多年未遭逢过战乱。

君王后去世后，后胜出任齐国的相国，他大量接受秦国为挑拨齐国君臣关系而送给他的金银财宝。而齐国的宾客进入秦国时，秦国又给以重金，使这些宾客回国后都反过来为秦国说话，劝说齐王建去朝拜秦王，不必整治、修建用作攻战的防备设施，不要去援助那五个国家进攻秦国。秦国因此得以灭掉了五国。

秦始皇帝二十六年（前 221）

王贲率军从燕国向南进攻齐国，突然攻入都城临淄，齐国国民中没有敢于抵抗的。秦国派人诱降齐王建，约定封给他五百里的土地，齐王建于是便投降了。但是秦国却将他迁移到共地，安置在松柏之间，最终被饿死。

齐国人埋怨齐王建不早参与诸侯国的合纵联盟，却听信奸佞、宾客的意见，以致使国家遭到灭亡，编歌谣说：“松树啊，柏树啊！使齐王建迁住共地饿死的，是宾客啊！”这是恨齐王建任用宾客不审慎考察。

秦王刚刚兼并六国，统一天下，自认为兼备了三皇的德行，功业超过了五帝，于是便改称号为“皇帝”，是为秦始皇帝；皇帝出命称“制书”，下令称“诏书”，皇帝的自称为“朕”；追尊父亲庄襄王为太上皇。

他还颁布制书说：“君王死后依据他生前的行为加定谥号，这是儿子议论父亲，臣子议论君王，实在没意思。从今以后，废除为帝王上谥号的制度。朕为始皇帝，后继者以序数计算，称为二世皇帝、三世皇帝，以至万世，无穷尽地传下去。”

李斯之死

秦二世皇帝元年（前209）

七月，阳城人陈胜、阳夏人吴广在蕲县聚众起兵。

当时，各郡县的百姓都苦于秦法的残酷苛刻，因此争相诛杀当地长官，响应陈胜。

秦二世皇帝二年（前208）

秦二世胡亥多次谴责丞相李斯："你身居三公高位，如何使盗贼猖狂到这种地步？"

李斯颇为恐惧，但他又很看重贪恋官爵利禄，不知怎么办才好，便迎合二世的心意，上书说："贤明的君主，必定是能对臣下施行考察罪过处以刑罚的统治术的人。所以申不害说：'拥有天下却不肆情放纵的行为被称作把天下当作自己的桎梏，不是因为别的原因，而是因为不能对臣下察罪责罚，只能以自身之力为天下平民百姓操劳，就像唐尧和大禹那样，因此称之为桎梏。

"不能研习申不害、韩非的高明法术，实行察罪责罚的手段，一心将天下作为使自己快乐的资本，反而偏要劳身苦心地去为百姓效命，好像这样就成为平民百姓的奴仆，不能算是统治天下的君王了。这有什么值得崇尚的啊？

“所以贤明的君主能施行察罪责罚之术，在上独断专行，这样权力就不会旁落至下属臣僚手中，然后才能阻断实施仁义的道路，杜绝规劝者的论辩，独自称心如意地为所欲为，谁也不敢抵触反抗。如此，群臣、百姓想补救自己的过失还来不及呢，哪里还敢去图谋什么变故？”

二世十分高兴，便更加严厉地实行察罪惩处，视向百姓征收重税的人为有才干的官吏，视杀人多的官员为忠臣。结果，路上的行人有一半是受过刑罚的罪犯，死人的尸体天天成堆地积陈在街市中，秦朝的百姓因此愈加惊骇恐惧，盼望着发生动乱。

秦朝郎中令、宦官赵高仰仗着受皇帝恩宠而专权横行，为报他的私怨杀害了很多人。

他怕大臣们到朝廷奏报政务时揭发他，就劝二世说：“天子之所以尊贵，不过是因为群臣只能听到他的声音，而不能见到他的容颜罢了。况且陛下还很年轻，未必对件件事情都熟悉，现在坐在朝廷上听群臣奏报政务，若有赏罚不当之处，就会把自己的短处暴露给大臣们，便不能向天下人显示圣明了。

“所以陛下不如拱手深居宫禁之中，与我和熟习法令规章的侍中们在一起等待事务奏报，大臣们将事务报上来再研究处理。这样，大臣们就不敢奏报是非难辨的事情，天下便都称道您为圣明的君主了。”

二世采纳了赵高的建议，不再坐朝接见大臣，常常住在深宫之中，赵高侍奉左右，独掌大权，一切事情都由他来决定。

赵高听说李斯对此不满而有非议，便去会见李斯说：“关东地区的盗贼纷纷起来闹事，现在皇上却加紧增征夫役去修建阿房宫，并搜集狗马一类无用的玩物。我想进行规劝，但因地位卑贱不敢言。这可实在是您的事情啊，您为什么不去劝谏呢？”

李斯道：“本来是该如此啊，我早就想说了。但如今皇上不坐朝接见大臣听取奏报，经常住在深宫中，我所要说的话，不能传达进去，而想要觐见，又没有机会。”

赵高说：“倘若您真的要进行规劝，就请让我在皇上得空的时候通知您。”

于是，赵高等到二世正在欢宴享乐、美女站满面前时，派人通告李斯：“皇上正有空闲，可以进宫奏报事情。”李斯即到宫门求见。

如此接连三次，二世大怒道：“我常常有空闲的日子，丞相不来。我正在闲居休息，丞相就来请示奏报！丞相这岂不是轻视我年幼看不起我吗？”

赵高便趁机说道：“沙丘伪造遗诏逼扶苏自杀的密谋，丞相参与了。现在陛下已立为皇帝，而丞相的地位却没有提高，他的意思也是想要割地称王了。

“而且陛下若不问我，我还不敢说，丞相的长子李由任三川郡守，楚地盗贼陈胜等都是丞相邻县的人，因此这些盗贼敢于公然横行，以致经过三川城的时候，李由只是据城防守不肯出击。我听说他们还相互有文书往来，因尚未了解确实，所以没敢奏报给陛下。况且丞相在外面，权势比陛下大。”

二世认为赵高说得有理，便想查办李斯，但又怕事实不确，于是就先派人去审核李由与盗贼相勾结的情况。

李斯听说了这件事，即上奏书揭发赵高的短处说：“赵高专擅赏罚大权，他的权力跟陛下没有什么区别了。从前田常当齐国国君简公的相国，窃取了齐简公的恩德威势，下得百姓拥戴，上获群臣支持，终于杀掉了简公，夺取了齐国，这是天下周知的故事啊。

“如今赵高有邪恶放纵的心意，阴险反叛的行为，他私家的富足，与田氏在齐国一样，而又贪得无厌，追求利禄不止，地位权势仅次于君主，欲望无穷，窃取陛下的威信，他的野心就犹如韩玘当韩王安的相时那样了。陛下不设法对付，我怕他是必定会作乱的。”

二世说：“这是什么话？赵高本来就是个宦官，但他却从不因处境安逸而放肆地胡作非为，不因处境危急而改变忠心，他行为廉洁向善，靠自己的努力才得到今天的地位。赵高因忠诚而求得晋升，因守信义而保持职位，朕确实认为他贤能。

“但您却怀疑他，这是为什么呢？而且朕不依靠赵高，又当任用谁呀？何况赵高的为人，精明廉洁、强干有力，对下能了解人情民心，对上则能适合朕的心意，就请您不要猜疑了！”

二世非常喜爱赵高，唯恐李斯把他杀掉，便暗中将李斯的话告诉了赵高。

赵高说：“丞相所担心的只是我一个人，我死了，丞相就要干田常所干的那些事了。”

此时，盗贼日益增多，而秦国朝廷不停地征发关中士兵去东方攻打盗贼。

右丞相冯去疾、左丞相李斯、将军冯劫便为此提出规劝说：“关东群盗同时起事，秦朝发兵进剿，诛杀的人非常多，但仍然不能止息。盗贼之所以多，都是由于兵役、水陆运输和建筑等事劳苦不堪，赋税太重的缘故啊。恳请暂时让修建阿房宫的役夫们停工，减少四方戍守边防的兵役、运输等徭役。”

二世说：“大凡所以能尊贵至拥有天下的原因，就在于能够为所欲为、极尽享乐，君主重在修明法制，臣下便不敢为非作歹，凭此即可驾驭天下了。虞、夏的君主，虽然贵为天子，却身处穷苦之境，为百姓做出牺牲，这还有什么可效法的呢？

“况且先帝由诸侯起家，兼并了天下。天下已经平定，就对外排除四方蛮族以安定边境，对内兴修宫室以表达得意的心情，而你们是看到了先帝业绩的开创的。如今朕即位，两年的时间里，盗贼便蜂拥而起，你们不能加以禁止，又想要废弃先帝创立的事业，这是上不能报答先帝，下不能为朕尽忠效力，如此你们凭什么占据着自己的官位呢？”

于是就将冯去疾、李斯、冯劫交给司法官吏，审讯责罚他们的其他罪过。

冯去疾、冯劫自杀了，只有李斯被下至狱中。

二世将李斯交给赵高处理，查究李斯与儿子李由进行谋反的情况，将他们的家族、宾客全都逮捕了。

赵高惩治李斯，笞打他一千余板，李斯不堪忍受苦痛，含冤认罪。

李斯之所以不自杀，是因为他自恃能言善辩，有功劳，实无反叛之心，而想要上书作自我辩解，希望二世能幡然醒悟，将他赦免。

于是，他从狱中上奏书说："我任丞相治理百姓，已经三十多年了，曾赶上当初秦国疆土狭小，方圆不过千里，士兵仅数十万的时代。我竭尽自己微薄的才能，暗地里派遣谋臣，供给他们金玉珍宝，让他们去游说诸侯，同时暗中整顿武装，整治政令、教化，擢升敢战善斗的将士，尊崇有功之臣。

"故而终于能以此胁迫韩国，削弱魏国，击破燕国、赵国，铲平齐国、楚国，最终兼并六国，俘获了它们的国君，拥立秦王为天子。接着又在北方驱逐胡人、貉人，在南方戡定百越部族，以显扬秦王朝的强大，并改革文字，统一度量衡和制度，颁布于天下，以树立秦王朝的威名。

"这些都是我的罪状啊，早就应当被处死了！只是由于皇上希望我竭尽所能，才得以活到今日。望陛下明察！"

奏书呈上后，赵高却命狱吏丢弃而不予上报，并且说道："囚犯怎么能上书？"

赵高派他的门客十多人假充御史、谒者、侍中，轮番审讯李斯，李斯则翻供以实情对答，于是赵高就让人再行拷打他。

后来二世派人去验证李斯的供词，李斯以为还与以前一样，便没敢更改口供，在供词上承认了自己的罪状。

判决书呈上去后，二世高兴地说："如果没有赵君，我几乎就被丞相出卖了！"

待二世派出去调查李斯长子、三川郡守李由的人抵达三川时，楚军已经杀死了李由。使者回来，正逢李斯被交给司法官吏审问治罪，赵高即捏造了李由谋反的罪证，与李斯的罪状合在一起，于是判处李斯五刑，在咸阳街市上腰斩。

李斯走出监狱时，与他的次子一同被押解，李斯便回头对次子说："我真想和你重牵黄狗，共同出上蔡东门去追逐狡兔，但哪里还能办得到哇？"

于是，父子二人相对痛哭，李斯三族的人也都被诛杀了。

二世便任命赵高为丞相，事无巨细，全由赵高决定。

破釜沉舟

秦二世皇帝二年（前208）

秦末起义军首领之一、武信君项梁已在东阿击败了章邯的军队，就领兵西进，等到达定陶时，再度打垮秦军。

项梁麾下的项羽、刘邦又在雍丘与秦军交战，大败秦军，斩杀了三川郡守李由。项梁于是更加轻视秦军，显露出骄傲的神色。

宋义[1]便规劝道："打了胜仗后，如若将领骄傲、士兵怠惰，必定会失败。现在士兵已有些怠惰了，而秦兵却在一天天地增多，我替您担心啊！"

但项梁不听从劝告，却派宋义出使齐国。

宋义在途中遇到齐国的使者高陵君嬴显，问他道："您将要去会见武信君吗？"

嬴显说："是啊。"

宋义道："我论定武信君必会失败。您慢点儿去当可免遭一死，快步赶去就将遭受祸殃。"

[1]宋义（？—207），原为楚国令尹，秦末起义爆发后，投到项梁麾下。

这时秦二世胡亥调动全部军队增援章邯攻打楚军，在定陶大败楚军，项梁战死。

闰九月，章邯击垮了项梁的部队之后，便认为楚地的兵事不值得忧虑，就渡过黄河，向北攻打赵国[1]，大败赵军，而后率军抵达邯郸，将城中百姓全部迁徙到河内，铲平了邯郸的城郭。

张耳与赵王歇逃入巨鹿城，秦将王离领兵将巨鹿团团围住。

陈馀向北收集常山的兵士，获得几万人，驻扎在巨鹿北面，章邯驻军巨鹿南面的棘原。

于是赵国几次向楚国请求救援。

此时高陵君嬴显正在楚国，就进见楚怀王熊心[2]说："宋义推论武信君的军队必败，过了不几天，项军果然失败。军队尚未开战就预见到了败亡的征兆，这可以说是颇懂得兵法了！"

楚怀王熊心随即召宋义前来商议事情，并且十分喜欢他，因此便任命他为上将军，项羽为次将，范增为末将，领兵去援救赵国。

各路部队的将领也都归宋义统领，称他为"卿子冠军"。

秦二世皇帝三年（前 207）

十月，宋义带领军队到达安阳，停留了四十六天还不进兵。

项羽说："秦军围困赵军形势紧急，应火速领兵渡黄河。如此，由楚军在外

---

[1]被秦始皇帝消灭的六国，在秦末起义爆发后纷纷复辟。

[2]熊心（？—206），楚国王族，与战国时期的楚怀王熊槐不是同一个人。楚国为秦国所灭后，熊心在民间隐居。项梁起义后，采纳范增的建议，在民间找到熊心，立为楚怀王，以从民望。

攻击，赵军在内接应，打败秦军就是一定的了！”

宋义道：“不对。拍打叮咬牛身的大虻虫，却不能消灭牛毛中的小虮虱。现在秦军攻赵，打胜了，军队就会疲惫，我们即可乘秦军疲惫之机发起进攻；打不胜，我们就率军擂鼓西进，这样便必定能够攻克秦了。所以不如先让秦、赵两军相斗。

“身披铠甲、手持锐利的武器冲锋陷阵，我不如您；但运筹帷幄、制定策略，您却不如我。”

因此宋义在军中下达命令说：“凡是猛如虎，狠如羊，贪如狼，倔强不服从指挥的人，一律处斩！”

宋义随后派他的儿子宋襄去齐国为相，并亲自把他送到无盐县，大摆宴席招待宾客。

当时天气寒冷，大雨不停，士兵饥寒交迫。

项羽便说：“本当合力攻秦，却长久地滞留不前。而今年成荒歉，百姓贫困，士兵吃的是蔬菜拌杂豆子，军中没有存粮，竟还要设酒宴盛会宾客，不领兵渡黄河，取用赵地的粮食做军粮，与赵军合力击秦，却说什么‘乘秦军疲惫之机发动进攻’。

“以秦的强盛攻打新建立的赵国，势必战胜。赵国被攻占，秦军便将更加强大，哪里还会有疲惫的机会可乘！况且我军新近刚刚吃了败仗，楚王坐立不安，集中起全国的兵力交付给将军，国家安危，在此一举。现在不体恤士兵，而去屈从于一己私利，不是以国家为重的忠臣啊！”

十一月，一天早上，项羽去进见上将军宋义时，就在营帐中斩了宋义的头，出帐后随即向军中发布号令说：“宋义与齐国合谋反楚国，楚王密令我杀了他！”

这时，众将领都因畏惧而屈服，无人敢于抗拒，一致说："首先拥立楚王的是将军您家中的人，如今又是您诛除了乱臣贼子。"于是，众人共同推立项羽为代理上将军。

项羽立即派人去追赶宋义的儿子宋襄，追至齐地将他杀了，并遣桓楚向楚怀王报告情况，楚怀王便让项羽担任了上将军。

十二月，章邯修筑甬道连接黄河，为王离供应军粮。王离军中粮食充足，就加紧攻打巨鹿。

巨鹿城内粮尽兵少，张耳便几次派人去叫陈馀前来营救。陈馀估计自己兵力不足，打不过秦军，故不敢到巨鹿来。

如此过了几个月，张耳勃然大怒，埋怨陈馀，派遣张黡（yǎn）、陈泽前去责备陈馀说："当初我和你结为生死之交，而今赵王和我很快就要死了，你拥兵数万，却不肯出手救援，赴难同死的精神在哪里啊？如果真守信用，何不攻击秦军而与我们一同战死，如此还有十分之一二能打败秦军保全性命的希望。"

陈馀道："我揣测自己前去终究不能救赵，只会白白地使全军覆没。何况我之所以不和张耳同归于尽，是想为赵王、张耳向秦军报仇啊。现在一定要共同赴死，就如同把肉送给饿虎，有什么好处呢？"

但张黡、陈泽要挟陈馀一同去死，陈馀于是便派张黡、陈泽率五千人先去试试秦军的力量，结果到了那里就全军覆没了。

当时，齐军、燕军都来救赵国，张敖也到北面收集代地的士兵，得到一万多人，但却都在陈馀军队的旁边安营扎寨，不敢进攻秦军。

项羽杀了"卿子冠军"宋义之后，威震楚国，就派当阳君黥布和蒲将军领兵两万渡黄河援救巨鹿。战事稍稍有利，即截断章邯所修的甬道，使王离的军队粮食短缺。

陈馀又请求增援兵力。项羽便率全军渡过黄河，凿沉船只，砸毁锅、甑，烧掉营舍，携带三天的口粮，以此表示军队将决一死战，毫无退还之意。因此，楚军一到巨鹿就包围了王离，与秦军接战，经九次交锋，大败秦军。章邯领兵退却。

各国的援兵这时才敢出击秦军，杀了苏角，俘获了王离。涉闲不肯投降，自焚而死。

此时，楚军的雄威压倒了诸侯军。援救巨鹿的诸侯国的军队有营垒十多座，却都不敢发兵出击。待到楚军攻打秦军的时候，诸侯军的将领都在营垒上观战。见楚军士兵无不以一当十，喊杀声惊天动地，诸侯军人人都惊恐不已。

这样打败了秦军后，项羽便召见诸侯军将领。这些将领进入辕门时，没有一个不是跪着前行的，谁也不敢仰视。

项羽从此成为诸侯军的上将军，各路诸侯都归他统率了。

刘邦入关

秦二世皇帝二年（前 208）

当初，楚怀王熊心与各路将领约定：“谁先攻入关中，谁就在关中称王。”

这时候，秦军还很强大，经常乘胜追击逃敌，故楚将中没有一个人认为先入关是有利的，唯独项羽怨恨秦军杀了项梁，激愤不已，愿同刘邦一起西进入关。

楚怀王手下的老将们都说：“项羽这个人，迅捷勇猛、狡诈凶残，曾经在攻破襄城时，将城中军民一个不留地统统活埋了。凡是他经过之处，无不遭到残杀毁灭。况且楚军几次进攻，在前的陈胜、项梁都失败了。

“因此不如改派敦厚老成的长者，以仁义为号召，率军向西进发，对秦国的父老兄弟们讲明道理。而秦国父老兄弟为他们君主的暴政所苦已经很久了，如若现在真能有位宽厚的长者前往，不施侵夺暴虐之政，关中应当是可以攻下的了。项羽不可派遣，只有刘邦向来宽宏大量，有长者气度，可以派遣。”

楚怀王于是没有答应项羽的请求，而派刘邦西进夺取土地，收容陈胜、项梁的散兵游勇，以攻击秦军。

秦二世皇帝三年（前 207）

六月，刘邦率军在县东面与南阳郡守吕齮（yǐ）交战，击败了秦军，夺取了南阳郡。吕齮败逃，回保城池，固守南阳郡的治所宛城。刘邦领兵绕过宛城西进。

张良劝他道："您虽然想要尽快入关，但是目前秦军尚兵多势众，且又可据险顽抗，倘若现在不攻下宛城，一旦宛城守敌从背后追击，前面又有强大的秦军阻挡，将会很危险的！"

刘邦于是连夜率军抄小道返回，放倒旗帜，在天没亮时，将宛城重重围住。

吕齮见状想自杀，他的舍人陈恢说："想要寻死还早了点儿吧。"

然后陈恢就翻越城墙去见刘邦说："我听说您曾受楚怀王之约，先攻入咸阳的即在关中称王。如今您滞留在这里攻打宛城，而宛城很大，连城数十座，城内军民自认为投降也是必死无疑，故都登城坚守。

"现在您整日停留在这里攻城，士兵死伤的必定很多，如若您率军撤离宛城，宛城的守军又肯定要尾随追击。这样一来，您前则耽误了先入咸阳者称王的约定，后则有遭到强大的宛城守军追击的忧患。

"我为您着想，还不如订约招降，加封南阳郡守，仍让他留守郡中，而率领他的军队一道西进。这样，那些没有投降的城邑，闻讯就会争先恐后地打开城门等候您的到来，届时您就可以通行无阻了。"

刘邦说："好！"

七月，吕齮举城投降，刘邦封他为殷侯，并封给陈恢享用一千户赋税的收入。

于是刘邦率军西进，所过城邑没有不降服的。

刘邦又回攻胡阳，遇见番君[1]属下的将领梅锠，便与他一同攻打析和郦，二地都投降了。

刘邦命令军队所过之处不得掳掠，秦地的百姓都非常喜悦。

汉高帝元年（前206）

十月，沛公刘邦率军抵达霸上。

秦王子婴乘素车、驾白马，颈上系着绳子以示自己该服罪自杀，手捧封好的皇帝玉玺和符节，伏在轵道亭旁向刘邦投降。

众将领中有人主张杀掉秦王。

刘邦说："当初怀王之所以派我前来，原本就是因为认定我能宽容人。何况人家已经降服了，还要杀人家，如此做是不吉利的。"

于是，他便将秦王子婴交给了主管官员处置。

刘邦领兵向西进入咸阳，众将领都争先恐后地奔往秦朝贮藏金帛财物的府库瓜分财宝，唯独萧何率先入宫取秦朝丞相府的地理图册、文书、户籍簿等档案收藏起来，刘邦借此全面了解了天下的山川要塞、户口的多少及财力物力强弱的分布。

刘邦看到秦王朝的宫室、帷帐、名种狗马、贵重宝器和宫女数以千计，便想留下来在皇宫中居住。

樊哙劝谏说："您是想拥有天下，还是只想做一个富翁啊？这些奢侈华丽之物，都是招致秦朝覆灭的东西，您要它们有什么用呀？望您尽快返回霸上，不要滞留在宫里！"

[1]番君（？—前201），即番阳令吴芮，轻徭薄赋，深得民心，被尊为"番君"。

刘邦不听。

张良说："秦朝因为不施行仁政，所以您才能够来到这里。而为天下人铲除残民之贼，应如同丧服在身，把抚慰人民作为根本。现在刚刚进入秦的都城，就要安享其乐，这即是人们所说的'助桀为虐'了。况且忠言逆耳利于行，良药苦口利于病，望您能听取樊哙的劝告！"

这时候刘邦才率军返回霸上。

十一月，刘邦把各县的父老和有声望的人召集起来，对他们说："父老们遭受秦朝严刑苛法的苦累已经很久了！我与各路诸侯约定，先入关中的人为王。据此我就应该在关中称王了。如今与父老们约法三章：杀人者处死，伤人者和抢劫者抵罪。除此之外，秦朝的法律统统废除，众官吏和百姓都照旧安定不动。

"我之所以到这里来，是为了替父老们除害，而不是来欺凌你们的，请你们不必害怕！况且我所以领兵回驻霸上，不过是为了等各路诸侯到来后订立一个约束大家行为的规章罢了。"

随即派人和秦朝的官吏一起巡行各县、乡、城镇，向人们讲明道理。

秦地的百姓因此都欢喜异常，争相拿着牛、羊、酒食来慰问款待刘邦的官兵。

刘邦又辞让不肯接受，说道："仓库中的粮食还很多，并不缺乏，不想让百姓们破费。"

于是百姓们更加高兴，唯恐刘邦不在秦地称王。

国士无双

汉高帝元年（前206）

当初，武信君项梁渡过淮河北上，淮阴人韩信便持剑去投奔他，留在项梁部下，一直默默无闻。

项梁失败后，韩信又归属项羽，项羽任命他做了郎中。韩信曾多次向项羽献策以求重用，但项羽却不予采纳。

刘邦进入蜀中，韩信又逃离楚军归顺了刘邦，仍然不为人所知，做了个接待宾客的小官。

后来韩信犯了法，应判处斩刑，与他同案的十三个人都已遭斩首，轮到韩信时，韩信抬头仰望，刚好看见了滕公夏侯婴，便说道："汉王难道不想夺取天下吗？为什么要斩杀壮士啊！"

夏侯婴觉得他的话不同凡响，又见他外表威武雄壮，就释放了他而不处斩，并与他交谈，欢喜异常，随即将这情况奏报给了刘邦。

于是刘邦授给韩信治粟都尉的官职，但还是不认为他有什么不寻常之处。

韩信好几次与刘邦的丞相萧何谈话，萧何感觉他不同于常人。待刘邦到达南郑时，众将领和士兵都唱歌思念东归故乡，许多人中途就逃跑了。韩信估计萧何等人已经多次向刘邦荐举过他，但汉王没有重用他，便也逃亡而去。

萧何听说韩信逃走了，没来得及向刘邦报告，就亲自去追赶韩信。

有人告诉刘邦说：“丞相萧何逃跑了。”

刘邦大发雷霆，仿佛失掉了左右手一般。

过了一两天，萧何来拜谒刘邦。

刘邦又怒又喜，骂萧何道：“你为什么逃跑呀？”

萧何说：“我不敢逃跑，我是去追赶逃跑的人啊。”

刘邦说：“你追赶的人是谁呀？”

萧何道：“是韩信。”

刘邦又骂道：“将领们逃跑的已是数以十计，你都不去追找，说追韩信，纯粹是撒谎！”

萧何说：“那些将领很容易得到。至于像韩信这样的人，却是天下无双的杰出人才啊。大王您如果只想长久地在汉中称王，自然没有用得着韩信的地方；倘若您要争夺天下，除了韩信，就没有可与您图谋大业的人了。只看您做哪种抉择了！”

刘邦说：“我也是想要东进的，怎么能够忧郁沉闷地老待在这里呀！”

萧何道：“如果您决计向东发展，那么能任用韩信，韩信就会留下来，如若不能任用他，他终究还是要逃跑的。”

刘邦说：“那我就看在你的面子上任命他做将军吧。”

萧何说：“即便是做将军，韩信也不会留下来的。”

刘邦道：“那就任命他为大将军吧。”

萧何说：“太好了。”

于是刘邦就想召见韩信授给他官职。

萧何说：“大王您向来傲慢无礼，现在要任命大将军了，却如同呼喝小孩儿一样，这便是韩信所以要离开的原因啊。您如果要授给他官职，就请选择吉日，进行斋戒，设置拜将的坛台和广场，准备举行授职的完备仪式，这才行啊。”

刘邦应允了萧何的请求。

众将领闻讯都很欢喜，人人都以为自己会得到大将军的职务。但等到任命大将军时，竟然是韩信，全军都惊讶不已。

授任韩信的仪式结束后，刘邦就座，说道：“丞相屡次向我称道您，您将拿什么计策来开导我啊？”

韩信谦让了一番，就乘势问刘邦道：“如今向东去争夺天下，您的对手难道不就是项羽吗？”

刘邦说：“是啊。”

韩信道：“大王您自己估量一下，在勇敢、猛悍、仁爱、刚强等方面，您与项羽比，谁强呢？”

刘邦沉默了许久，说：“我不如他。”

韩信拜了两拜，赞许道：“我韩信也认为大王您在这些方面比不上他。不过我曾经侍奉过项羽，就请让我来谈谈他的为人吧。项羽厉声怒斥呼喝时，上千人都吓得不敢动一动，但是他却不能任用有德才的将领。这只不过是匹夫之勇罢了。

“项羽待人，恭敬慈爱，言语温和，别人生了病，他会怜惜地流下泪来，把自己所吃的东西分给病人；但当所任用的人立了功，应该赏封爵位时，他却把刻好的印捏在手里，把玩得磨去了棱角还舍不得授给人家。这便是人们所说的妇人的仁慈啊。

“项羽虽然称霸天下而使诸侯臣服，但却不占据关中而是建都彭城；背弃义帝怀王的约定，把自己亲信偏爱的将领分封为王，诸侯愤愤不平；他还驱逐原来的诸侯国国王，而让诸侯国的将相为王，又把义帝迁移逐赶到江南；他的军队所经过的地方没有不遭残害毁灭的；老百姓都不愿亲近依附他，只不过是迫于他的威势勉强归顺罢了。

“如此种种，使他名义上虽然还是霸主，实际上却已经失去了天下人的心，所以他的强盛是很容易转化为虚弱的。现在大王您如果真的能反其道而行之，任用天下英勇善战的人才，那还有什么对手不能诛灭掉啊？把天下的城邑封给有功之臣，那还有什么人会不心悦诚服的呢？用正义的军事行动去顺从惦念东归故乡的将士们，那还有什么敌人打不垮、击不溃呀？

“况且分封在秦地的三个王都是过去秦朝的将领，他们率领秦朝的子弟作战已经有好几年了，被杀死和逃亡的多得数也数不清；而他们又欺骗自己的部下，投降了诸侯军，结果是抵达新安时，遭项羽诈骗而活埋的秦军降兵有二十多万人，唯独章邯、司马欣、董翳得以脱身不死。秦地的父老兄弟们怨恨这三个人，恨得痛彻骨髓。现今项羽倚仗自己的威势，强行把此三人封为王，秦地的百姓没有爱戴他们的。

“大王您进入武关时，秋毫无犯，废除了秦朝的严刑苛法，与秦地的百姓约法三章，秦地的百姓没有不希望您在关中做王的。而且按照原来与诸侯的约定，大王您理当在关中称王，这一点关中的百姓都知道。您失掉了应得的王位而去到汉中，对此秦地的百姓没有不怨恨的。如今大王您起兵向东，三秦之地只要发布一道征讨的文书就可以平定了。”

刘邦于是大喜过望，自认为韩信这个人才得到得太迟了，随即听从韩信的计策，部署众将领的攻击任务，留下萧何收取巴、蜀两郡的租税，为军队供给粮食。

汉高帝四年（前 203）

韩信平定齐国后，派人向刘邦上书说："齐国伪诈多变，是个反复无常的国家，且它的南边又邻近楚国。请让我暂时代理齐王去镇抚齐国。"

刘邦打开书信一看，即大发雷霆，骂道："我被困在这里[1]，朝思暮想地盼你来协助我，你却想要自立为王！"

张良、陈平连忙暗踩刘邦的脚，接着就凑到他的耳边低声说："汉军目前正处在不利的形势中，哪有能力阻止韩信擅自称王啊？倒不如就趁势立他为王，好好地对待他，让他自行镇守齐国。不然的话，可能会发生兵变。"

刘邦这时也醒悟过来，乘机又改口骂道："大丈夫平定了诸侯国，要做就做正式的君王，何必要当个代理国王呢？"于是派张良带着印信去封韩信为齐王，并征调他的部队去攻打楚军。

项羽获悉龙且[2]（jū）已死，非常害怕，立刻派遣盱台人武涉去游说齐王韩信，劝他反叛汉国来与楚国联合，三家瓜分天下各立为王。

韩信辞谢道："我侍奉项王的时候，官职不过是个郎中，地位不过是个持戟的卫士；所说的话项王不听，所献的计策项王不用，为此我才背叛楚国归顺汉国。

"而汉王则授给我上将军的官印，拨给我几万人马，脱下他的衣服让我穿，推过他的食物让我吃，并且对我言听计从，所以我才能达到今天这个地位。人家如此亲近、信任我，我背叛人家是不吉利的。我即使死了也不会改变跟定汉王的主意！望您替我向项王致歉。"

---

[1]此前刘邦与项羽交战不利，还受了伤，驻扎在广武。

[2]龙且（？—前 203），项羽手下将领，自幼跟随项羽，情同兄弟。韩信平定临淄后，率军援救齐国，中韩信之计，兵败被杀。

武涉走了后，蒯彻[1]知道天下胜负大势就取决于韩信，便劝韩信道："目前楚、汉二王的命运就牵系在您的手中，您为汉王效力，汉国就会获胜；您为楚王助威，楚国就会取胜。若您真肯听从我的计策，那就不如让楚、汉都不受损害，并存下去，您与他们三分天下，鼎足而立。这种形势一构成，便没有谁敢先行动手了。

"再凭着您的圣德贤才和拥兵众多，占据强大的齐国，迫令赵、燕两国顺从，出击刘、项兵力薄弱的地区以牵制住他们的后方，顺应百姓的意愿，向西去制止楚、汉纷争，为百姓请求解除疾苦、保全生命。这样，天下的人即会闻风响应您，哪还有谁胆敢不听从号令？"

韩信说："汉王对我非常优待，我怎么能因贪图私利而忘恩负义啊？"

蒯彻道："当初常山王张耳和成安君陈馀还是平民百姓的时候，彼此就结成了生死之交，待后来为张黡、陈泽的事发生争执构怨颇深时，常山王终于在泜（zhī）水南面杀掉了成安君，使成安君落了个头脚分家的结局；大夫文种保住了濒临灭亡的越国，使勾践称霸于诸侯国，但他自己功成名就却身遭杀害，犹如野兽捕尽，猎狗即被煮杀一样。

"从结交朋友的角度说，您与汉王的交情不如张耳和陈馀的交情深；从忠诚信义的角度说，您对汉王的忠信又比不过文种对勾践的忠信。这两点已经足够供您观察反思的了，望您能郑重地考虑。"

韩信推辞道："您先别说了，我将考虑一下这件事。"

过了几天，蒯彻又劝韩信。但是韩信仍然犹豫不决，不忍心背叛刘邦，且又自认为功劳多，刘邦终究不会夺走自己手中的齐国，于是就谢绝了蒯彻。

[1]蒯彻，韩信手下谋士，有辩才，曾为韩信献灭齐之策。后因避汉武帝刘彻之讳，改为蒯通。

汉高帝五年（前 202）

刘邦已经夺取天下，诸侯王一致上疏，请求推尊他为皇帝。

二月初三，汉王刘邦便在汜（fán）水北面登上帝位，是为汉高帝。

高帝刘邦建都洛阳，在洛阳南宫举行酒宴，他说道："各位列侯、各位将军，不要对朕隐瞒，都来说说这个道理。我之所以能取得天下的原因是什么？项羽之所以失掉天下的原因又是什么呀？"

高起、王陵[1]回答说："陛下派人攻城略地，谁攻取了城邑、土地就分封给他，与大家同享利益；项羽却不是这样，他对有功的人嫉恨，对贤能的人猜疑，这就是他失去天下的原因。"

刘邦说："你们是只知其一，不知其二啊。谈到运筹帷幄之中，决胜千里之外，我不如张良；镇守国家，安抚百姓，供给粮饷，保持运粮道路畅通无阻，我不如萧何；统率百万大军，战必胜，攻必克，我不如韩信。这三位都是人中英杰，而我能够任用他们，这就是我所以能取得天下的原因。项羽虽然有一个范增，却不能信任使用他，这便是项羽被我打败的原因。"

群臣都心悦诚服。

[1] 王陵（？—前 181），出身沛县（位于今江苏徐州）豪族，被刘邦以兄礼相待。刘邦进入咸阳后，王陵党聚数千人，占据南阳，坐观楚汉之争。项羽为了拉拢王陵，将他的母亲带到军营中，礼遇有加。王陵的母亲为了坚定儿子跟随刘邦的决心，伏剑自杀。项羽大怒，将她烹煮。于是王陵最终跟随刘邦，助他平定天下。

四面楚歌

汉高帝四年（前 203）

汉王刘邦下令：凡军士在战争中不幸死亡的，官吏要为他们用衣被棺木殓尸，并转送回死者家中。

此令一施行，四面八方的人都心甘情愿地来归附刘邦了。

楚王项羽自己明白楚军十分缺乏援助力量，而且军粮已经全部吃完，韩信又在进兵攻打楚军，为此十分忧虑。

刘邦这时派侯公前来劝说项羽，请求接自己的父亲太公回去。

项羽于是就同刘邦定下条约：二人平分天下，以战国时魏惠王所开的名为“鸿沟”的运河为界，鸿沟以西划归刘邦，鸿沟以东划归项羽。

九月，楚军将汉王父亲太公、汉王王后吕雉送归刘邦，项羽随即领兵解阵而东行归去。

于是刘邦也想西行回国，张良、陈平便对他道：“汉国已经得到了大半个天下，诸侯又都来归附，楚军却兵疲粮尽，这正是上天让我们灭亡楚国的大好时机啊。如今放走楚军而不去追击，这即叫作‘饲养猛虎给自己留下后患’呀。”

刘邦接受了他们的意见。

汉高帝五年（前 202）

十二月，项羽被汉军追击到了垓下，兵少粮尽，与汉军交战未能取胜，便退入营垒固守。这时汉军和诸侯的军队将项羽的军营重重包围了起来。

项羽在晚上听到汉军四面都唱起楚歌，就大惊道："汉军已经全部得到楚国的土地了吗？是什么原因楚人这么多呀！"便连夜起身，在帐中饮酒，慷慨悲歌，泪下数行。

侍从见状也都纷纷哭泣，全不忍心抬头观看。

项羽于是骑上他的名叫骓的骏马，部下的壮士骑马相随的有八百多人，当夜即突围往南奔驰。

天大亮时，汉军才发觉，便命令骑兵将领灌婴率五千名骑士追赶。

项羽渡过淮河，相随的骑兵能跟得上他的才一百多人。

到达阴陵后，项羽一行人迷了路，就向一个农夫问路。

农夫骗他说："往左。"

于是项羽等人往左走，却陷进了大沼泽地中，汉军因此便追上了他们。

于是项羽又领兵向东奔走，到达东城，相随的只有二十八个骑兵了，而这时汉军骑兵追逐前来的有好几千人。

项羽自己料想是不能脱身了，便对他的骑兵们说："我从起兵到现在，已经八年了，身经七十多次战斗，不曾失败过，这才霸有了天下。但是今天终于被困在这里，这是上天要灭亡我啊，并不是我用兵有什么过错！

"今天定要一决生死，愿为你们痛快地打一仗，一定突破重围，斩杀敌将，砍倒汉旗，接连三次取胜，让你们知道是天要亡我，而不是我用兵的过错！”随即把他的人马分为四队，向四个方向冲杀。

但汉军已将他们重重包围，项羽便对他的骑兵们说：“看我为你们斩杀他一员将领！”于是命令骑士们从四面奔驰而下，约定在山的东边分三处会合。

接着项羽便大声呼喝着策马飞奔而下，汉军随即溃败散乱，项羽就斩杀了一员汉将。

这时，郎中骑杨喜追击项羽，项羽瞪着双眼厉声呵叱他，杨喜人马都受到惊吓，退避了好几里地。

项羽便与他的骑兵们分三处相会合。汉军不知道项羽究竟在哪里，于是分兵三路，重又把他们包围了起来。项羽随即奔驰冲杀，又斩杀了汉军的一名都尉，杀掉了汉军百十来人，重新聚拢了他的骑兵，至此不过仅损失了两名骑士罢了。

项羽就对他的骑兵们说：“情况如何？”

骑兵们都敬服地说：“正像大王您所说的一样！”

这时项羽就想东渡乌江，乌江亭长把船停泊在岸边等着他，并对项羽说：“江东虽然狭小，土地方圆千里，民众几十万人，却也足够用以称王的了。望大王您火速渡江！现在只有我有船，汉军到来，无船渡江。”

项羽笑着说：“上天要灭亡我，我还要渡江做什么呀？况且我与江东子弟八千人渡江西征，而今没有一个人归还，纵使江东父老怜爱我，仍然以我为王，但我又有什么脸面去见他们啊？即便他们不说什么，难道我就不感到心中有愧吗？”

于是项羽就把自己所骑的骏马骓送给了亭长，命令他的骑兵都下马步行，手持短兵器与汉军交战。仅项羽一人就杀死了汉军几百人，项羽自己也身受十多处伤。

这时项羽回头看见了汉军骑司马吕马童，就说:“你不是我的老朋友吗？”

吕马童背过脸，指给中郎骑王翳说:“这就是项王！”

项羽便说道:“我听说汉王悬赏千金买我的头颅，分给万户的封地，我就留给你一些恩德吧！”旋即自刎而死。

王翳随即取下了项羽的头颅。其余的骑兵便相互践踏着争抢项羽的躯体，死了几十个人。

到了最后，杨喜、吕马童和郎中吕胜、杨武各夺得项羽的一部分肢体。五个人把项羽的肢体拼凑到一起，都对得上，于是刘邦便分割用于悬赏的万户封地，将五人都封为列侯。

诸吕之乱

汉惠帝七年（前188）

八月十二日，汉惠帝刘盈在未央宫驾崩。大赦天下。

当初，吕太后让张皇后找个别人的孩子来抚养，杀死他的母亲，以他为太子。

惠帝下葬后，太子刘恭登上皇帝之位，是为少帝。因为少帝年幼，便由太后在朝廷上行使天子权力。

汉高后元年（前187）

四月二十八日，太后晋封号称是惠帝之子的刘山为襄城侯，刘朝为轵侯，刘武为壶关侯。

太后图谋分封吕氏为王，为了安抚刘氏宗室，就先立号称是惠帝之子的刘强为淮阳王，刘不疑为恒山王，又指使宦官大谒者张释，委婉巧妙地向大臣们说明太后分封吕氏为王的本意。

于是，大臣们识趣地奏请太后立悼武王吕泽的长子郦侯吕台为吕王，把属于齐国的济南郡割出来，另立为吕国。

汉高后四年（前184）

少帝刘恭渐渐长大，自知并非惠帝张皇后的儿子，就发牢骚说："皇后怎么能杀了我的生身之母而冒充我的母亲？我成人之后，就要复仇！"

太后得知，就把少帝幽禁于后宫的永巷中，宣称少帝患病。任何人不得与少帝相见。

太后告诉群臣说："如今皇帝长期患病不愈，精神失常，不能继承皇统治理天下了，应该另立皇帝。"

群臣都顿首回答："皇太后的旨意，是为天下百姓着想，对于安宗庙、保国家必定产生深远影响，群臣顿首奉诏。"

于是太后就废掉少帝，并暗中杀死了他。

五月十一日，太后立恒山王刘义为皇帝，改名为刘弘。

由于太后称制治理天下，所以新皇帝即位不称元年。

汉高后七年（前181）

这一时期，诸吕把持朝政。

右丞相陈平担忧诸吕横暴，自己又无力制止，恐怕大祸临头，曾独居静室，苦思对策。

恰在此时故交陆贾来访，未经通报直入室中坐下，陈平正苦思冥想，竟未察觉。

陆贾说："丞相思虑何事，竟然如此全神贯注！"

陈平说："先生猜测我思虑何事？"

陆贾说："您富贵无比，不会有什么欲望了；但是，您却有忧虑，不外乎是担心诸吕和皇上年幼罢了。"

陈平说："先生猜得对。此事应该怎么办呢？"

陆贾说："天下安，注意相；天下危，注意将。将与相关系和谐，士人就会归附，天下即使有重大变故，大权也不会被瓜分。安定国家的根本大计，就在你们二位文武大臣掌握之中。

"我曾想对太尉、绛侯周勃说明这一利害关系，绛侯平素与我常开玩笑，不会重视我的话。丞相为何不与太尉交好，密切联合呢？"

接着陆贾为陈平谋划将来平定诸吕的几个关键问题。

陈平采纳陆贾的计谋，用五百金为周勃祝寿，举办丰盛的宴席，周勃也以同样的礼节回报。陈平与周勃互相紧密团结，吕氏图谋篡国的心气渐渐衰减。陈平送给陆贾一百个奴婢、五十乘车马、五百万钱作为饮食费。

汉高后八年（前 180）

七月，太后病重，于是下令任命赵王吕禄为上将军，统领北军；吕王吕产统领南军。

太后告诫吕产、吕禄说："封立吕氏为王，大臣心中多不服。我就要死了，皇帝年幼，恐怕大臣们乘机向吕氏发难。你们务必要统率禁军，严守宫廷，千万不要为送丧而轻离重地，以免为人所制！"

三十日，太后去世，留下遗诏：大赦天下，命吕王吕产为相国，以吕禄之女为皇后。

诸吕打算作乱，因惧怕大臣周勃、灌婴等人，未敢贸然行事。

朱虚侯刘章娶吕禄之女为妻，所以得知吕氏的阴谋，就暗中派人告知其兄齐王刘襄，让齐王统兵西征，朱虚侯、东牟侯为他做内应，图谋诛除吕氏，立齐王为皇帝。

齐王就与他舅父驷钧、郎中令祝午、中尉魏勃暗中密谋发兵，齐相召平反对举兵。

八月二十六日，齐王准备派人杀国相召平。召平得知，就发兵包围了王宫。

魏勃欺骗召平说："齐王没有汉朝廷的发兵虎符，就要发兵，这是违法的。您发兵包围了齐王本是对的，我请求为您带兵入宫软禁齐王。"

召平信以为真，让魏勃指挥军队。魏勃掌握兵权之后，就命令包围相府，召平自杀。

于是，齐王命驷钧为相，魏勃为将军，祝午为内史，征发齐国的全部兵员。

齐王派祝午到东面的琅邪国，欺骗琅邪王刘泽说："吕氏在京中发动变乱，齐王发兵，准备西入关中诛除吕氏。齐王因为自己年轻，又不懂得军旅战阵之事，自愿让整个齐国听命于大王的指挥。大王您在高祖时就已统兵为将，富有军事经验；请大王光临齐都临淄，与齐王面商大事。"

琅邪王信以为真，迅速赶往临淄见齐王。

齐王乘机扣留了琅邪王，而指令祝午征发琅邪国的全部兵员，一并由自己统领。

琅邪王对齐王说："大王是高皇帝的嫡长孙，应当立为皇帝；现在朝中大臣对立谁为帝犹豫不定，而我在刘氏宗室中年龄最大，大臣们本当等着由我决定择立皇帝的大计。现在大王留我在此处，我无所作为，不如让我入关计议立帝之事。"

齐王认为他说得有道理，就准备了许多车辆为琅邪王送行。

琅邪王走后，齐王就出兵向西攻济南国。齐王还致书于各诸侯王，历数吕氏的罪状，表明自己起兵灭吕的决心。

相国吕产等人听闻齐王举兵，就派颍阴侯灌婴统兵征伐。

灌婴率军行至荥（xíng）阳，与其部下计议说："吕氏在关中手握重兵，图谋篡夺刘氏天下，自立为帝。如果我们现在打败齐军，回报朝廷，这就增强了吕氏的力量。"

于是，灌婴就在荥阳屯兵据守，并派人告知齐王和诸侯，约定互相联合，静待吕氏发起变乱，即一同诛灭吕氏。

齐王得知此意，就退兵到齐国的西部边界，待机而动。

吕禄、吕产想发起变乱，但内惧朝中绛侯周勃、朱虚侯刘章等人，外怕齐国和楚国等宗室诸王的重兵，又恐手握军权的灌婴背叛吕氏，打算等灌婴所率汉兵与齐军交战之后再动手，所以犹豫未决。

此时，济川王刘太、淮阳王刘武、常山王刘朝及鲁王张偃[1]都年幼，没有就职于封地，居住于长安；赵王吕禄、梁王吕产分别统率南军和北军，都是吕氏一党。列侯群臣没有人能自保安全。

周勃手中没有军权。

曲周侯郦商年老有病，其子郦寄与吕禄交好。

周勃就与丞相陈平商定一个计策，派人劫持了郦商，让他儿子郦寄去欺骗吕禄说："高帝与吕后共同安定天下，立刘氏九人为诸侯王，立吕氏三人为诸侯王，都是经过朝廷大臣议定的，并已向天下诸侯公开宣布，诸侯都认为理应如此。

"现在太后驾崩，皇帝年幼，您身佩赵王大印，不立即返回封国镇守，却出任上将，率兵留在京师，必然会受到大臣和诸侯王的猜忌。您为何不交出将

[1] 这些人都是亲吕势力。

印，把军权还给太尉，请梁王归还相国大印给朝廷，您二人与朝廷大臣盟誓后各归封国？这样，齐兵必会撤走，大臣也得以心安，您高枕无忧地去做方圆千里的一国之王，这是造福于子孙万代的事。”

吕禄相信了郦寄的计谋，想把军队交给周勃统率，便派人把这个打算告知吕产及吕氏长辈，有人同意，有人反对，一时间犹豫未决。

吕禄信任郦寄，经常与他结伴外出游猎，途中曾前往拜见其姑母吕媭（xū）。

吕媭大怒说：“你身为上将而轻易地离军游猎，吕氏如今将无处容身了！”

吕媭把家中的珠玉、宝器全拿出来，抛散到堂下，说：“不要为别人守着这些东西了！”

九月初十清晨，行使御史大夫职权的平阳侯曹窋（kū），前来与相国吕产议事。

郎中令贾寿出使齐国返回，批评吕产说：“大王不早些去封国，现在即便是想去，还能去得了吗？”

贾寿把灌婴已与齐、楚两国联合欲诛灭吕氏的事告诉了吕产，并且催吕产迅速入据皇宫，设法自保。

平阳侯曹听到了贾寿的话，快马加鞭，赶来向陈平和周勃报告。

周勃想进入北军营垒，但被阻止不得入内。襄平侯纪通负责典掌皇帝符节，周勃便命令他持节，伪称奉皇帝之命允许周勃进入北军营垒。

周勃又命令郦寄和典客刘揭先去劝说吕禄：“皇帝指派太尉代行北军指挥职务，要您前去封国。立即交出将印，告辞赴国！否则，将有祸事发生！”

吕禄认为郦寄不会欺骗自己，就解下将军印绶交给典客刘揭，而把北军交给周勃指挥。周勃进入北军时，吕禄已经离去。

周勃进入军门，下令军中说：“拥护吕氏的袒露右臂膀，拥护刘氏的袒露左臂膀！”

军中将士全都袒露左臂膀，周勃就这样取得了北军的指挥权。但是，还有南军未被控制。

陈平召来朱虚侯刘章辅佐太尉。

周勃令刘章监守军门，又令平阳侯曹窋告诉统率宫门禁卫军的卫尉说：“不许相国吕产进入殿门！”

吕产不知吕禄已离开北军，进入未央宫，准备作乱。吕产来到殿门前，无法入内，在殿门外徘徊。曹窋恐怕难以制止吕产入宫，策马告知周勃。

周勃还怕未必能战胜诸吕，没敢公开宣称诛除吕氏，就对刘章说：“立即入宫保卫皇帝！”

刘章请求派兵同往，周勃拨给他一千多士兵。刘章进入未央宫门，见到吕产正在廷中。时近傍晚，刘章立即率兵向吕产冲击，吕产逃走。

天空狂风大作，吕产所带党羽亲信慌乱不已，都不敢接战搏斗；刘章等人追逐吕产，在郎中府的厕所中将吕产杀死。

刘章已杀吕产，少帝派谒者持皇帝之节前来慰劳刘章。刘章要夺皇帝之节，谒者不放手，朱虚侯就与持节的谒者共乘一车，凭着皇帝之节，驱车疾驰，斩长乐卫尉吕更始。事毕返回，驰入北军，报知周勃。

周勃起立向刘章拜贺说：“最令人担忧的就是吕产。现在吕产被杀，天下已定！”

于是，周勃派人分头逮捕所有吕氏男女，不论老小一律处斩。

十一日，捕斩吕禄，将吕媭乱棒打死，派人杀燕王吕通，废除鲁王张偃。

十八日，改封济川王刘太为梁王，派刘章去告知齐王，吕氏已被诛灭，令齐国罢兵。

诸位大臣暗地共同商量说：“少帝和梁王、淮阳王、恒山王，都不是孝惠帝真正的儿子。当年吕后设计取他人的儿子，杀死他们的生母，把他们收养在后宫中，令孝惠帝认作儿子，立为继承人和诸侯王，用来加强吕氏的力量。

“现在，吕氏已被灭族，但吕氏所立的人，很快就要长大，等他们掌握实权，我们恐怕都要被灭族！不如从诸侯王中另选最贤者立为皇帝。”

有人说：“齐王是高帝的长孙，可立他为帝。”

大臣们都说：“吕氏正因为外戚强横，几乎危及皇帝宗庙，摧残功臣，现在齐王的舅舅驷钧，为人暴恶好像戴着冠帽的老虎，假若立齐王为帝，驷钧一族就会成为第二个吕氏。

“代王是高帝在世诸子中年龄最大的一位，为人仁孝宽厚，太后薄氏一家谨慎温良。立年长的本来就名正言顺，更何况代王又以仁孝而闻名于天下呢！”

于是，大臣们共同议定拥立代王刘恒为帝，并暗地派人召他入京。

闰九月，刘恒即皇帝位，是为汉文帝。

释之执法

汉文帝前元三年（前 177）

谒者仆射张释之跟随汉文帝刘恒，来到禁苑中养虎的虎圈。

文帝向上林尉询问禁苑中所饲养的各种禽兽的登记数目，先后问了十多种。上林尉仓皇失措，左右观望，全都答不上来，站立于一旁的虎圈啬夫代上林尉回答了文帝的提问。

文帝十分详细地询问禽兽登记的情况，想考察虎圈啬夫的才能。虎圈啬夫随问随答，没有一个问题被难倒。

文帝说："官吏难道不应像这样吗？上林尉不可信赖。"

于是，文帝诏令张释之去任命啬夫为管理禁苑的上林令。

张释之停了许久，走近文帝说："陛下以为绛侯周勃是什么样的人呢？"

文帝回答说："他是长者。"

张释之又问："东阳侯张相如是什么样的人呢？"

文帝答："长者。"

张释之说："绛侯周勃、东阳侯张相如被称作长者，他们两人在论事时尚且有话说不出口，哪能效法这个啬夫的多言善辩呢？秦王朝重用刀笔之吏，官场之上争着用敏捷苛察比较高低，它的害处是空有其表而无实际的内容，皇帝听不到对朝政过失的批评，却使国家走上土崩瓦解的末路。

“现在陛下因啬夫善于辞令而破格升官，我只怕天下人争相效仿，都去练习口辩之术而无真才实能。在下位的受到在上位的感化，比影子和回响的反应还快。君主的举动不可不审慎啊！”

文帝说：“您说得好啊！”于是不给啬夫升官。

文帝上车返回皇宫，令张释之为陪乘。一路上缓缓而行，文帝询问秦朝政治的弊端，张释之都给以回答。车驾返抵宫中，文帝任命张释之为公车令。

时隔不久，太子与梁王共乘一车入朝，经过司马门，二人也未曾下车示敬。

于是，张释之追上太子和梁王，禁止他们二人进入殿门，并马上劾奏太子和梁王“经公门不下车，为不敬”。

薄太后也得知此事，文帝为此向太后免冠赔礼，承认自己教子不严的过错。薄太后于是派专使传诏赦免太子和梁王，二人才得以进入殿门。

由此，文帝更惊奇和赏识张释之的胆识，升他为中大夫，不久，又任命他为中郎将。

张释之随从文帝巡视霸陵，文帝对群臣说：“哎呀！我的陵墓用北山岩石做外椁，把宁麻絮切碎填充在间隙中，再用漆将它们黏合为一体，如此坚固，难道有谁能打得开吗？”

左右近侍都说：“对！”

唯独张释之说：“假若里面有能勾起人们贪欲的珍宝，即便熔化金属把整个南山封起来，也会有间隙；假若里面没有珍宝，即便是没有石椁，又有什么可忧虑的呢？”

文帝称赞他说得好。

这一年，张释之被任命为廷尉。

文帝出行经过中渭桥，有一人从桥下跑出，惊动了皇帝驾车的马匹。

于是，文帝令骑士追捕，并将他送交廷尉治罪。

张释之奏报处置意见：“此人违犯了清道戒严的规定，应当罚金。”

文帝发怒说：“此人直接惊了我乘舆的马，好在这马脾性温和，假若是其他马，能不伤害我吗？可廷尉却判他罚金！”

张释之解释说：“法，是天下公共的。这一案件依据现在的法律就是这样定罪；加罪重判，法律就不能取信于民众。况且，在他惊动马匹之际，如果皇上派人将他杀死，也就算了。现在已把他交给廷尉，廷尉是天下公平的典范，稍有倾斜，天下用法就可轻可重，没有标准了，百姓还怎样安放自己的手脚呢？请陛下深思。”

文帝思虑半晌，说：“廷尉的判决是对的。”

后来，有人偷盗高祖庙中神位前的玉环而被捕，汉文帝大怒，交给廷尉治罪。

张释之奏报判案意见：按照“偷盗宗庙服御器物”的律条，案犯应当在街市公开斩首。

汉文帝大怒说：“此人大逆不道，竟敢盗先帝器物！我将他交给廷尉审判，是想将他诛灭全族；而你却依法判他死罪，这是违背我恭奉宗庙的本意的。”

张释之见皇帝震怒，免冠顿首谢罪说：“依法这样判，已经足够了。况且，同样的罪名，还应该根据情节逆顺程度区别轻重。今天此人以偷盗宗庙器物之罪被灭族，若万一有愚昧无知之辈，从高祖的长陵上取了抔土，陛下将怎样给他加以更重的惩罚呢？”

于是，文帝向太后说明情况，批准了张释之的判刑意见。

晁错之死

汉景帝前元三年（前154）

当初，汉文帝刘恒在位时，晁错多次上书奏说吴王刘濞（bì）的罪过，认为可以削减其封地；文帝宽厚，不忍心惩罚，所以刘濞日益骄横。

等到汉景帝刘启即位，晁错劝说景帝："当初，高帝刚刚平定天下，兄弟少，儿子们年幼，大封同姓诸侯王，封给齐国七十多座城，封给楚国四十多座城，封给吴国五十多座城；封给这三个并非嫡亲的诸侯王的领地，就去了全国的一半。

"现在，吴王以前因有吴太子之死的嫌隙，假称有病不来朝见，按照古法应当处死。文帝不忍心，因而赐给他几案手杖，对他是恩德极为深厚，他本应该改过自新。但他反而更加骄横无法，利用矿山采铜铸钱，熬海水制盐，招诱天下流亡人口，图谋叛乱。

"如今，削减他的封地，他会叛乱，不削减他的封地，他也会叛乱。如果削减他的封地，他反得快，祸害会小一些；如果不削减他的封地，他反得慢，将来有备而发，祸害更大。"

景帝下令公卿、列侯、宗室共同讨论晁错的建议，没有人敢与晁错辩驳[1]。

等到楚王刘戊来京朝见，晁错借机说："刘戊去年为薄太后服丧期间，在服丧的居室里私下奸淫，请求处死他。"

景帝下诏，免去楚王的死罪，但是削夺了他封地中的东海郡。

而在前一年，赵王刘遂有罪，朝廷削夺了他封地中的常山郡；胶西王刘卬（áng）因在卖爵之事上有不法行为，朝廷削夺了他封地中的六个县。

朝廷大臣们正在议论削夺吴王刘濞的封地。吴王恐怕削夺没有止境，就打算举兵叛乱；想到其他诸侯王没有足以共商大事的，听说胶西王勇武，喜欢兵法，诸侯都畏惧他。于是，吴王派中大夫应高去亲口游说胶西王。

应高说："现在，主上重用奸邪之臣，听信谗言恶语，侵夺削弱诸侯国，对诸侯王的惩罚极为严厉，而且一天比一天厉害。俗语有这样的说法：'开头吃糠，后来就会发展到吃米。'吴国和胶西国，都是著名的诸侯王国，一旦被朝廷注意，就不会有安宁的日子了。

"吴王身体患有暗疾，已有二十多年不能朝见，时常担心受到朝廷怀疑，无法自己表白，无论怎样谨小慎微，自我约束，都怕得不到朝廷的宽容。

"我私下听说大王因出卖爵位的过失而受朝廷处置。我所听到的其他诸侯被削夺封地的事情，若按所犯罪名来处理，都不应该受到如此严重的惩罚。恐怕朝廷的用意，不仅仅是要削夺诸侯王的封地吧？"

胶西王说："我确实有被削夺的事。你认为该怎么办？"

应高说："吴王自认为与大王面临着共同的忧患，希望顺应时势，遵循情理，

[1] 只有窦婴一人坚决反对，从此与晁错之间产生了矛盾。后来七国叛乱，汉景帝召回窦婴，任命他为大将军。

牺牲生命去为天下消除祸患，我想您也同意吧？”

胶西王大吃一惊，说：“我怎么敢做这样的事？天子待诸侯虽然很严苛，我只有一死了事，怎能起意反叛呢？”

应高说：“御史大夫晁错，在天子身边蒙骗蛊惑，侵夺诸侯封地，诸侯王都有背叛之心，从这些来看，形势已发展到极点了。彗星出现，蝗灾发生，这是千载难逢的好时机，而且愁恼困苦的局势，正是圣人挺身而出之时。

“吴王准备对朝廷提出清除晁错的要求，在战场上则跟随于大王之后，纵横天下，所向无敌，锋芒所指之处，没有人胆敢不服。

“大王若真能许诺一句话，吴王就率领楚王直捣函谷关，据守荥阳、敖仓的粮库，抵御汉军，整治好驻扎之地，恭候大王到来。有幸得到大王光临，就可以吞并天下，吴王和大王平分江山，不也很好吗！”

胶西王说：“好！”

应高返归吴国，向吴王汇报，吴王还怕胶西王不履行诺言，就亲自前往，到胶西国与他当面约定。

胶西王刘卬于是派使者与齐王刘将闾、菑（zī）川王刘贤、胶东王刘雄渠、济南王刘辟光约定共同举事，这些诸侯王都答应了。

楚王因犯罪被朝廷削夺封地，就与吴王通谋，准备叛乱。

等到朝廷削夺吴国会稽郡、豫章郡的文书到达吴地的时候，吴王就首先起兵，杀死朝廷任命的二千石以下的官员；胶西王刘卬、胶东王刘雄渠、菑川王刘贤、济南王刘辟光、楚王刘戊、赵王刘遂也都举兵叛乱[1]。

当初，晁错所修改的法令有三十章，诸侯王纷纷议论表示反对。

[1]齐王刘将闾后悔通谋叛乱，违背与吴楚的盟约，依据城池进行抵御。

晁错的父亲得知消息，从颍川[1]赶来京师，对晁错说："皇上刚刚即位，你当权处理政事，侵夺削弱诸侯，疏离人家的骨肉，舆论都怨恨你，你为什么这样做呢？"

晁错说："本当这样做。如果不这样做，天子不尊贵，宗庙不安宁。"

他的父亲说："这样做，刘氏的天下安宁了，但晁氏却危险了，我离开你回去了！"

晁错的父亲就服毒自杀了，临死前说："我不忍心见到大祸降临到我身上！"

此后过了十多天，吴、楚等七国就以诛除晁错为名一同举兵叛乱。

晁错对御史丞、侍御史说："袁盎[2]接受了吴王的许多金钱，专门为吴王掩饰，说他不会叛乱；现在，吴王果然反了，我想奏请严惩袁盎，他肯定知道吴王的密谋。"

御史丞、侍御史说："如果在吴国叛乱前，治袁盎的罪，可能会中止叛乱密谋；现在叛军大举向西进攻，审查袁盎，能有什么作用？况且，袁盎不会参与密谋。"

晁错犹豫不决。

有人把晁错的打算告知了袁盎，袁盎很害怕，连夜去见窦婴，对他说明吴王叛乱的原因，希望能面见景帝，亲口说明原委。窦婴入宫奏报景帝，景帝就召见袁盎。袁盎入宫觐见，景帝正与晁错在调度军粮。

---

[1]颍川，位于今河南禹州。晁错一家是颍川人。

[2]袁盎（约前200—前150），吴国国相。吴相晁错一直与袁盎不和睦，有晁错在某处就座，袁盎总是避开；袁盎出现在何处，晁错也总是避开；两人未曾在同一个室内说过话。等到晁错升任御史大夫，派官员审查袁盎接受吴王财物贿赂的事，处以相当的刑罚，确定袁盎有罪；景帝下诏赦免袁盎，把他降为平民。

景帝问袁盎："现在吴、楚叛乱，你觉得局势会怎样？"

袁盎说："不值得担忧！"

景帝说："吴王利用矿山就地铸钱，熬海水为盐，招诱天下豪杰。如今他年老发白时举兵叛乱，如果他没有万全的把握，难道会起事吗？为什么说他不能有所作为呢？"

袁盎说："吴王确实有采铜铸币、熬海水为盐的财利，但哪有什么豪杰被他招诱去了呢？假若吴王真的招到了豪杰，豪杰也会辅佐他按仁义行事，也就不会叛乱了。吴王所招诱的，都是些无赖子弟、没有户籍的流民、私铸钱币的坏人，所以才能相互勾结而叛乱。"

晁错说："袁盎分析得很好。"

景帝问："应采取什么妙计？"

袁盎说："请陛下让左右回避。"

景帝让人退出，唯独还有晁错在场。

袁盎说："我要说的话，任何臣子都不应听到。"

景帝就让晁错回避。晁错迈着小而快的步伐，退避到东边的厢房中，对袁盎极为恼恨。

景帝突然问袁盎，袁盎说："吴王和楚王互相通信，说高皇帝分封子弟为王，各自有封地。现在贼臣晁错擅自贬谪诸侯，削夺他们的封地，因此他们才造反，准备向西进军，共同诛杀晁错，恢复原有的封地才罢休。现在的对策，只有斩晁错，派出使臣宣布赦免吴、楚七国，恢复他们原有的封地，那么，七国的军队可以不经过战争就都会撤走。"

于是，景帝沉默了很长时间，说："不这样做，还有什么别的办法？我不会为了爱惜他一个人而向天下谢罪的。"

袁盎说："我的计策就是这样，请皇上认真考虑！"

景帝就任命袁盎为太常，秘密收拾行装，准备出使。

过了十多天，景帝授意丞相陶青、中尉陈嘉、廷尉张欧上疏弹劾晁错：“辜负皇上的恩德和信任，要使皇上与群臣、百姓疏远，又想把城邑送给吴国，毫无臣子的礼节，犯下了大逆不道之罪[1]。晁错应判处腰斩，他的父母、妻子、兄弟不论老少全部公开处死。”

景帝批复说：“同意所拟判决。”

晁错对此却一无所知。

正月二十九日，景帝派陈嘉召晁错，欺骗他说坐着车巡察市中，于是，晁错穿着上朝的官服在东市被斩首。

谒者仆射邓公担任校尉，向景帝上书分析战争情况。

在他觐见皇帝时，景帝问道：“你从军中而来，听到晁错被杀，吴国和楚国撤兵了没有？”

邓公说：“吴王准备叛乱已有几十年了；他是因朝廷削夺了他的封地发怒，杀晁错只是他的借口，他的本意不在晁错啊。再说，朝廷杀晁错，我担心天下的士大夫都不敢再向朝廷进忠言了！”

景帝问：“为什么？”

邓公说：“晁错忧虑诸侯国势力过于强大，朝廷不能制服，所以请求削减王国封地，从而尊崇朝廷，这本来是造福万世的好事。计划刚刚实行，他本人突然被杀。这样做，对内堵塞了忠臣的口，对外替诸侯王报了仇，我私下认为陛下不应该如此。”

于是，景帝深深地感叹说：“您说得对，我也很后悔杀了晁错！”

[1] 吴、楚叛乱发生后，景帝与晁错商谈出军平叛的事情，晁错想让景帝统兵亲征而他自己留守长安。晁错还向景帝建议：“徐县、僮县附近一带，吴国没有攻占的地方，可以送给吴国，争取他们退兵。”

武帝推恩

汉武帝建元二年（前 139）

朝廷开始设立茂陵邑[1]。

当时，朝廷大臣的议论中多对晁错因提出削藩之策被杀而感到冤枉，一心摧残和抑制诸侯王，经常弹劾揭露诸侯王的过失和罪恶，甚至达到吹毛求疵的程度，用笞刑威逼诸侯王的臣子屈服，迫使他们证明诸侯王有过失和罪恶；诸侯王没有一个不为此而悲愁怨恨。

汉武帝建元三年（前 138）

十月，代王刘登、长沙王刘发、中山王刘胜、济川王刘明来京朝见汉武帝刘彻。武帝设酒宴款待，中山王在席间听到音乐声就哭了起来。

[1] 汉高帝九年（前 198），刘邦接受了郎中刘敬的建议，下令将旧六国贵族、地方豪强、名门大族共十余万人迁徙至关中，并在长安城附近的长陵一带修建长陵邑供他们居住。这样，国家无事可以防备匈奴，如果各地诸侯有变，也方便征集大军讨伐。高帝长陵、惠帝安陵、景帝阳陵、武帝茂陵、昭帝平陵五个陵均设邑建县，故名“五陵邑”。后来皇帝又不断迁贵族于此，“五陵”便成为富豪聚居的地方，有钱有势人家的子弟叫“五陵少年”。

武帝问他为什么哭，中山王回答：“悲伤的人听不得抽噎的声音，忧愁的人听不得叹息的声音。现在我心中积压了许多忧伤，每当听到幽妙精微的音乐，不知不觉地就会涕泪横流。我有幸得到朝廷重用，受封为东方的藩臣，从亲属关系说来，又是皇上的哥哥。现在朝廷群臣与皇上之间没有血缘亲情，没有承担国家的任何重任，却结成朋党发出偏私的议论，相互勾结，使宗室皇族受到打击和排斥，骨肉亲情冰雪般融化，我私下为此而悲伤！”

然后，他就把官吏侵夺欺凌诸侯王的事，一一向武帝奏报。

于是，武帝就增加诸侯的礼遇，废止了有关官吏检举诸侯王不法行为的文书，对诸侯王施行优待亲属的恩惠。

武帝从刚即位开始，就在招揽选拔博学有才智的人，予以破格重用。天下士人很多人向朝廷上书议论国家政事的得失，自我标榜和自我推荐的人数以千计，武帝从中选拔杰出的人才宠信重用。

庄助第一个被提拔，以后又招揽了吴人朱买臣、赵人吾丘寿王、蜀人司马相如、平原人东方朔、吴人枚皋、济南人终军等，都成了武帝的左右亲信，武帝经常命令他们与朝廷大臣辩论，中朝官与外朝官[1]用义理文辞相互驳难，外朝官多次被驳得无法对答。

但是，司马相如只是以擅长辞赋写作而得到武帝宠信；东方朔、枚皋的论点没有根据，喜欢幽默嘲讽，武帝仅把他们视作演戏的艺人供养，虽然经常赏赐财物，终究没有把国事朝政委托他们处理。

[1]汉代自武帝以后，朝官有中朝、外朝之分。中朝官是由皇帝直接差遣而不专任行政职务的近臣，包括大司马、左右前后将军、侍中、常侍、散骑、诸吏等。外朝官是正式职官系统的行政官员，包括丞相以下到六百石级别的官员。

汉武帝元光五年（前 130）

武帝征召官吏百姓中明晓当世政务、熟知古代圣王治国之术的人到朝廷任职，命令应征者与各地进京的上计吏[1]同行，由沿途各县供应饭食。

汉武帝元朔元年（前 128）

临菑人主父偃、严安，无终县人徐乐，都向武帝上书议论政事。

当初，主父偃在齐、燕、赵各地活动，都没有受到人家的厚待，儒生们联合起来排斥他，不能相容。家中贫穷，借贷无门，主父偃就西入关中，到皇宫的门阙下上书，早晨把奏书呈上，晚上就被召入宫中拜见武帝。

奏书上呈武帝，武帝召见了他们三人，对他们说："诸位原来都在何处，我们为什么相见得这样晚？"

武帝都把他们任命为郎中。主父偃更受武帝宠信，一年之内共升了四次官，担任了中大夫。大臣们都害怕主父偃之口，贿赂赠送他的财物总计有千金。

有人对主父偃说："您太蛮横了！"

主父偃说："我如果活着享受不到列五鼎进餐的贵人生活，死时就受五鼎烹的酷刑好了！"

[1] 上计吏，地方政府派赴中央呈递计簿的官员。战国时期和秦汉两朝，郡守和王国相每年要把本郡、本国的人口、钱粮、赋税、垦田、盗贼、狱讼等计划预先送朝廷，到年终再总结汇报执行情况，执行情况的汇报本子称为"计薄"。上计吏除了负责呈递计簿，还会由皇帝面询政事，地位很重要。

汉武帝元朔二年（前127）

主父偃劝说武帝道："古代诸侯的封地不超过方圆百里，朝廷强地方弱的这种格局，容易控制。现在的诸侯有的连城数十座，封地方圆千里，朝廷控制较宽时，他们就骄横奢侈，容易做出淫乱的事情；朝廷控制一紧时，他们就会凭借自身的强大而联合起来反叛朝廷。

"如果用法令来分割削弱他们，就会产生叛乱的苗头。以前晁错推行削藩政策而导致吴楚七国叛乱就是这种情况。现在诸侯王的子弟有的多达十几人，而只有嫡长子继承王位，其他人虽然也是诸侯王的亲生骨肉，却不能享有一尺的封地，这就使得仁孝之道不明显了。

"希望陛下命令诸侯王可以把朝廷给他的恩惠推广到其他子弟的身上，用本封国的土地封他们做侯，他们人人都为得到了希望得到的东西而欢喜。陛下用的是推行恩德的方法，实际上却分割了诸侯的封国领地，朝廷没有采用削夺的政策，而王国却逐渐衰弱了。"

武帝听从了他的意见。

正月，武帝下诏说："诸侯王中有想推广自己所享受的恩惠，分封领地给子弟的，命令各自一一奏报，朕准备亲自给他们确定封邑的名号。"

从此之后，诸侯王国开始被分割，而诸侯王的子弟们都成了侯。

后来，主父偃又对武帝说："茂陵邑刚刚设立，天下有名的豪强人物、兼并他人的富家大户、鼓励大众动乱的人，都可以迁移到茂陵邑居住；这样对内充实了京师，对外消除了奸邪势力，这就是所说的不用诛杀就消除了祸害。"

武帝听从了他的意见，迁徙各郡国的豪强人物和财产超过三百万钱以上的富户到茂陵邑居住。

霍光辅政

汉武帝后元二年（前 87）

汉武帝病重，霍光[1]哭着问道："万一陛下不幸离去，应当由谁继承皇位呢？"

武帝说："你难道没有理解先前赐给你的那幅画的含意吗[2]？立我最小的儿子，由你担任周公的角色！"

二月十二日，武帝颁布诏书，立刘弗陵为皇太子，其时年八岁。

十三日，武帝任命霍光为大司马、大将军，金日磾[3]（mì dī）为车骑将军，太仆上官桀为左将军，由他们三人接受遗诏，辅佐幼主，又任命桑弘羊为御史

[1] 霍光（？—前 68），名将霍去病异母弟，出入宫廷二十余年，出外则陪同汉武帝乘车，入宫则侍奉在汉武帝的左右，小心谨慎，从未有过什么过失，深受汉武帝信任，时任奉车都尉、光禄大夫。光禄大夫是皇帝近臣，掌议论，地位显要。

[2] 钩弋夫人所生的皇子刘弗陵，虽然只有几岁，却长得身体粗壮，聪明懂情，汉武帝对他极为疼爱，想立他为太子，只因其年纪幼小，母亲也太年轻，所以一直犹豫不决。汉武帝想选择合适的大臣辅佐刘弗陵，观察群臣，只有霍光为人忠厚，可以当此重任。于是，汉武帝让黄门官画了一幅周公背负周成王接受诸侯朝见的图画赐给霍光。

[3] 金日磾（前 134—前 86），匈奴休屠王太子，兵败为霍去病所俘，进入长安，赐姓为金，深受汉武帝信任，时任驸马都尉、光禄大夫。

大夫。他们全都在武帝卧室床下叩拜受职。

十五日，太子刘弗陵即皇帝位，是为汉昭帝。因为只有八岁，所以他的姐姐鄂邑公主[1]与他一起住在宫中，负责抚养照顾，霍光、金日磾、上官桀三人共同主管尚书事，负责主持朝政。

霍光辅佐幼主，国家政令都由他自己发出，天下人都想一见他的风采。

殿中曾出现怪物，一天夜里，群臣为怪物所惊，于是霍光召见担任尚符玺郎的官员，想要取走皇帝的玉玺。尚符玺郎不肯给他，霍光便要强夺。

尚符玺郎手持宝剑说道："我的头你可以拿去，但玉玺不能拿走！"

霍光对他这种态度甚为嘉许，第二天，便以昭帝的名义将这位尚符玺郎的品秩提升了两级，众人无不因此对霍光更加尊敬。

汉昭帝始元二年（前 85）

正月，昭帝封大将军霍光为博陆侯，左将军上官桀为安阳侯。

有人劝霍光说："将军没有看到当初吕氏家族覆亡的教训吗？吕氏身处伊尹、周公的地位，主持朝政，专擅大权，却疏远皇族成员，不与他们共享朝权，因此失去了天下人的信任，最后终于灭亡。

"如今将军身居高位，皇上年幼，应当纳用皇族成员，并多与大臣共商政事，与吕氏家族的做法相反。如果这样，便可以免除祸患。"

霍光认为有道理，便在皇室成员中选择可以担任官职的人才。

---

[1] 鄂邑公主（？—前 80），汉昭帝的异母姐，封地在鄂邑。

汉昭帝始元三年（前84）

当初，霍光与上官桀关系亲密，每当霍光休假离朝，上官桀常代替霍光入朝裁决政事。霍光的女儿是上官桀之子上官安的妻子，生下一个女儿，只有五岁。上官安想通过霍光的关系使女儿进入后宫，霍光认为外孙女年纪还小，不肯答应。

昭帝的姐姐盖（gě）长公主[1]与她儿子的门客河间人丁外人私通。

上官安平时与丁外人关系很好，便对丁外人说："我女儿容貌端正，如能得到长公主的帮助，入宫成为皇后，我与我父亲在朝为官就有皇后作为依靠，此事的成败全都在您。按汉朝的惯例，公主常常嫁给列侯，您又何愁不能封侯呢？"

丁外人非常高兴，便将此事告诉盖长公主，盖长公主表示赞同，于是让昭帝颁布诏书，将上官安的女儿召入宫中，封为婕妤（jiéyú）[2]，并任命上官安为骑都尉。

汉昭帝始元四年（前83）

三月二十五日，昭帝颁布诏书，立上官氏为皇后。

[1] 盖长公主，即鄂邑公主，昭帝朝封为长公主。西汉时期，普通公主的地位相当于列侯，长公主则相当于诸侯王，地位更加尊崇，一般只有皇帝的嫡长女或姐妹才能被封为长公主。鄂邑长公主因嫁盖侯为妻或其生母姓盖，故称盖长公主。

[2] 婕妤，嫔妃等级称号，由汉武帝设立。一开始为皇后以下最高位，汉元帝设立昭仪位于其上，自此成为第二等。

汉昭帝元凤元年（前 80）

上官桀、上官安父子的地位已经很尊贵了，他们对盖长公主非常感恩，便想为丁外人谋求封侯，但霍光不许。上官父子又请求任命丁外人为光禄大夫，想使其取得受皇帝召见的资格，霍光仍然不许。盖长公主因此怨恨霍光，而上官父子几次为丁外人谋求官爵都未能实现，也觉脸上无光。

上官桀的岳父所宠爱的一个叫充国的人，担任太医监，因私自闯入宫殿，被逮捕下狱，定为死罪。当时，处决犯人的冬季即将过去，盖长公主为充国交纳二十匹马赎罪，使其被免除死刑。于是，上官父子深怨霍光而更加感激盖长公主。

武帝时，上官桀已位列九卿，地位高于霍光。等到上官桀父子同为将军[1]，皇后又是上官安的亲女儿，而霍光只是皇后的外祖父，却反而专制朝政，因此上官父子与霍光争权。燕王刘旦觉得自己是汉昭帝的兄长，未能继承皇位，所以常常心怀怨恨。御史大夫桑弘羊创立盐、铁、酒类专卖制度，为国兴利，自认为于国有功，想为其子弟求取官职，遭到霍光拒绝，因而也怨恨霍光。

于是，盖长公主、上官桀、上官安、桑弘羊都与刘旦串通一气，密谋除掉霍光。

燕王刘旦派遣孙纵之等人前后十余批，携带大批金银、珠宝、快马等前往长安，贿赂盖长公主、上官桀、桑弘羊等人。

上官桀等又命人伪造燕王上书，言称："霍光出外校阅郎官及羽林军时，就仿佛皇上出巡一般，命人清道，驱赶行人，派太官为其预先安排饮食。"又称："苏武出使匈奴，被扣留二十年而不肯投降，回朝后只不过给了个典属国的官

[1] 始元四年（前 83），上官安被任命为车骑将军。

职；而大将军、长史杨敞并无功劳，却被任命为搜粟都尉；另外，霍光还擅自增选大将军府的校尉。霍光独揽大权，为所欲为，是否会做出不利于朝廷的非常之举，令人怀疑。因此，我愿意交还燕王的印玺，进入宫廷，侍卫在皇上左右，监督奸臣的行动，以防有变。”等到霍光休假不在朝中时奏闻昭帝。

上官桀本打算交给朝廷中有关官员去查办，由桑弘羊与各大臣一起逮捕霍光，撤销其职。但上奏后，昭帝却扣留不发。

第二天早晨，霍光入朝，听说此事后，停在画室中不敢贸然进殿。

昭帝问："大将军在什么地方？"

上官桀回答说："因燕王控告大将军的罪行，所以他不敢进殿。"

昭帝下诏："召大将军进来。"

霍光进殿后，脱下官帽，叩头请罪。

昭帝说道："将军请戴上帽子。朕知道这道奏章是假的，将军并没有罪。"

霍光说："陛下是怎么知道的呢？"

昭帝说："将军去广明校阅郎官，是最近的事，选调校尉以来，也还不到十天，燕王怎么能知道这些事呢？况且将军如要谋反，也用不着选调校尉。"

此时昭帝年仅十四岁，尚书及左右官员全都震惊了。后来发现呈递这奏章的人果然逃亡了，昭帝下令紧急追捕。

上官桀等人心中害怕，便对昭帝说："区区小事，用不着穷追不放。"

昭帝不听。

后来上官桀的同党中有人说霍光的坏话，昭帝立即怒斥道："大将军是忠臣，先帝托付他辅佐我，谁再胆敢诬蔑大将军，就问他的罪！"

从此，上官桀等不敢再攻击霍光。

汉昭帝元平元年（前 74）

四月十七日，昭帝在未央宫驾崩，没有儿子。于是由皇后上官氏颁下诏书，派代理大鸿胪职务的少府乐成、宗正[1]刘德、光禄大夫丙吉、中郎将利汉用七辆驿车将昌邑王刘贺[2]迎接到长安的昌邑王官邸。

六月初一，刘贺接受皇帝玉玺，承袭帝位，尊皇后上官氏为皇太后。

刘贺在封国中一向狂妄放纵，所作所为毫无节制。他做了皇帝后，淫乱荒唐仍没有节制。原昌邑国官吏全部被征召到长安，很多人得到破格提拔。大将军霍光见此情景，忧愁烦恼，便单独向自己的旧部、大司农田延年询问对策。

田延年说："将军身为国家柱石，既然认为此人不行，何不禀告太后，改选贤明的人来拥立呢？"

霍光说："我如今正想如此，古代曾否有人这样做过吗？"

田延年说："当年伊尹在商朝为相，为了国家的安定将太甲废黜，后人因此称颂伊尹忠心为国。如今将军若能这样做，也就成为汉朝的伊尹。"

于是霍光命田延年兼任给事中[3]，与车骑将军张安世秘密谋划废黜刘贺。

霍光、张安世计议已定，便派田延年前去报知丞相杨敞。杨敞闻言又惊又怕，不知该说什么好，汗流浃背，只是唯唯诺诺而已。

田延年起身去换衣服，杨敞的夫人急忙从东厢房对杨敞说："这是国家大事，如今大将军计议已定，派大司农来通知你，你不赶快答应，表示与大将军

[1]宗正，官名，掌管皇帝亲族或外戚勋贵等有关事务。

[2]刘贺（前 92—前 59），汉武帝之孙，昌邑哀王刘髆（bó）之子。

[3]给事中，官名。秦汉时期为加官，即在本官之外另加的其他官职。无论何等官职，只要加上给事中，即可出入宫廷，常侍皇帝左右。

同心，却犹豫不决，就要先被诛杀了！”

田延年换衣返回，杨敞夫人也参与谈话，表示同意霍光的计划，“一切听大将军吩咐！”

六月二十八日，霍光召集丞相、御史、将军、列侯、中二千石、大夫、博士在未央宫开会。

霍光说：“昌邑王行为昏乱，恐怕会危害国家，怎么办？”

群臣闻言全都大惊失色，谁也不敢发言，只唯唯诺诺而已。

田延年离开席位，走到群臣前面，手按剑柄说道：“孝武皇帝将幼弱孤儿托付将军，并把国家大事交与将军做主，是因为相信将军忠义贤明，能够保全刘氏的江山。如今朝廷被一群奸佞小人搞得乌烟瘴气，国家危亡。

“况且我大汉历代皇帝的谥号都有一个‘孝’字，为的就是江山永存，使宗庙祭祀不断。如果汉家祭祀断绝，将军即使死去，又有何脸面见先帝于地下呢？今日的会议，必须立即做出决断，群臣中最后响应的，我请求用剑将他斩首！”

霍光点头认错，说道：“大司农对我的责备很对！国家不安宁，我应当受处罚。”

于是参加会议的人都叩头说道：“万民的命运，都掌握在将军手中，一切听从大将军的命令！”

霍光随即与群臣一同觐见太后，向她禀告，陈述昌邑王刘贺不能继承皇位的情状。于是，太后乘车驾前往未央宫承明殿，下诏命皇宫各门不许放昌邑国群臣入内。

刘贺朝见太后之后，乘车准备返回温室殿，此时禁宫宦者已分别抓住门扇，刘贺一进去，便将门关闭，昌邑国群臣不能入内。

刘贺问道：“这是干什么？”

大将军霍光跪地回答说：“皇太后有诏，不许昌邑国群臣入宫。”

刘贺说：“慢慢吩咐就是了，为什么竟如此吓人！”

霍光命人将昌邑国群臣全部驱赶到金马门之外。张安世率领羽林军将被赶出来的昌邑国群臣二百余人逮捕，全部押送廷尉所属的诏狱。

霍光命曾在昭帝时担任过侍中的宦官守护刘贺，并命令手下人说：“一定要严加守护！如果他突然死去或自杀，就会让我对不起天下人，背上杀主的恶名。”

此时刘贺还不知道自己即将被废黜，问身边之人说：“我以前的群臣、从属犯了什么罪？大将军为什么将他们全部关押起来呢？”

不久，太后下诏召刘贺入见。

刘贺听说太后召见，感到害怕，说道：“我犯了什么错？太后为什么召我？”

太后身披用珠缀串而成的短衣，盛装打扮，坐在武帐之中，数百名侍卫全部手握兵器，与持戟的期门武士排列于殿下。文武群臣按照品位高低依次上殿，然后召刘贺上前伏于地下，听候宣读诏书。

霍光与群臣联名奏劾昌邑王刘贺，由尚书令宣读奏章，历数刘贺荒淫昏乱的罪状，请求将其废黜，并命有关部门用一牛、一羊、一猪的祭祀大礼，祭告于汉高帝庙。

太后下诏说：“可以。”

于是，霍光命刘贺站起来，拜受太后诏书。

刘贺说道：“我听说：‘天子只要有七位耿直敢言的大臣在身边，即使无道，也不会失去天下。’”

霍光说：“皇太后已经下诏将你废黜，岂能自称天子？”随即抓住刘贺的手，将他身上佩戴的玉玺绶带解下，献给太后，然后扶着刘贺下殿，从金马门走出皇宫，群臣跟随其后相送。

昌邑王刘贺被废黜之后，霍光与张安世及各位大臣商议重新确定皇位继承人，但一时未能决定。丙吉上书霍光，推荐武帝曾孙刘病已。杜延年[1]也知道皇曾孙刘病已品德美好，劝霍光、张安世立他为皇位继承人。

七月，霍光坐在庭中，召集丞相杨敞及以下大臣共同议定皇位继承人。

于是，霍光再次会同杨敞等上奏太后说："孝武皇帝曾孙刘病已，年十八岁，从师学习《诗经》《论语》《孝经》，行为节俭，仁慈爱人，可以作为孝昭皇帝的继承人，侍奉宗庙，治理天下百姓。我等冒死奏明太后！"

太后下诏："可以。"

霍光派宗正刘德来到尚冠里[2]刘病已家中，侍奉其洗浴，更换太后所赐御衣，由太仆用轻便车辆迎接到宗正府进行斋戒。

七月二十五日，刘病已进入未央宫，见太后，被封为阳武侯。随即，由群臣奉上皇帝玉玺、绶带，刘病已正式即皇帝位，是为汉宣帝。宣帝拜谒汉高帝庙，尊太后上官氏为太皇太后。

汉宣帝本始元年（前 73）

大将军霍光在朝堂上以头触地，郑重请求归政于皇上，宣帝刘病已谦让，不肯接受。朝中各项事务都先向霍光报告，然后上奏。

当初昭帝时，霍光的儿子霍禹和霍光兄长的孙子霍云都被任命为中郎将，霍云的弟弟霍山被任命为奉车都尉、侍中，统率由胡人、越人组成的军队；霍光的两个女婿分别担任东宫、西宫卫尉；霍光的兄弟、女婿、外孙全都参加朝会，担任诸曹、大夫、骑都尉、给事中等职。霍氏一家的亲戚骨肉结成一体，

[1] 杜延年（？一前 52），本是大将军霍光的属吏，霍光对他非常信任。他的次子杜佗与皇曾孙刘病已关系很好。

[2] 尚冠里，地名，位于长安城南，西汉贵族聚居区之一。

在朝廷盘根错节。

昌邑王刘贺被废黜以后，霍光的权势越发加重，每次朝见，宣帝总是以谦虚恭敬的态度对待他，甚至有些礼遇过分。

汉宣帝地节二年（前68）

春季，霍光病重，宣帝亲自前往探望，为他流泪。

霍光上书谢恩，表示希望能在自己的封地中分出三千户，封兄长霍去病的孙子奉车都尉霍山为列侯，以祀奉霍去病的香火。当日，宣帝任命霍光之子霍禹为右将军。

三月初八，霍光去世。宣帝亲自前往霍光灵堂进行祭悼，命令中二千石官员负责霍光墓的修建事务，赏赐棺木、葬具等，都与御用规格一样，并赐霍光谥号为“宣成侯”。

宣帝想报答大将军霍光拥立自己做皇帝的大德，便封霍光兄长霍去病的孙子霍山为乐平侯，命他以奉车都尉的身份主管尚书事务。

御史大夫魏相通过昌成君许广汉向宣帝上了一道秘密奏章，说道：“《春秋》讥讽由贵族世代为卿的制度，厌恶春秋时宋国三代没有大夫[1]和鲁国季孙氏专擅国政，都使国家陷于危亡混乱之中。我朝自孝武皇帝后元以来，皇室不能控制各级官员的俸禄，朝政大事都由职权最高的大臣决定。

[1] 春秋时期，同姓不婚，诸侯国国君往往娶其他异姓国家贵族的女子为夫人。可是宋国的宋襄公、宋成公、宋昭公三代，接连娶国内异姓大夫家族的女子为夫人。于是，异姓大夫就变成了国君姻亲，三代下来，在宋国形成了非常强大的外戚集团，影响了国君的地位。于是，《春秋》讥讽说，宋国杀了它的大夫。《公羊传》补充说明道，为什么不记载被杀大夫的名字呢？宋国已经三代没有大夫了，并不是真的被杀死，而是因为连着三代国君都是内娶，原来的大夫纷纷成了国君的姻亲。

“如今霍光虽死，他的儿子仍为右将军，侄儿掌管中枢事务，兄弟、女婿们都身居权要之职，或担任军事将领，霍光的夫人显以及几个女儿都在长信宫门录有姓名，甚至半夜也能叫开宫门出入。

“霍氏一门骄奢放纵，恐怕会渐渐难以控制，所以应设法削弱他们的权势，消灭他们可能会生出的阴谋，以巩固皇家的万世基业，也保全功臣的后代子孙。”

依照惯例，凡上书朝廷，都是一式两份，其中一份注明为副本，由主管尚书事务的人先打开副本审视，如所奏之事不妥，则不予上奏。魏相又通过许广汉向宣帝建议，取消奏章副本，防止阻塞言路而蒙蔽皇上。

宣帝认为魏相说得很对，下诏命魏相担任给事中，采纳了魏相的所有意见。

王莽博名

汉成帝永始元年（前 16）

当初，太后王政君[1]有兄弟八人[2]，只有弟弟王曼早死，没有封侯。太后怜惜他，便把王曼的遗孀供养在东宫。王曼的儿子王莽，则从小成了孤儿，不能与其他人相比。

他的那些兄弟都是将军、五侯[3]的儿子，可以凭父亲当时的地位恣意奢华，在车马声色放荡游乐方面互相竞赛。

而王莽则是屈己下人，态度谦恭，勤学苦修，学识渊博，穿着像儒生。他侍奉母亲跟寡嫂，抚养亡兄的孤儿，十分尽心周到；同时，在外结交的都是些俊杰之士，在内对待诸位伯父、叔父，能委曲迁就，礼敬有加。

---

[1] 王政君（前 71—13），汉元帝皇后，汉成帝生母。

[2] 王氏兄弟八人，由长及幼分别名为凤、曼、谭、崇、商、立、根、逢时，他们和王政君都是阳平顷侯王禁的后代。

[3] 汉元帝时期，王凤承袭父亲爵位为阳平侯，王崇被封为安成侯。河平二年（前 27），汉成帝给他的舅父们全部封侯：王谭为平阿侯，王商为成都侯，王立为红阳侯，王根为曲阳侯，王逢时为高平侯。五人同日封侯，因此世人称他们为“五侯”。王氏五侯竞相崇尚奢华，汉成帝虽然有些不满，但还是纵容他们。

大将军王凤病重时，王莽侍候他，亲口尝药，一连几个月都不解衣入睡，因而蓬头垢面。王凤将死时，把王莽托付给太后及汉成帝刘骜，王莽因此被封为黄门郎，以后又升任射声校尉。很久以后，成都侯王商上书，表示愿分出自己封地上的土地和百姓，请求皇上封给王莽。

长乐少府戴崇、侍中金涉、中郎陈汤等，都是当代名士，也都为王莽美言。

成帝因而认为王莽贤能，太后也屡次以此嘱咐成帝。

五月初六，成帝封王莽为新都侯，升为骑都尉、光禄大夫、侍中。

王莽在宫廷服务谨慎尽心，爵位越尊贵，他的礼节操守越谦恭。他把自己的车马、衣物、皮裘周济给门下宾客，而自己却家无余财。

他收罗赡养名士，结交很多将、相、卿、大夫。因而在位的官员轮番向皇帝推荐他，善游说的人也为他到处宣传，虚假不实的声誉隆盛无比，压过了他的诸位伯父叔父。

他敢于做违俗立异的事情，而又安然处之，毫无愧色。王莽曾私下买了一个婢女，兄弟中有人听说了，王莽于是辩解："后将军朱子元没有儿子，我听说此女有宜男相。"当天就把婢女奉送给朱博[1]。

他就是这样隐匿真情博取名声。

汉成帝绥和元年（前 8）

淳于长[2]在成帝面前很得宠，大受信任和重用，权势压倒公卿。他在外结交诸侯、州牧、太守，那些人贿赂他的钱财和皇帝给予的赏赐，累积巨万，整

[1] 朱博，字子元。

[2] 淳于长，凭借阿谀奉承讨好汉成帝，取得了汉成帝的信任，时任卫尉、侍中。他的母亲王若是王太后的妹妹。

日放纵于声色之中。

废后许氏[1]的姐姐许孊（mǐ）是龙雒（luò）思侯夫人，寡居在家，淳于长与她私通，因而娶她为妾。许氏这时居住在长定宫，通过姐姐贿赂淳于长，谋求再当婕妤。

这时曲阳侯王根为辅政大臣，久病在床，多次请求辞职。淳于长以外戚的身份位居九卿，按顺序应当代替王根掌权。王莽对淳于长的得宠心怀妒忌，就暗中打听他的那些坏事。

十月，王莽在伺候王根的病时，趁机说："淳于长见将军久病，感到高兴，自以为应当代替将军辅政，甚至已对士大夫及贵族子弟谈论到任官设署等事。"接着一一说出淳于长的罪过。

王根大怒说："如果有这等事，为什么不告诉我？"

王莽说："不知将军心里的想法，因此没敢说。"

王根说："快去禀告太后！"

王莽求见太后王政君，详细讲述了淳于长的罪状：骄纵放肆，想代替曲阳侯；与废后许氏的姐姐私通，收取许氏的衣物等贿赂。

太后也发怒说："这孩子放肆到这种地步！快去奏告皇上！"

王莽又报告了成帝，成帝因为淳于长是太后的亲属的缘故，虽免去了他的官职，但不治其罪，把他遣送回封国。

成帝因为王莽首先揭发重大奸恶，称赞他忠心正直。王根因而保荐王莽代替自己。

---

[1]废后许氏，汉元帝的表妹，汉成帝的第一任皇后。她得到汉成帝专宠十多年，但因年长色衰，所生子女又都早夭，逐渐失宠。鸿嘉三年（前18），许皇后被废黜。永始元年（前16）六月，汉成帝立赵飞燕为皇后。

十月二十六日，成帝任命王莽为大司马，时年三十八岁。

王莽既然超出同列受到提拔，继四位伯父、叔父之后成为辅政大臣，就想让自己的名誉超越前人，于是克制自己的欲望，修养不倦。

他聘请各位贤良做掾、史等属官，将皇帝的赏赐和封国的收入全部用来供养名士。

他越发俭朴节约，母亲患病，公卿列侯都派夫人去探问，王莽的妻子出来迎客，衣裙的长度不拖地，穿着布围裙。看见她的人，还以为是奴婢，询问之下，才知是王莽夫人。

他就是这样矫饰做作，以博取名声。

汉成帝绥和二年（前 7）

三月十八日，成帝在未央宫驾崩。

四月初八，太子刘欣[1]即位，是为汉哀帝，尊皇太后王政君为太皇太后。

五月十九日，哀帝立傅氏为皇后，她是定陶太后傅氏[2]堂弟傅晏的女儿。

汉哀帝建平二年（前 5）

丞相朱博、御史大夫赵玄奏称："新都侯王莽，先前为大司马，不能阐扬尊崇尊号的大义，反而压抑贬低尊号，损伤了陛下的孝道，罪当公开诛杀。幸蒙赦令得免死罪，但不应该再有封爵采邑，请求陛下将他贬为平民。"[3]

[1]刘欣（前 25—前 1），汉成帝之侄，定陶恭王刘康之子。

[2]定陶太后傅氏（？—前 2），汉元帝昭仪，定陶恭王刘康生母，汉哀帝祖母。

[3]之前，定陶太后傅氏想给自己加尊号，王莽、傅喜、孔光、师丹等人不同意，于是心怀怨恨。朱博等人迎合定陶太后傅氏心意上位后，对曾经反对加尊号的人，一一奏请贬斥。

哀帝说："王莽是太皇太后的亲属，因此不免去封爵采邑，而是遣送回封国。"

天下人多为王莽感到冤枉。

汉哀帝元寿元年（前2）

当初，王莽返回封国后，闭门不见宾客，以求自保。他的次子王获杀死家奴，王莽严厉责备王获，命他自杀。在封国三年，官吏百姓上书为王莽呼冤的，数以百计。

到本年，贤良周护、宋崇等在朝廷对策时，又大大颂扬王莽的功德，为他辩冤。

于是哀帝征召王莽回到京师，让他侍奉太皇太后。

汉哀帝元寿二年（前1）

六月二十六日，哀帝在未央宫驾崩。

太皇太后王政君罢免大司马董贤，并任用王莽为大司马，主管尚书事务。

太皇太后与王莽商议选立皇位继承人。安阳侯王舜是王莽的堂弟，为人正直谨慎，受到太皇太后的信任宠爱。王莽就奏请太皇太后，任命王舜为车骑将军。

七月，朝廷派王舜和大鸿胪左咸持符节迎接中山王刘箕子，立为皇位继承人。

王莽因为大司徒孔光是名儒，在三位皇帝手下担任过丞相，太皇太后对他也很敬重，天下人也信赖他，因此对孔光毕恭毕敬，引荐孔光的女婿甄邯为侍中、奉车都尉。

王莽对自己平素不喜欢的人，都附会罗织罪名，写下弹劾奏章草稿，让甄邯拿给孔光，用太后的意思暗示孔光。孔光一向胆小谨慎，不敢不以自己的名义呈递。然后王莽再向太后陈述自己的意见，太后总是予以批准。

红阳侯王立是太皇太后的亲弟弟，虽已不在官位，但王莽因他是叔父的缘故，内心对他又尊敬又忌惮，害怕王立在太后面前可以从容谈论朝廷政事，使自己不能随心所欲。

他就让孔光弹劾王立的罪状说："从前，王立明知定陵侯淳于长犯了大逆不道之罪，却为他辩护说情，贻误朝廷。之后，又提议以官婢杨寄的私生子为皇子，大家都说：'吕氏跟少帝的局面要再度出现。'天下人对他的动机纷纷表示怀疑，使他难以向后世交代，完成辅立幼主的功业。请求遣送王立回封国。"

太皇太后不同意。

王莽说："现在汉王朝已衰落，连续两个皇帝都没有子嗣，太皇太后独自代替幼主主持国政，实在令人畏惧。即使勉力做到公正无私，先为天下着想，仍然恐怕人心不服。

"现在因为私人亲情而反对大臣的建议，这样一来，群下将倾轧作恶，祸乱将由此而起。最好先暂时让王立返回封国，等局势安定后，再把他召回。"

太皇太后不得已，只好遣王立回封国。王莽胁持上下的手段，都类似于此。

于是，攀附、顺从王莽的人，得到提拔；忤逆王莽、被他忌恨的人，被诛杀灭绝。

王莽外表严厉，言谈方直，想要做什么，只略微做出一点暗示，底下的党羽就会按照他的意图公然上奏。王莽却叩头涕泣，坚持推让。用这种办法，他对上迷惑太皇太后，对下向众人显示他的谦恭可信。

九月初一，中山王刘箕子即位，是为汉平帝。

平帝时年九岁，太皇太后临朝听政，大司马王莽把持国政。百官各自负责本职，最后都听王莽裁决。王莽的权势日益上升，孔光忧虑恐惧，不知如何才好，上书请求退休。王莽奏报太皇太后，认为皇帝年幼，应该为他配置老师。于是调任孔光为皇帝的太傅。

汉平帝元始元年（1）

正月，王莽暗示益州地方官，命令塞外蛮族自称越裳氏部落，通过几道翻译，向天子进献一只白野鸡，两只黑野鸡。

王莽向太皇太后王政君报告此事，建议太后下诏，用白野鸡祭献宗庙。于是，群臣大肆歌颂王莽的功德，认为他“像周公姬旦使周成王获得白野鸡的祥瑞一样。姬旦活着时就被称为‘周公’，因此王莽也应该被赐号为‘安汉公’，并增加他的采邑户数，使与公爵爵位相称”。

太皇太后诏令尚书备办此事。

王莽上书说：“我与孔光、王舜、甄丰、甄邯共同制定迎立今上的国策，现在我希望仅让孔光等人论功行赏，抛开我王莽，不要与他们列在一起。”

甄邯向太皇太后报告，太皇太后下诏说：“《尚书》说：‘不偏向，不结党，圣王之道，宽广坦荡。’你有安定宗庙的大功，不能因为你是我的骨肉亲戚，就遮盖隐讳，不加宣扬褒奖。请你不要推辞了。”

王莽又四次上书坚持推让，称病不上朝。

左右臣子对太后说：“还是不要硬改变王莽谦让的心意，只论功赏赐孔光等人吧。”

王莽这才肯起床。

二月二十八日，太皇太后下诏：“任命太傅、博山侯孔光为太师，车骑将军、安阳侯王舜为太保，均增加采邑民户到万户。任命左将军、光禄勋甄丰为少傅，封广阳侯。以上三人都分别授予四辅的职务。封侍中、奉车都尉甄邯为承阳侯。”

四人接受封赏后，王莽仍未起来上朝理事。

群臣又进言：“王莽虽然克己谦让，但朝廷对应当表彰的大臣，还是应及时加以封赏，以表明重视元勋，不要使百官和人民失望！”

于是太皇太后下诏：“任命大司马、新都侯王莽为太傅，主管四辅事务，称‘安汉公’，增加采邑民户到二万八千户。”

于是王莽惶恐，不得已而起来，接受太傅、安汉公的封号，但推辞了增加的采邑民户。

他说：“我愿等到百姓家家自足，然后才能接受赏赐。”

群臣又力争，太皇太后下诏说：“安汉公自己约定要等到百姓家家自足之后才接受赏赐，因此，听从安汉公的意见，不过要让俸禄和赏赐都增加一倍。等到百姓家家自足时，大司徒、大司空再行奏报。”

王莽仍然谦让不接受，而建议褒奖赏赐宗室和群臣。

于是，朝廷立已故东平王刘云的太子刘开明为东平王；又立已故东平思王的孙子刘成都为中山王，为中山孝王的后嗣；封汉宣帝的曾孙刘信等三十六人为列侯；又赐太仆王恽等二十五人爵位，均为关内侯。

又命诸侯王公、列侯、关内侯，凡无儿子，但有孙子或同母兄弟的儿子的，都可作为继承人；皇族近亲支系的后裔，因犯罪而被开除宗室谱籍的，恢复原来的身份；全国官秩比二千石以上的官员，年老退休的，以原俸禄的三分之一作为退休金，直到死亡。

下至平民百姓、鳏夫寡妇，都使用恩惠照顾政策，无所不施。

王莽讨好取悦了吏民之后，又想独断专行。

他知道太皇太后年老了，厌倦政事，就暗示公卿上奏说：“以往根据官吏的功绩和资历，按顺序逐阶提升到二千石。各州部刺史所举荐的茂材、异能等被委任为官吏，大多数不称职。应该让他们都去谒见安汉公王莽。另外，太皇太后年事已高，不适宜亲自过问这些小事。”

他让太皇太后下诏说：“从今以后，只有封爵之事才禀告我，其他事项，由安汉公和四辅裁决处理。新任命的州牧、二千石以及茂材出身的官吏奏报情况，就直接引到安汉公官署回答所问问题，安汉公考核过去官吏的治绩，询问到任后打算如何施政，以了解他们是否能称职。”

王莽对这些官员一一接见询问，关怀备至，示以恩意，赠送厚重的礼品；对那些不迎合他的旨意的人，就公开奏报，予以免职。

于是，王莽的权力几乎与皇帝相等了。

王莽改制

王莽始初元年（8）

安汉公王莽认为自己的声威德行一天天兴盛，便考虑正式登皇位了。

十一月二十五日，王莽到高帝祭庙拜受天神命令转让统治权的铜柜。

他戴上王冠，觐见太皇太后，回来便坐在未央宫的前殿，发布文告说：“皇天上帝予以隆厚的庇佑，令我继承大统。符命、图文，金柜中的策书，都是神明的诏告，把天下千百万人民托付我。赤帝汉朝高皇帝的神灵，秉承上天的命令，传给我转让政权的金策书，我非常敬畏，敢不敬谨接受！

“根据占卜，二十五日是吉日，我戴上王冠，登上真天子的座位，建立‘新王朝’。决定改变历法，改变车马、服饰的颜色，改变供祭祀用的牲畜的毛色，改变旌旗，改变用器制度。把今年十二月初一定为始建国元年正月的初一，把鸡鸣之时作为一天的开始。”

王莽始建国元年（9）

王莽认为刘字由“卯、金、刀”组成[1]，因而下诏，“正月刚卯”佩饰和金刀钱都不准再使用，于是废除错刀币、契刀币以及五铢钱，改铸小钱，直径六分，重量一铢，上面有“小钱值一”的字样，加上以前的“大钱五十”的货币为两类，同时发行。

为了防止民间私自铸造，他便下禁令不准挟带铜、炭。

后来，王莽又下诏：“古代一夫分田一百亩，按十分之一交租税，就能够国家丰裕，百姓富足，于是歌颂的舆论兴起来了。秦破坏圣人制度，废除井田，因此并吞土地的现象出现了，贪婪卑鄙的行为发生了，强者占田数千亩，贫者竟没有立锥之地。

“又设置买卖奴婢的市场，奴婢与牛马一同关闭在栅栏之内，被地方官吏控制，专横地裁决他们的命运，违背了天地之间的生命，人类最宝贵的原则。汉朝减轻土地税，按三十分之一征税，但是经常有代役税，病残而丧失劳力的都要交纳。加以土豪劣绅侵犯欺压，利用租佃关系掠夺财物，于是名义上按三十分之一征税，实际上征收了十分之五的税。

“所以富人的狗马有吃不完的粮食，因骄奢而做邪恶的事；穷人却吃不饱酒渣糠皮，因贫困而做邪恶的事。他们都陷于犯罪，刑罚因此不能搁置不用。现在把全国的田改名叫‘王田’，奴婢叫‘私属’，都不准买卖。

“那些家庭人口男性不满八人，而占有田亩超过一井的，把多余的田亩分给亲属、邻居和同乡亲友。原来没有田，现在应当分得田的，按照规定办。敢有反对井田这种圣人首创的制度，无视法律惑乱民众的，把他们流放到四方极

[1]“刘”在当时写作“劉”。

远的地方，去抵挡妖怪鬼神，如同我的始祖虞舜帝惩罚四凶的旧例。”

王莽始建国二年（10）

国师公刘秀[1]奏称：“周王朝有泉府之官，收购民间卖不出去的产品，供应民间缺乏的货物，也就是《易经》说：‘管理财富，端正言行，禁止人民为非作歹。’”

王莽就下诏说：“《周礼》上有由官府办理赊贷的记载，《乐语》上有五均的设立，史书上有关于诸筦的记载。现在，开展赊贷、设立五均、诸筦，目的在于使民众均平，遏止富豪侵吞兼并。”

于是在长安以及洛阳、邯郸、临淄、宛、成都设立五均司市、钱府官。司市于每季的第二个月，对货物定出上、中、下三等价钱，保持市价的稳定。民间卖不出去的五谷、麻布、丝绸、棉絮等，均官经过调查，认为确实之后，依照成本收购。一旦物价上涨，超过平价一钱，均官将所藏货物以平价卖给百姓。

如物价比平价低，则听凭百姓自由交易。另外，百姓如果无钱需要赊贷，则钱府可以借给，每月一百钱收利息三钱。

同时，新朝朝廷依照古书《周礼》，规定：

凡有田不耕种，称为不殖，要罚交三个人的赋税，城市中房宅不种树的称为不毛，罚交三个人的布匹；平民游手好闲，无所事事，处罚布匹一匹。缴纳不出布匹的，则应为官府做工，由官府给他衣食。

凡是在山林水泽开采金矿、银矿、铅矿、锡矿的工人，捕捉鸟兽的猎人，

[1] 国师公刘秀（前50—23），原名刘歆，宗室大臣，建平元年（前6）改名为秀，与汉光武帝刘秀不是同一个人。

捞取鱼鳖的渔夫，以及从事畜牧业的牧民，种桑养蚕、织布纺线、缝纫的妇女，工匠、医生、巫师、算卦的人，祭司及有其他技能的人等和小贩、商人，全都要在所前往的地方自己申报经营所得，由地方官府除去其成本，在纯利中征收十分之一作为贡税。

胆敢不自行申报，或申报不实的，把经营所得没收，并处罚为官府服役一年。

羲和鲁匡奏请酒类由官府专卖，王莽批准。

王莽又下令禁止民间挟带弩弓和铠甲，违犯者流放到西海郡。

十二月，王莽因为钱币一直不流通，又下诏说："钱币都是大面额，则不能应付小额交易；钱币都是小面额，则运输装载就麻烦费事。轻重大小各有等级，那么使用方便，百姓就欢迎。"

于是，更铸宝币六种：金币、银币、龟币、贝币、钱币、布币。其中钱币六种，金币一种，银币二种，龟币四种，贝币五种，布币十种。总计，货币共有五类、六种名称，二十八个等级。

钱币、布币都用铜铸作，其中混杂铅锡。因为货币的种类太多，百姓生活陷于混乱，货币不能流通。王莽了解人民的怨愁，于是只使用值一钱的小钱和值五十的大钱，两种并行，龟币、贝币、布币暂且停止使用。

私自铸钱的无法禁止，便加重那方面的刑罚，一家铸钱，邻居五家连坐，将这些人送到官府做奴婢。官吏和平民外出要携带钱币作为通行副证，不携带的人，旅舍不允许住宿，关卡和渡口要盘问留难。公卿大臣都要携带它才能进入宫殿大门，想要用这样的办法提高它的身价从而得以流通。

当时，百姓认为汉五铢钱方便适用，而王莽钱因有大有小，两种钱同时发行，难以分辨，并且不断变化，所以不信任它，都私下用五铢钱在市场上购买商品，并谣传说大钱会废除，没有人肯于携带。

王莽深感烦恼，再下诏书：“凡是携带五铢钱，说大钱要废除的人，比照‘诽谤井田制’罪状，放逐到四方边远地区！”连同被指控买卖田宅、买卖奴婢、盗铸钱币的人，从封国国君、朝廷官员到平民，犯法的人不计其数。

于是农民、商人失业，全国经济崩溃，百姓甚至在街市道路上哭泣。

王莽始建国三年（11）

驻扎在边塞的部队在当地放纵扰民，而内地各郡因征兵催税，苛刻迫急，百姓不堪愁苦，纷纷抛弃家园，开始流浪逃亡，成为盗贼，并州、平州尤其严重。

王莽始建国四年（12）

王莽到明堂下诏：“把洛阳定为东都，长安定为西都。国家疆域联合一体，男女各有封地。遵从《禹贡》的记载，全国划为九州。依照周王朝制度，分为五等爵位，共一千八百个封国，附城的数量也是如此，以等待有功之士。凡是公爵，一律平等，封一万户人家。其他爵位，由此等差而下。

“现在已经受封的，公侯及以下共七百九十六人，附城一千五百五十一人。只因户籍地簿还没有调查测量完竣，没有授予封地。所以暂且让他们向属于大司农的都内专领薪俸，每月钱数千。”

诸侯都变得贫穷，有的甚至受雇为人做工。

王莽性格浮躁，不能安静下来，每干一件事情，总想模拟古代，不管是否适合现实社会。而制度始终未能确定，贪官污吏乘机为非作歹，天下一片悲愁，被处以刑罚的人很多。

王莽知道老百姓忧愁怨恨，于是下诏：“凡是持有国家土地的，都可以自由变卖，不受法律限制。犯法私自买卖平民的，暂且都不处罚。”然而，其他政令荒谬混乱，刑罚残酷，捐税沉重而频繁。

王莽天凤元年（14）

王莽按照《周官》和《王制》的记载，设置卒正、连率、大尹，职务像太守一样。

又设置州牧、部监二十五人。把长安郊区划分为六乡，每乡设置乡帅一人。把三辅地区划分为六尉郡，把河内郡、河东郡、弘农郡、河南郡、颍川郡、南阳郡作为六队郡。把河南郡大尹改名叫保忠信卿。增加河南郡属县达三十个。设置六郊州长各一人，每人管辖五县。其他官名全都改动。

还将大郡划分，最多的划分为五个郡，合计共一百二十五个郡。九州的范围里，有两千二百零三县。又模仿古代的六服，把国土划分为惟城、惟宁、惟翰、惟屏、惟垣、惟藩，各以其方位称呼，总共有一万个封国。

这以后，每年都有变动，一郡甚至改了五次名称，最后还是恢复原来的名称。官吏和平民无法记忆，每次下诏书，总要在新名之下附记原来的名称。

眼看自己的改革并没有取得预期的效果，王莽又下令恢复金币、银币、龟币、贝币，对价值略加调整。取消大钱、小钱，改由新发行的货布、货泉两种钱币代替。

但是，因为大钱流通已久，一旦废除，恐怕无法禁绝人们携带，于是特准百姓暂且使用大钱，以六年为期，六年后完全禁绝。

每改变一次币制，百姓就随之破产一次，往往因而陷于刑网。

王莽天凤二年（15）

王莽认为制度一经确定，那么天下自然太平，所以精心思考划分地域，制定礼仪，创作乐教，都讲求符合《六经》的说法。

公卿大臣早晨上朝，傍晚退朝，议论连年，不能够做出决断，没有时间处理诉讼冤案和百姓迫切需要解决的问题。县宰缺额往往好几年都是派人代理，各种贪赃枉法的行径，一天比一天厉害。派驻郡和封国的中郎将、绣衣执法，纷纷利用权势，互相检举弹劾。

还有十一公士分布各地，督促农耕和蚕桑，安排每季每月的工作，检查各种规章的实行情况，车水马龙，在路上络绎不绝。召集官民，逮捕取证，郡县官府征收赋税和财物，层层贿赂，是非清浊不分，前往朝廷申诉冤苦的人很多。

王莽看到自己从前因专权而取得了汉朝政权，所以总想自己包揽众事，而有关官员只按既定的政令办事，以图能够免除罪责。各宝库、国库和钱粮官，都由宦官管理；官吏和平民的密奏，由宦官和左右随从开拆，尚书不得知道。

他就是这样提防臣下的。

王莽又喜欢改变制度，政令繁多，本来应当由下面奉命执行的，总要考察过问以后才交去办理，以致前面的事情没有完，后面的事情又赶上了，昏乱糊涂，没完没了。

王莽时常在灯光下办公，直到天明还没有办完。尚书借此机会舞弊，阻塞下情，奏报后等待回答的人连年无法离去，被关押在郡县监狱里的人要遇到大赦才得出来，京城卫戍士兵不能轮换甚至达到三年之久。

谷物常常很贵，边疆的军队二十多万人仰赖官府供应吃穿。五原郡和代郡尤其遭殃，有的人成为盗贼，几千人成群结队，转到邻近各郡。

王莽派遣捕盗将军孔仁率领军队会同地方官兵联合进击，经过一年多才平定。

王莽天凤三年（16）

先前，王莽以厘订制度未完为由，上自公爵侯爵，下到小吏，全都停发俸禄。

五月，王莽下诏书说："我遭遇不幸的命运，灾难难避，国家财政开支不足，人民骚动，从公卿以下，一个月的俸禄只有什布两匹，或丝帛一匹。我每想到这件事，没有不忧愁的。现在困难时期已经过去，国库储备虽然还不充足，但已略微宽裕，将从六月初一开始，按照制度发给官吏俸禄。"

但是，王莽的制度十分琐碎，核算课计很难办理，官吏最后还是领不到俸禄，于是纷纷利用自己的职权干坏事，靠收受贿赂来解决自己的费用开支。

王莽天凤四年（17）

王莽设置羲和命士，督促实行管理财政的五均、六管制度。

每郡有几个名额，都由富豪、大商人担任。这些官员乘坐驿车，谋求奸利，往来全国，乘机与郡县官吏勾结，设立假账。国库未能充实，而百姓更加穷苦。

王莽再下诏，重申肯定六管制度。每一项管理制度下达，总要为它设置条规禁令，违犯的人罪重的甚至处死。奸猾之徒与贪官污吏同时侵害百姓，百姓不得安宁。此外，上公及以下，有奴婢的人一律交税金，每一奴婢要缴纳三千六百钱，天下越发愁苦。

纳言冯常就六管制度进行规劝，王莽大怒，把冯常免职。

新朝的法令，琐碎苛刻，百姓动辄触犯禁网，农民没有时间耕田种桑，徭役繁重。而旱灾、蝗灾接连发生，诉讼长久不能结案。

官吏用残暴的手段建立威严，利用王莽的禁令侵占民间财产。富人不能保护自己的财产，穷人不能活命。于是，无论贫富都当起强盗。他们依靠高山大泽的险阻，官吏无法制服，只好蒙蔽上级，以致盗贼渐渐地越来越多。

临淮人瓜田仪盘踞会稽郡长州，琅邪人吕母聚集党羽几千人，诛杀海曲县宰，乘船入海，当起海盗，人数越来越多，有一万左右。荆州发生大饥馑，百姓逃入山野沼泽，挖掘荸荠而食，互相攻击争夺。

新市人王匡、王凤出面为大家评理，排解纠纷，于是被推做首领，拥有数百人。这时亡命客南阳马武、颍川王常、成丹等，都来投奔。他们一同攻击距城市较远的村落，藏在绿林山中，数月之间，集结到七八千人。

又有南郡张霸、江夏羊牧等，与王匡同时崛起，都有一万人之众。

王莽派出使者，到当地赦免这些强盗。

使者回京之后，奏称："强盗们解散之后，不久就又聚合，问他们原因，都说：'忧愁法令既多又苛刻，动辄犯法。努力劳动所得到的报酬，还不够缴纳捐税。就是闭门自守，又往往因邻居私自铸钱或携带铜，要连坐入狱，贪官污吏，逼人欲死。'百姓走投无路，便都起来做盗贼。"

王莽大怒，免其官职。

有人顺着王莽的意思，说："小民猖狂刁猾，应该诛杀。"或者"这只是偶然的时运，不久将会消灭。"

王莽高兴，便升其官职。

在王莽的统治下，他的改革不仅没能让他实现自己的政治抱负，反而使得天下战火四起，战乱频发。后来叛军攻入长安城，他自己也死在了乱军之中。

班超出使

汉明帝永平十五年（72）

谒者仆射耿秉屡次上书请求攻打北匈奴。

汉明帝刘庄因显亲侯窦固曾在河西跟随伯父窦融，熟悉边疆事务，便让耿秉、窦固和太仆祭肜（zhài róng）、虎贲中郎将马廖、下博侯刘张、好畤（zhì）侯耿忠等人共同会商。

耿秉说："从前匈奴有游猎部落的援助和其他蛮族的依附，所以不能将它制服。在孝武皇帝得到武威、酒泉、张掖、敦煌等河西四郡及居延、朔方以后，匈奴便失去富饶的养兵之地，断绝了与羌、胡的关系，势力范围只剩下西域，而西域不久也归附了汉朝。所以，呼韩邪单于到边塞请求归附，乃是大势所趋。

"如今的南匈奴单于，情形与呼韩邪相似。但目前西域尚未归附汉朝，而北匈奴也没有挑衅作乱。我认为应当首先进攻白山，夺取伊吾，打败车师，派使者联合乌孙各国以切断匈奴的右臂。在伊吾还有一支匈奴南呼衍的军队，如果将他们打败，便又折断了匈奴的左角，此后就可以对匈奴本土发动进攻了。"

明帝对他的建议表示赞许。

会商的大臣中有人认为："如今进攻白山，匈奴必定集合部队救援，我们还应当在东方分散匈奴兵力。”

明帝同意。

十二月，明帝任命耿秉为驸马都尉，窦固为奉车都尉，骑都尉秦彭为耿秉的副手，耿忠为窦固的副手，全都设置从事、司马等属官，出京屯驻凉州。

汉明帝永平十六年（73）

二月，明帝派祭肜与度辽将军吴棠率领河东、河西的羌人胡人部队和南匈奴单于的部队，共一万一千骑兵，出高阙塞；派窦固、耿忠率领酒泉、敦煌、张掖三郡郡兵和卢水的羌人胡人部队，共一万二千骑兵，出酒泉塞；派耿秉、秦彭率领由武威、陇西、天水等三郡募士和羌人胡人部队，共一万骑兵，出张掖居延塞；派骑都尉来苗、护乌桓校尉文穆率领太原、雁门、代郡、上谷、渔阳、右北平、定襄等七郡郡兵和乌桓、鲜卑部队，共一万一千骑兵，出平城塞，一同讨伐北匈奴。

窦固和耿忠抵达天山，进攻北匈奴呼衍王，斩杀一千余人；又追击到蒲类海，夺取伊吾卢地区，设置了宜禾都尉，在伊吾卢城留下将士开荒屯垦。

耿秉和秦彭进攻北匈奴匈林王，横越沙漠六百里，到达三木楼山后班师。

来苗和文穆抵达匈河水畔，北匈奴部众全都溃散逃跑，没有斩获。

祭肜与南匈奴左贤王信不和，他们出高阙塞九百余里，占领一座小山，信便谎称此山是涿邪山，结果他们没有找到敌人就回师了。祭肜和吴棠被指控犯有率军逗留、畏缩不前之罪，逮捕入狱，免去官职。祭肜自恨没有建立功勋，出狱几天后，吐血而死。

在这次战役中，唯独窦固一人有功，擢升特进。

窦固派副司马班超和从事郭恂一同出使西域。

班超到达鄯（shàn）善国时，鄯善王广用十分尊敬周到的礼节接待他，但后来忽然变得疏远懈怠了。

班超对他的部下说：“你们可曾察觉出广的态度冷淡了吗？”

部下说：“胡人行事无常性，并没有别的原因。”

班超说：“这一定是因为有北匈奴的使者前来，而鄯善王心里犹豫，不知所从的缘故。明眼人能够在事情未发生前看出端倪，何况事情已显著暴露？”

于是班超召来胡人侍者，假装已知实情，说：“匈奴使者来了几天，如今在什么地方？”

胡人侍者慌忙答道：“已经来了三天，离此地三十里。”

然后，他就把胡人侍者关起来，召集全体属员，共三十六人，和他们一同饮酒。

饮到酣畅之时，班超借酒激怒众人说：“你们和我同在绝远荒域，如今北匈奴使者才来了几天，而鄯善王就已不讲礼节了；若是使者命令鄯善把我们抓起来送给匈奴，那么我们的骨头就要永远喂给豺狼了。我们应该怎么办？”

部下一致回答：“如今处在危亡之地，我们跟随司马同生共死！”

班超说：“不入虎穴，不得虎子。如今可行的办法，只有乘夜用火进攻匈奴人。对方不知我们到底有多少人马，必定大为震恐，这样便可将他们一网打尽。除掉了北匈奴使者，那么鄯善人就会胆战心惊，我们便成功了。”

众人说：“应当和从事商议此事。”

班超生气地说：“命运的吉凶就在今天决定！从事不过是平庸的文吏，听到我们的打算定要害怕，计谋便会泄露，到那时候，我们死得没有名堂，就不是英雄了。”

众人说：“好！”

一入夜，班超便带领部下奔向北匈奴使者的营地。

当时正刮着大风，班超命令十人拿鼓，躲到匈奴人的帐房后面，相约道：“看见火起，就要一齐擂鼓呐喊。”

其余的人全都手持刀剑弓弩，埋伏在帐门两侧。于是班超顺风放火，大火一起，帐房前后鼓声齐鸣，杀声震耳。匈奴人惊慌失措，一时大乱。班超亲手格杀三人，下属官兵斩杀北匈奴使者及其随从共三十余人，其余约一百人全部被火烧死。

班超等人次日返回，将事情的经过告诉了从事郭恂。郭恂大为震惊，接着神色一变。

班超明白了他的意思，举手声称：“从事虽然没有前去参与行动，可班超怎有心一人居功？”

郭恂这才大喜。

于是班超叫来鄯善王广，给他看匈奴使者的首级，鄯善全国震恐。

班超将汉朝的国威和恩德告诉鄯善王，并说：“从今以后，不要再同北匈奴来往。”

广叩头声称：“我愿臣属汉朝，没有二心。”于是将王子送到汉朝充当人质。

班超归来后，向窦固讲述了出使经过，窦固十分高兴，将班超的功劳一一上报，并请求重新选派使者出使西域。

明帝说：“有班超这样的官员，为什么不派遣，而要另选他人呢？现任命班超为军司马，让他完成先前的功业。”

窦固又让班超出使于阗（tián）国，想为他增加随行兵马，但班超只愿带领原来跟从的三十六人。

他说：“于阗是个大国，道路遥远，如今率领几百人前往，无益于显示强大。

而如有不测之事发生，人多反而成为累赘。”

当时，于阗王广德称雄于西域南道，但该国仍受匈奴使者的监护。班超到达于阗后，广德待他礼仪态度十分疏淡。

于阗又有信巫之俗，而巫师声称：“神已发怒，问我们为何要倾向汉朝？汉朝的使者有一匹黑唇黄马，快去找来给我做祭品！”

于是，广德派宰相私来比向班超索求赠马。

班超暗中获知底细，便答应此事，但要巫师亲自前来取马。不久，巫师来了，班超便立刻将他斩首，并逮捕了私来比，痛打数百皮鞭。

班超将巫师的首级送给广德，借机对他进行谴责。广德早已听说过班超在鄯善斩杀北匈奴使者的事迹，大为惊恐，随即杀死匈奴使者投降。

班超重赏于阗王及其大臣，就此镇服安抚于阗。于是，西域各国全都派出王子到汉朝做人质。

西域与汉朝的关系曾中断了六十五年，至此才恢复交往。

郭泰擢才

汉桓帝延熹七年（164）

汉桓帝刘志在位时期，有一个名叫郭泰的人，学问渊博，善于言谈议论。

他刚到京都洛阳留学时，当时的人并不认识他。名士符融一见他就赞叹惊异，因而将他推荐给河南尹李膺（yīng）。

李膺跟他见面后说："我所见到过的读书人很多，却从来没有遇到过像郭泰您这样的人。您聪慧通达，高雅缜密，在今天的中国，很少有人能与您相比。"便和他结交为好友。

于是，郭泰的名声立刻震动京城洛阳。

后来，郭泰从洛阳启程返回家乡时，官员和士绅以及儒生将他送到黄河渡口，车子多达数千辆。只有李膺和郭泰同船渡河，前来送行的各位宾客望着他俩，认为他们简直是神仙。

郭泰善于识别人的贤愚善恶，喜欢奖励和教导读书人，足迹遍布四方。

茅容已经四十余岁，在田野中耕作时和一群同伴到树底下避雨，大家都随便地坐在地上，只有茅容正襟危坐，非常恭敬。

郭泰路过那里，见此情景，大为惊异，因而向茅容请求借宿。

第二天，茅容杀鸡作为食物，郭泰以为是为自己准备的，但茅容分了半只鸡侍奉母亲，将其余半只鸡收藏在阁橱里，自己用粗劣的蔬菜和客人一同吃饭。

郭泰说："你的贤良大大地超过了普通人。我自己尚且减少对父母亲的供养来款待客人，而你却是这样，真是我的好友。"

于是，郭泰站起身来，向他作揖，劝他读书学习。

茅容最终成为很有德行的人。

巨鹿人孟敏在太原郡客居，肩上扛的瓦罐掉在地上，他一眼不看便离开了。

郭泰见此情景，问他为什么这样。

孟敏回答说："瓦罐已经破碎了，看它有什么益处？"

郭泰认为他有分辨和决断能力，于是和他交谈，了解他的天赋和秉性，因而劝他外出求学。结果孟敏成为闻名当世的人。

陈留人申屠蟠家境贫困，受雇于人做漆工，鄢陵人庾乘年少时在县府担任门卒，郭泰见到他们，对他们另眼相待，后来他们都成为知名的人士。

其他人，有的是屠户出身，有的是卖酒出身，有的是士卒出身，因受到郭泰的奖励和引进而成名的很多。

陈国童子魏昭向郭泰请求说："教授经书的老师容易遇到，但传授做人道理的老师却难遇到。我愿意跟随在您的身边，给您洒扫房屋和庭院。"

郭泰许诺。

后来，郭泰曾因身体不适，命魏昭给他煮稀饭。稀饭煮好以后，魏昭端给郭泰，郭泰大声呵斥魏昭说："你给长辈煮稀饭，不存敬意，使我不能进食。"然后将杯子扔到地上。

魏昭又重新煮好稀饭，再次端给郭泰，郭泰又呵斥他。这样一连三次，魏昭的态度和脸色始终没有改变。

郭泰说："我开始只看到你的表面，从今以后，我知道你的内心了！"于是就把魏昭当作好友，善意对待。

陈留人左原是郡学的学生，因违反法令，被郡学斥退。

郭泰在路上遇见他，特地摆设酒和菜肴，对他进行安慰，说："从前，颜涿聚原是梁甫地区的大盗，段干木本是晋国的大市侩，可是，前一位终于成了齐国的忠臣，后一位终于成了魏国的著名贤人。蘧（qú）瑗[1]、颜回尚且不能没有过错，何况其他的人？你千万不要心怀怨恨，只是反躬责问自己而已。"

左原虚心听取郭泰的劝导后离去。

有人讥讽郭泰不能和恶人断绝关系，郭泰说："对于不合于仁的人，如果厌恶他太甚，就会使他为乱。"

左原后来果然重新心怀愤怒，结集宾客，想要报复郡学的学生。

可是，这一天，郭泰正在郡学，左原惭愧自己辜负了郭泰以前的劝导，于是终于离去。

后来这件事传开，大家全都佩服郭泰。

有人询问名士范滂："郭泰是个什么样的人？"

范滂回答说："隐居而不离开双亲，坚贞而不隔绝世俗，天子不能使他为臣下，诸侯不能使他为友，除此之外，我不知道还有别的。"

郭泰曾经被地方官府推荐为"有道"人才，郭泰不肯接受。

---

[1] 蘧瑗，疑为蘧瑗，春秋时期卫国大夫，孔子的朋友。五十岁时，自我检讨，发现以往四十九年中犯了不少过错。

同郡人宋冲一向佩服郭泰的品德和学问，认为自从汉朝建立以来，没有人能超过他，曾经劝他出去做官。

郭泰说：“我夜间观看天象，白天考察人事，上天要灭亡的，人力不能支持，我将悠闲地过日子而已。”

但他还是经常到京都洛阳，不停地教诲和劝诱人们读书求学。

名士徐稚写信警告他说：“大树快要倒下，不是一根绳子所能拴住的，为何奔波忙碌，不能安定下来！”

郭泰有所感而觉悟说：“恭敬地拜受你的话，当作老师的指教。”

党锢祸起

汉桓帝延熹八年（165）

中常侍侯览的弟弟侯参担任益州刺史，残暴贪婪，赃款累计多达一亿。

正月，太尉杨秉进行弹劾，朝廷用囚车把侯参押解回京，侯参在途中自杀。查看他携载物资的三百余辆车，装的都是金银和锦帛。

因此，杨秉又上书弹劾说："我查考朝廷旧有的典章制度，宦官本来只限于在皇宫内听候差遣，负责早晚看守门户，而今却大多备受宠信，掌握朝廷大权。凡是依附宦官的人，宦官就趁着朝廷征用人才时推荐他们做官；凡是违背和冒犯宦官的人，宦官便随便找一个借口对他们进行中伤。宦官的居处效法王公，他们拥有的财富可与帝王相比，饮食极尽佳肴珍膳，奴仆侍妾都穿精致洁白的细绢。

"中常侍侯览的弟弟侯参，是贪赃残暴的首恶，自取灭亡。侯览深知罪恶深重，一定会自感疑惧不安。我愚昧地认为，不应该把侯览再放在陛下左右。过去，齐懿公给邴歜（chù）的父亲加刑，又夺去阎职的妻子，却使他们二人陪同乘车，终于发生竹林中的大祸。因此，侯览应被立即斥退，投到豺狼虎豹群中。像这一类人，不能施行恩德宽恕罪行，请免除官职，送回本郡。"

奏章呈上以后，尚书召来杨秉的属吏，责问说：“朝廷设立官职，各有各的职责范围。三公对外管理政务，御史对内监察官吏。而今，三公超越职责范围，弹劾皇宫内的宦官，无论是经书典籍，还是汉朝制度，有什么根据？请公开作具体答复。”

杨秉派遣的属吏回答说：“《春秋左传》上说：‘为君王排奸去恶，要使出全身的力量。’邓通懈怠轻慢，申屠嘉召邓通进行责问，汉文帝因而为邓通说情。汉朝的传统制度是，三公没有一件事情不可以过问。”

尚书无法反驳。

汉桓帝刘志迫不得已，终于将侯览免职。

司隶校尉韩缜（yǎn）乘机弹劾左悺（guàn）的罪恶，以及左悺的哥哥、南乡侯左称，列举他们向州郡官府请托，搜刮财货，作奸犯科，宾客放纵，侵犯官吏和百姓的罪过。左悺、左称都自杀了。

韩缜又弹劾中常侍具瑗的哥哥、沛国相具恭贪赃枉法。桓帝下令将具恭征召回京都洛阳，送到廷尉狱治罪。于是，具瑗也主动到廷尉狱认罪，并上交东武侯印信。桓帝下诏将具瑗贬为都乡侯。

三月，宛陵县的大族羊元群在北海郡太守任上被罢免。他贪赃枉法，声名狼藉，郡府中厕所里装有的精巧设备，都被他载运回家。

河南尹李膺向朝廷上表，请求审查和验问羊元群的罪行。羊元群向宦官们行贿，李膺竟被宦官们指控为诬告，遭受“反坐”之罪。

已故宦官单超的弟弟单迁担任山阳郡太守，因为犯法被囚禁在监狱，廷尉冯绲将他拷打致死。于是，宦官们互相结党，共同起草匿名信，诬告冯绲有罪。

中常侍苏康、管霸用贱价强买天下良田美业，州郡官府不敢责问。大司农刘祐向当地发送公文，依照法令，予以没收。

桓帝大为震怒，下令把刘祐和李膺、冯绲一道送往左校营，罚服苦役。

十一月，太尉陈蕃多次向桓帝陈诉李膺、冯绲、刘祐所遭受的冤枉，请求加以原谅，恢复官职。陈蕃再三请求，言辞恳切，甚至流泪，但桓帝不肯接受。

应奉上书说："忠臣良将，是国家的心腹和脊梁。我认为，左校营弛刑徒冯绲、刘祐、李膺等人诛杀和弹劾奸臣，完全符合国家法令。陛下既不听取他们的陈述，调查了解事情的真相，却轻信别人的诬告，结果使忠臣良将跟大奸大恶同罪，自春季直到冬季，仍然不能受到宽恕。远近的人们看到和听到后，无不为之叹息。

"处理政事的关键在于，要记住臣下的功劳，忘掉他们的过失。所以，汉武帝从囚徒中选拔韩安国，宣帝从逃亡犯中征召张敞。冯绲从前讨伐荆州的叛蛮，曾有和吉甫同等的功劳。刘祐曾多次主持司法，有不畏惧强暴和不欺侮柔弱的气节。李膺的声威震动幽州、并州，在北疆留下仁爱声名。而今，三面的边陲都有战事，而朝廷的军队又都没有班师回京，请求陛下宽赦李膺等人，以备发生意料不到的变化。"

奏章呈上，桓帝这才下令免除三人全部的刑罚。

过了很久，李膺被重新任命为司隶校尉。当时小黄门张让的弟弟张朔担任野王县的县令，贪污残暴，没有德政，因为畏惧李膺的严厉，逃回京都洛阳，躲在他哥哥张让家的合柱中。

李膺得知这个情况以后，率领吏卒破开合柱，将张朔逮捕，交付洛阳监狱，听完供词，立即处决。

张让向桓帝诉冤，桓帝召见李膺，责问他为什么不先请求批准就加以诛杀。

李膺回答说："从前孔子担任鲁国的大司寇，七天便把少正卯处决，而今我到职已经十天，害怕因拖延时间而获罪，想不到竟会因行动太快而获罪。我深知自己罪责严重，死在眼前，特地向陛下请求，让我再在职位上停留五天，一定拿获元凶归案，然后再受烹刑，这才是我的愿望。”

桓帝不再说话，回过头来对张让说：“这都是你弟弟的罪，司隶校尉有什么过失？”于是，命李膺退出。

从此，所有的黄门、中常侍，都谨慎恭敬，不敢大声呼吸，甚至连休假日也不敢出宫。

桓帝觉得很奇怪，问他们究竟是怎么一回事。

大家一齐叩头哭泣说：“我们害怕司隶校尉李膺。”

当时，朝廷的政治，一天比一天混乱，法度崩坏，然而只有李膺仍然维护朝纲，执法裁夺，因此声望一天比一天高。凡是读书的士人，能够被他容纳或接见的，都称为“登龙门”。

汉桓帝延熹九年（166）

当初，当桓帝还是蠡吾侯的时候，曾经跟着甘陵国人周福读过书。等到他当了皇帝以后，擢升周福担任尚书。

当时，和周福同郡的河南尹房植，在朝廷也很有名望。

于是，乡里的人编了一首歌谣说：“天下为人言行正派，有房植；靠当老师做官，有周福。”

两家的宾客，互相讥笑和攻击，于是各人树立自己的党羽和门徒，逐渐结成怨仇。因此，甘陵国的士人便分为南北两个部党，对党人的议论从此开始。

汝南郡太守宗资任命范滂为功曹，南阳郡太守成瑨任命岑晊为功曹，都非常信任，让他们奖励善良，惩罚邪恶，整顿和澄清太守府的吏治。

范滂尤其刚毅强劲，看见罪恶犹如见到仇敌。范滂的外甥李颂一向没有德行，中常侍唐衡将他托付给汝南郡太守宗资。宗资任用李颂为吏，范滂却将公文搁置案头，不肯召见。宗资迁怒他人，捶打书佐朱零。

朱零抬头对宗资说："这是范滂刚正的决断，今天我宁愿被笞打而死，也不违背范滂的决定。"

宗资方才作罢。郡太守府中的中级官吏以下无不怨恨。

于是，两郡就传出讽刺性的谣言说："汝南郡的太守是范滂，南阳郡人宗资只不过负责在文书上签字。南阳郡的太守是岑晊，弘农郡人成瑨只是闲坐着吟咏。"

太学学生共有三万余人，名士郭泰和贾彪是他们的首领。他俩和李膺、陈蕃、王畅互相褒扬标榜。

学生中间流行这样一句赞美他们的话："天下楷模是李膺，不怕强梁横暴是陈蕃，天下才智出众是王畅。"

于是，朝廷内外受这样的风气影响，竞相以品评朝政的善恶得失为时尚。自三公九卿以下的朝廷大臣，无不害怕受到这种舆论的谴责和非议，都争先恐后地登门和他们结交。

宛县有一位富商名叫张泛，他和皇宫内的某一位妃子沾点儿亲戚，又善于雕刻供人赏玩的物品，经常送给宦官作礼物，因此，在地方上很有地位，仗恃权势横行霸道。

岑晊和贼曹史张牧说服太守成瑨，将张泛等人逮捕。不久遇着朝廷颁布大赦令，成瑨竟然不顾，将张泛诛杀，并收捕他的宗族和宾客共二百余人，全部处死，事后方才奏报朝廷。

小黄门晋阳县人赵津，贪污残暴，骄纵恣肆，成了全县的大祸害。

太原郡太守刘瓆（zhì），派遣郡吏王允将赵津逮捕，也是在朝廷颁布赦令之后，将赵津诛杀。

于是，中常侍侯览指使张泛的妻子，向朝廷上书替张泛鸣冤，宦官又趁着这个机会，诬陷成瑨和刘瓆。

桓帝勃然大怒，将成瑨、刘瓆二人征召回京都洛阳，囚禁监狱。有关官吏秉承宦官的意旨，弹劾成瑨、刘瓆罪大恶极，应当绑赴市场，斩首示众。

山阳郡太守翟超任命张俭担任东部督邮。

中常侍侯览一家在防东县，残害百姓。侯览母亲病故时，他回到家乡兴建高大的坟墓。张俭向朝廷上书，弹劾侯览的罪行，然而侯览伺机拦截张俭的奏章，使奏章无法呈送到皇帝面前。

于是，张俭便摧毁侯览的坟墓和住宅，没收所有的家资和财产，再详细奏报侯览的罪状，奏章仍然不能上达。

中常侍徐璜的侄儿徐宣，担任下邳县令，更加残暴酷虐。他曾经要求娶前汝南郡太守李暠（hào）的女儿为妻，因为没有得到手，就率领吏卒冲进李暠家里，将李暠的女儿抢回自己家中，以箭射女作为游戏，将她杀死。

东海国宰相汝南郡人黄浮听说这件事后，逮捕徐宣和他的家属，不分男女老幼，一律用严刑拷问。

掾史以下的属吏竭力劝阻，黄浮说："徐宣是国家的蟊贼，今天杀掉他，明天我坐罪抵命，死也瞑目。"立即判处将徐宣绑赴市场斩首示众。

于是，宦官向桓帝控诉，桓帝勃然大怒，翟超、黄浮两人都获罪，被判处髡刑，送往左校营罚服苦役。

太尉陈蕃和司空刘茂联名上书劝说桓帝，请求赦免成瑨、刘瓆、翟超、黄浮等人的罪，桓帝很不高兴。

于是，有关官吏便对陈蕃和刘茂进行弹劾，刘茂不敢再说话。陈蕃仍单独上书劝谏，桓帝没有采纳。

宦官因此更加痛恨陈蕃，凡是遇到陈蕃上呈有关选择举用贤能的奏章，都宣称是皇帝的指示，严加谴责，加以退回。长史以下的官吏，很多都被判处罪刑。只因陈蕃是朝廷的著名大臣，暂时还不敢对他加以谋害。

符节令汝南郡人蔡衍、议郎刘瑜上书营救成瑨、刘瓆，因为言辞非常激烈严厉，也都坐罪被免官。而成瑨、刘瓆竟然死在狱中。

成瑨、刘瓆一向刚强正直，通晓经学，是当时的知名人士，所以，天下的人无不惋惜。岑晊、张牧逃亡在外，幸免于难。

河南尹人张成精通占候之术，他预先推算朝廷将要颁布大赦令，就教他的儿子杀人。司隶校尉李膺督促属吏，逮捕张成父子。

不久，果然遇着朝廷颁布赦令，应该赦免。李膺心中更加愤怒，竟将张成父子处斩。

但张成一向用占候术和宦官结交，桓帝有时候也向张成询问占候。于是，宦官指使张成的徒弟牢修上书，控告“李膺等人专门蓄养太学的游士，结交各郡派到京都洛阳求学的学生和门徒，互相标榜，结成朋党，诽谤朝廷，迷惑和扰乱风俗”。

奏章呈上后，桓帝盛怒，下诏各郡、各封国，逮捕党人，并且明白布告天下，使大家同仇敌忾。

公文经过太尉、司徒、司空三府，太尉陈蕃将诏书退回，说：“这次所搜捕的，都是海内享有盛名、忧心国事、忠于国家的大臣，即便犯了什么罪过，也应该予以宽恕，这份恩泽甚至能延续到他们后代，岂有在罪名暧昧不明的情况下就遭受逮捕拷打的道理？”因此拒绝联合签署。

桓帝更加发怒，便直接下令，逮捕李膺等人，囚禁在黄门北寺监狱。

李膺等人的供词涉及的有太仆颍川郡人杜密、御史中丞陈翔，以及太学学生陈寔、范滂等二百余人。有的人事先逃亡，未能逮捕归案，朝廷则悬赏缉拿，派遣出去搜捕党人的使者，到处可以见到。

陈寔说："我不到监狱，大家都没有依靠。"于是，自己前往监狱请求囚禁。

范滂被捕，送到监狱，狱吏对他说："凡是获罪系狱的人犯，都要祭拜皋陶。"

范滂回答说："皋陶是古代的正直大臣，如果他知道我范滂没有犯罪，将会代我向天帝申诉，如果我犯了罪，祭祀他又有什么裨益？"于是，其他的囚犯也都不再祭祀。

陈蕃再次上书，极力规劝桓帝。

桓帝忌讳陈蕃言辞激切，假托陈蕃推荐征召的官员不称职，下诏免除陈蕃的官职。

当时，因党人之狱而被牵连逮捕入狱的人，都是天下知名的贤才。

度辽将军皇甫规认为自己是西州的英雄豪杰，而竟没有被捕入狱，觉得耻辱，于是自己上书说："我以前曾经推荐过前任大司农张奂，是阿附党人。并且，我过去被判处送往左校营罚服苦役时，太学生张凤等曾经上书为我申诉辩护，是为党人所依附，我应该坐罪。"

朝廷知道后，也不过问。

杜密一向和李膺声名相等。当时人们并称李、杜，所以他俩同时被捕入狱。

九月，司空刘茂被罢官。

汉桓帝永康元年（167）

陈蕃被免职以后，朝廷文武大臣大为震动恐惧，再没有人敢向朝廷替党人求情。

贾彪说："我如果不西去京都洛阳一趟，大祸不可能解除。"

于是，他就亲自来到洛阳，说服城门校尉窦武、尚书霍谞（xū）等人，使他们出面营救党人。窦武上书劝谏，奏章呈上后，就称病辞职，并缴还城门校尉、槐里侯的印信。霍谞也上书营救党人。

桓帝的怒气稍稍化解，派中常侍王甫前往监狱审问范滂等党人。范滂等人颈戴大枷，手腕戴铁铐，脚挂铁镣，布袋蒙住头脸，暴露在台阶下面。

王甫逐一诘问说："你们互相推举保荐，像嘴唇和牙齿一样地结成一党，究竟有什么企图？"

范滂回答说："孔丘有言：'看见善，立刻学习都来不及。看见恶，就好像把手插到滚水里，应该马上停止。'我希望奖励善良使大家同样清廉，嫉恨恶人使大家都明白其卑污所在。本以为朝廷会鼓励我们这么做，从没有想到这是结党。

"古代人修德积善，可以为自己谋取多福。而今修德积善，却身陷死罪。我死后，但愿将我的尸首埋葬在首阳山之侧，上不辜负皇天，下不愧对伯夷、叔齐。"

王甫深为范滂的言辞而动容，可怜他们的无辜遭遇，于是命有关官吏解除他们身上的刑具。而李膺等人在口供中，又牵连出许多宦官子弟，宦官们也深恐事态继续扩大。于是请求桓帝，用发生日食作为借口，将他们赦免。

六月初八，桓帝下诏，大赦天下，改年号；党人共二百余人，都遣送回各人的故乡；将他们的姓名编写成册，分送太尉、司徒、司空三府，终身不许再出来做官。

田沮之死

汉献帝建安四年（199）

袁绍[1]挑选了精兵十万，良马万匹，打算攻打许都[2]。

沮授[3]劝阻他说："近来讨伐公孙瓒，连年出兵，百姓疲困不堪，仓库中又没有积蓄，不能出兵。应当抓紧农业生产，使百姓休养生息。

"先派遣使者将消灭公孙瓒的捷报呈献天子，如果捷报不能上达天子，就可以上表指出曹操断绝我们与朝廷的联系，然后出兵进驻黎阳，逐渐向黄河以南发展。同时多造船只，整修武器，分派精锐的骑兵去骚扰曹操的边境，使他不得安定，而我们以逸待劳，这样，坐着就可以统一全国。"

谋士郭图、审配说："以您用兵如神的谋略，统率北方的强兵，去讨伐曹操，易如反掌，何必那样费事？"

---

[1]袁绍（142—202），出身名门"汝南袁氏"，东汉末年军阀，此时占据冀州、青州、并州、幽州，统一河北，势力到达顶点。

[2]许都，今河南许昌。曹操迎接汉献帝以后，将都城自洛阳迁至许昌，许都也就成了曹操当时的大本营。

[3]沮授（？—200），袁绍帐下谋士，多次献策，帮助袁绍统一河北，时任监军。

沮授说："用兵去救乱除暴，被称为义兵；倚仗人多势众，被称为骄兵。义兵无敌，骄兵先亡。曹操尊奉天子以号令天下，如今我们要是举兵南下，就违背了群臣大义。而且，克敌制胜的谋略，不在于强弱。曹操法令严明，士兵训练有素，不是公孙瓒那样坐等被打的人。如今要舍弃万全之计而出动无名之师，我为您担忧！"

郭图、审配说："周武王讨伐商纣王，并不是不义；何况我们是讨伐曹操，怎么能说是师出无名？而且以您今天的强盛，将士们急于立功疆场，不乘此时机奠定大业，就正像古人所说的：'不接受上天给予的赏赐，就会反受其害。'这正是春秋时期越国所以兴盛，吴国所以灭亡的原因，监军沮授的计策过于持重，不是随机应变的谋略。"

袁绍采纳了郭图等人的意见。

郭图等乘机向袁绍讲沮授的坏话，说："沮授总管内外，威震三军，如果势力逐渐扩张，将怎样控制他！臣下的权威与君主一样，就一定会灭亡，这是兵书《黄石》指出的大忌。而且统军在外的人，不应同时主持内部政务。"

袁绍就把沮授所统领的军队分为三部分，由三位都督指挥，派沮授、郭图与淳于琼[1]各统一军。

汉献帝建安五年（200）

正月，曹操打算亲自出马讨伐刘备[2]。

[1] 淳于琼（？—200），袁绍麾下将领。兴平二年（195），沮授劝说袁绍迎奉汉献帝，挟天子而令诸侯，淳于琼和郭图反对，结果袁绍没有采纳沮授的意见，汉献帝被曹操抢先接走。

[2] 当初，车骑将军董承声称接受了汉献帝衣带中的密诏，与刘备一起密谋刺杀曹操。建安五年（200）正月，董承的密谋败露，他和共同谋划者王服、种辑被曹操杀害，诛灭三族。刘备因领兵在外，逃过一劫。

田丰[1]对袁绍说："曹操与刘备交战，不会立即分出胜负，将军率军袭击他的后方，可以一举成功。"

袁绍因儿子患病而推辞，未能出兵。

田丰举杖击地说："唉！遇到这种难得的机会，却因为婴儿的病而放弃，可惜啊，大事完了！"

曹操进攻刘备，将刘备打败，俘虏了他的妻子家小。

等到曹操率军回到官渡，袁绍才开始计议进攻许都。

田丰说："曹操既然击败刘备，则许都已不再空虚。而且曹操善于用兵，变化无穷，兵马虽少，却不可轻视。现在，不如按兵不动，与他相持。将军据守山川险固，拥有四州的民众，对外结交英雄，对内抓紧农耕，加强战备。然后，挑选精锐之士，分出来组成奇兵，频繁攻击薄弱之处，扰乱黄河以南。

"敌军救右，我军则击其左；救左，则击其右，使得敌军疲于奔命，百姓无法安心生产。我们没有劳苦，而敌军已经陷入困境，不到三年，就可坐等胜利。现在放弃必胜的谋略，而要以一战来决定成败，万一不能如愿，后悔就来不及了。"

袁绍没有采纳。

田丰竭力劝谏，冒犯了袁绍。袁绍认为田丰扰乱军心，给他戴上刑具，关押起来。

二月，袁绍进军黎阳。

沮授在出军前，召集宗族，把自己的家产分给族人，说："人有势则权威无所不加，失势则连自己的性命也保不住，真是可悲！"

---

[1]田丰（？—200），袁绍帐下谋士，多次献策，帮助袁绍统一河北，时任冀州别驾。

他弟弟沮宗说："曹操的兵马比不上我军，您为什么害怕呢？"

沮授说："曹操拥有智慧与谋略，又挟持天子作为资本。我们虽打败了公孙瓒，但士兵实际上已经疲惫，加上主上骄傲，将领奢侈，全军覆没，就在这一仗了。扬雄曾经说过：'六国纷纷扰扰，只不过是为秦取代周而效劳。'这说的就是今天啊！"

袁绍派大将颜良到白马进攻东郡太守刘延。

沮授说："颜良性情急躁狭隘，虽然骁勇，但不可让他独当一面。"

袁绍不听。

四月，曹操率军向北援救刘延。

袁绍听说曹军要渡河，就分兵向西阻截。曹操于是率军急速向白马挺进，还差十余里，颜良才得到消息，大吃一惊，前来迎战。曹操派张辽、关羽做先锋，关羽望见颜良的旌旗伞盖，策马长驱直入，在万众之中刺死颜良，斩下他的头颅而归，袁绍军中无人能够抵挡。

袁绍要渡过黄河进行追击，沮授劝阻他说："胜负之间，变化无常，不能不慎重考虑。如今应当把大军留驻在延津，分出部分军队去官渡，如果他们告捷，回来迎接大军也不晚，如果大军渡河南下，万一失利，大家就没有退路了。"

袁绍不听他的劝告。

沮授在渡河时叹息着说："主上狂妄自大，下边将领只会贪功，悠悠黄河，我们能成功吗？"

于是，沮授称病辞职。袁绍不批准，但心中怀恨，就又解除沮授的兵权，把他所率领的军队全部拨归郭图指挥。

袁绍大军到达延津以南，曹操部署军队在南阪下安营，派人登上营垒瞭望。

袁绍的骑兵将领文丑与刘备率领五六千骑兵先后赶到，又过了一会儿，袁军的骑兵更多了，开始分别攻击曹军的辎重车队。

于是，曹操挥军猛击，大破袁军，斩杀了文丑。

颜良与文丑都是袁绍军中有名的大将，两次交战，先后被曹军杀死，袁绍军中士气大衰。

袁绍驻军阳武，沮授劝袁绍说："我军数量虽多，但战斗力比不上曹军；曹军粮草短缺，军用物资储备比不上我军。因此，速战速决对曹操有利，打持久战对我军有利。应当做长期打算，拖延时间。"

袁绍没有采纳。

八月，袁绍大军向前稍作推进，依沙丘扎营，东西达数十里。

曹操也把部队分开驻扎，与袁绍营垒相对。

九月，曹操再次出兵与袁绍交战，没有取胜，又退回营垒，坚守不出。

曹操兵少粮尽，士兵疲惫不堪，百姓无法缴纳沉重的赋税，纷纷背叛而降附袁绍。

十月，袁绍派大批车辆运粮草，让大将淳于琼等率领一万余人护送，停留在袁绍大营以北四十里处。

沮授劝袁绍说："可派遣蒋奇率一支军队，在运粮队的外围巡逻，以防曹操派军袭击。"

袁绍不听。

许攸[1]投奔曹操，说："您孤军独守，外无救援，而粮草已尽，这是危急的

[1]许攸（？—204），本为袁绍帐下谋士，因家人犯法被捕，背袁投曹。

关头。袁绍有一万多辆辎重车，在故市、乌巢，守军戒备不严密。如果派轻装部队袭击，出其不意焚毁他们的粮草与军用物资，不出三天，袁绍大军就会自行溃散。”

曹操大喜，亲自率领五千名步骑兵出击。

袁绍听从郭图建议，派轻兵去援救淳于琼，而派重兵进攻曹军大营，未能攻下。

袁绍增援的骑兵到达乌巢，曹军士兵都拼死作战，于是大破袁军，斩杀淳于琼等，烧毁袁军全部粮秣。曹军将一千余名袁军士兵的鼻子全都割下，将所俘获的牛马的嘴唇、舌头也割下，拿给袁绍军队看。

袁军将士看到后，大为恐惧。

郭图因自己的计策失败，心中羞愧，就又去袁绍那里诬告张郃[1]，说：“张郃听说我军失利，十分幸灾乐祸。”

张郃听说后，又恨又怕，就与高览烧毁了攻营的器械，到曹营去投降。

于是，袁军惊恐，全面崩溃。袁绍与儿子袁谭等戴着头巾，骑着快马，率领八百名骑士渡过黄河而逃。曹军追赶不及，但缴获了袁绍的全部辎重、图书和珍宝。

袁军残部投降，全部被曹操活埋掉，先后杀死的有七万余人。

曹操收缴袁绍的往来书信，得到许都官员及自己军中将领写给袁绍的信，他将这些信全部烧掉，说：“当袁绍强盛之时，连我都不能自保，何况众人呢？”

---

[1]张郃（？—231），本为袁绍麾下将领。袁绍听到曹操袭击淳于琼的消息，对儿子袁谭说：“就算曹操攻破淳于琼，我去攻破他的大营，让他无处可归。”于是，派遣大将高览、张郃去攻打曹军大营。张郃说：“曹操亲率精兵前去袭击，必能攻破淳于琼等，他们一败，辎重被毁，则大势已去，请先去救援淳于琼。”郭图坚持要先攻曹操营寨。张郃说：“曹操营寨坚固，一定不能攻克。如果淳于琼等被捉，我们都将成为俘虏。”袁绍不听。

沮授来不及跟上袁绍渡河逃走，被曹军俘虏，于是他大喊：“我不是投降，只是被擒！”

曹操和他是老相识，亲自来迎接他，对他说：“咱们处在不同的地方，一直被隔开不能相见，想不到今天你会被我捉住。”

沮授说：“袁绍失策，自取失败。我的才智和能力全都无法施展，该当被擒。”

曹操说：“袁绍缺乏头脑，不能采用你的计策。如今，天下战乱未定，我要与你一同创立功业。”

沮授说：“我叔父与弟弟的性命，都控制在袁绍手中。如果蒙您看重，就请快些杀我，这才是我的福气。”

曹操叹息说：“我如果早就得到你，天下大事都不值得担忧了。”于是，赦免沮授，并给予他优厚待遇。

不久，沮授策划逃回袁绍军中，曹操这才将他杀死。

袁绍逃到黎阳的黄河北岸，袁军残部知道袁绍还在，又逐渐聚集起来。

有人对田丰说：“您一定会受到重用。”

田丰说：“袁绍外貌宽厚而内心猜忌，不能明白我的一片忠心。我屡次因直言相劝而触怒了他，如果他因胜利而高兴，或许能赦免我；现在因战败而愤恨，妒心将要发作，我不指望能活下去。”

袁军将士都捶胸痛哭，说：“假如田丰在这里，一定不至于失败。”

袁绍对逢纪说：“留在冀州的众人，听到我军失败，都会挂念我；只有田丰以前曾经劝阻我出兵，与众人不同，我也感到心中有愧。”

逢纪说：“田丰听说将军失利，拍手大笑，庆幸他的预言实现了。”

袁绍于是对僚属说：“我没有用田丰的计策，果然被他取笑。”然后就下令把田丰处死了。

孙刘联盟

汉献帝建安十三年（208）

当初，鲁肃[1]听到荆州牧刘表去世的消息，就对讨虏将军兼会稽太守孙权建议说："荆州与我们相邻，江山险固，沃野万里，百姓富足，如果能占领荆州，就奠定了帝王的基业。现在刘表刚死，他的两个儿子不和睦，军中将领也分为两派。

"刘备是天下的英雄人物，与曹操矛盾很深，寄居在刘表那里，刘表嫉妒他的才干而不能加以重用。如果刘备与刘表的儿子齐心协力，上下团结，我们就应当与他们和平相处，共结盟好。如果刘备与他们离心离德，我们就该另打主意，以成就大业。

"我请求您派我去向刘表的两个儿子吊丧，并慰劳他们军中的主要将领；同时劝说刘备，让他安抚刘表的部众，同心一意，共抗曹操。刘备一定会高兴地接受的。如果能达到目的，就能平定天下。现在不赶快前去，就恐怕会让曹操占先。"

[1]鲁肃（172—217），孙权帐下谋士。建安五年（200）由周瑜推荐给孙权，为孙权提出战略规划，得到重视。

于是，孙权立即派鲁肃去荆州。

鲁肃到达夏口，听说曹操大军已向荆州进发，便日夜兼程前往，等他到达南郡时，刘琮已经投降曹操，刘备已经向南撤退。

鲁肃便直接去见豫州牧刘备，在当阳的长坂与他相会。

鲁肃传达了孙权的意图，与刘备讨论天下大事，对刘备表示诚恳的关心。并且询问刘备说："刘豫州，如今您打算到什么地方去？"

刘备说："苍梧郡太守吴巨是我的老朋友，打算去投奔他。"

鲁肃说："孙将军聪明仁惠，敬重与优待贤能之士，江南的英雄豪杰都归附于他。现在已占有六郡的土地，兵精粮多，足以成就一番事业。

"如今为您打算，最好是派遣心腹之人到江东去与孙权将军联系，可以共建大业。而您却想投奔吴巨，吴巨不过是个凡夫俗子，又在偏远的边郡，即将被别人吞并，怎么可以托身于他呢？"

刘备听后大为高兴。

鲁肃又对刘备的谋士诸葛亮说："我是诸葛子瑜的朋友。"于是，诸葛亮与鲁肃也成为朋友。因为诸葛子瑜是诸葛亮的哥哥诸葛瑾，他避乱到江东，担任孙权的长史。

刘备采纳鲁肃的计策，进驻鄂县的樊口。

曹操从江陵出发，将要顺长江东下。

诸葛亮对刘备说："形势危急，我请求奉命去向孙将军求救。"

于是，他就和鲁肃一起去见孙权。

诸葛亮在柴桑见到孙权，对孙权说："天下大乱，将军在长江以东起兵，刘备在汉水以南召集部众，与曹操共同争夺天下。现在，曹操基本已经消灭北方的主要强敌，接着南下攻破荆州，威震四海。在曹操大军面前，英雄无用武之地，所以刘备逃到这里，希望将军量力来加以安排。

“如果将军能以江东的人马，与占据中原的曹操相抗衡，不如及早与操断绝关系；如果不能，为什么不早点儿解除武装，向他称臣？现在，将军表面上服从朝廷，而心中犹豫不决，事情已到危急关头而不果断处理，大祸马上就要临头了。”

孙权说：“假如像你说的那样，刘备为什么不服从曹操？”

诸葛亮说：“田横[1]，不过是齐国的壮士，还坚守节义，不肯屈辱投降；何况刘备是皇室后裔，英雄才略，举世无双，士大夫们对他的仰慕，如同流水归向大海。如果大事不成，这是天意，怎么能再居于曹操之下呢？”

孙权勃然大怒，说：“我不能把全部吴国故地和十万精兵拱手奉送，去受曹操的控制。我的主意已定！除刘备以外，再没有能抵挡曹操的人，但刘备新近战败之后，怎么能担当这项重任呢？”

诸葛亮说：“刘备的军队虽然在长坂大败，但现在陆续回来的战士和关羽的水军加起来有一万精兵，刘琦集结江夏郡的战士，也不下一万人。

“曹操的军队远道而来，已经疲惫。听说在追赶刘备时，轻骑兵一天一夜奔驰三百余里，这正所谓‘强弩射出的箭，到了力量已尽的时候，连鲁国生产的薄绸都穿不透’。所以《兵法》以此为禁忌，说‘必定会使上将军受挫’。

“而且，北方地区的人，不善于进行水战。另外，荆州地区的民众归附曹操，只是在他军队的威逼之下，并不是心悦诚服。如今，将军如能命令猛将统领数万大军，与刘备齐心协力，一定能打败曹军。

“曹操失败后，必然退回北方，这样荆州与东吴的势力就强大起来，可以形成鼎足三分的局势。成败的关键，就在于今天！”

[1]田横，秦末齐国人，在楚汉战争中自立为齐王。汉朝建立后，率五百壮士逃往海岛。汉高祖刘邦要他到洛阳，他因不愿做汉朝的臣属，在途中自杀了。留居海岛的五百壮士听到田横的死讯，也全部自杀。

孙权听后非常高兴，就去与他的部属们商议。

这时，曹操写信给孙权说："最近，我奉天子之命，讨伐有罪的叛逆，军旗指向南方，刘琮降服。如今，我统领水军八十万人，将要与将军在吴地一道打猎。"

孙权把这封书信给部属们看，他们无不惊惶失色。

长史张昭等人说："曹操是豺狼虎豹，挟持天子以征讨四方，动不动就用朝廷的名义来发布命令。今天我们如果进行抗拒，就更显得名不正而言不顺。况且将军可以用来抵抗曹操的，是长江天险。

"现在，曹操占有荆州的土地，刘表所训练的水军，包括数以千计的艨艟战船，已由曹操接管，曹操让全部船只沿长江而下，再加上步兵，水陆并进。这样，长江天险已由曹操与我们共有，而双方势力的众寡又不能相提并论。因此，依我们的愚见，最好是迎接曹操，投降朝廷。"

只有鲁肃一言不发。

孙权起身上厕所，鲁肃追到房檐下。

孙权知道鲁肃的意思，握着鲁肃的手说："你想说什么？"

鲁肃说："刚才，我观察众人的议论，只是想贻误将军，不足以与他们商议大事。现在，像我鲁肃这样的人可以迎降曹操，但将军却不可以。

"为什么这样说呢？现在我迎接曹操，曹操一定会把我交给乡里父老去评议，以确定名位，也还会做一个下曹从事，能乘坐牛车，有吏卒跟随，与士大夫们结交，步步升官，也能当上州、郡的长官。可是将军迎接曹操，打算到哪里去安身呢？希望将军能早定大计，不要听那些人的意见。"

孙权叹息说："这些人的说法，太让我失望了。如今，你阐明的策略，正与我想的一样。"

当时，周瑜奉命到达鄱（pó）阳，鲁肃劝孙权把他召回来。

周瑜来到后，对孙权说："曹操虽然名义上是汉朝的丞相，但实际上是汉朝的贼臣。将军以神武英雄的才略，又凭借父兄的基业，割据江东，统治的地区有几千里，精兵足够使用，英雄乐于效力，应当横行天下，为汉朝清除邪恶的贼臣。何况曹操自己前来送死，怎么可以去迎降？

"请允许我为将军分析：如今北方尚未完全平定，马超、韩遂还驻兵函谷关以西，是曹操的后患。而曹操舍弃鞍马，改用船舰，与生长在水乡的江东人来决一胜负。现在正是严寒，战马缺乏草料。

"而且，驱使中原地区的士兵远道跋涉来到江湖地区，不服水土，必然会发生疾疫。这几方面是用兵的大患，而曹操都贸然行事。将军抓住曹操的时机，正在今天。我请求率领精兵数万人，进驻夏口，保证能为将军击破曹操。"

孙权说："曹操老贼早就想要废掉汉朝皇帝，自己篡位了，只是顾忌袁绍、袁术、吕布、刘表与我孙权。现在，那几个英雄都已被消灭，只剩下我还存在。我与老贼势不两立。你主张迎战曹军，正合我意，是上天把你授给了我！"

孙权就势拔出佩刀，砍向面前的奏案，说："将领官吏们，有胆敢再说应当投降曹操的，就与这个奏案一样！"

于是众人散会。

当天夜里，周瑜又去见孙权，说："众人只看到曹操信中说有水、陆军八十万而各自惊恐，不再去分析其中的虚实，就提出向曹操投降的意见，太不像话。

"现在咱们据实计算一下，曹操所率领的中原部队不过十五六万人，而且长期征战，早已疲惫；新接收的刘表的部队，至多有七八万人，仍然心怀猜疑。以疲惫的士卒，驾驭心怀猜疑的部众，人数虽多，却并没有什么可怕的。我只要有五万精兵，就足以制服敌军，望将军不要顾虑！"

孙权拍着周瑜的背说:“公瑾，你说到这个地步，非常合我的心意。张昭、秦松等人，各顾自己的妻子儿女，怀有私心，非常使我失望。只有你与鲁肃和我的看法相同，这是上天派你们两个人来辅佐我。

“五万精兵一时难以集结，但我已挑选了三万人，并且战船、粮草及武器装备都已备齐。你和鲁肃、程普率兵先行，我当继续调集人马，多运辎重、粮草，作为你的后援。你能战胜曹军，就当机立断；如果失利，就退到我这里来，我当与曹操决一胜负。”

于是，孙权任命周瑜、程普为左、右都督，率兵与刘备合力迎战曹操；又任命鲁肃为赞军校尉，协助筹划战略。

周瑜率大军继续前进，在赤壁与曹操相遇。

在赤壁之战中，孙刘联军大破曹军，孙权、刘备各自夺取荆州的一部分，由此奠定了三国鼎立的基础。

魏晋南北朝

曹丕代汉

魏文帝黄初元年（220）

正月，魏武王曹操抵达洛阳。二十三日，曹操去世。

此时，太子曹丕正在邺城，驻扎在洛阳的军队骚动不安。大臣们想先保守秘密，暂时不公布曹操去世的消息。谏议大夫贾逵认为不应该保密，这才把丧事公之于众。

有人说，应当把各个城池的守将都换上曹操家乡的谯县人和沛国人。

魏郡太守徐宣大声说："如今各地都归于一统，每个人都怀有效忠之心，何必专用谯县人和沛国人，伤害那些守卫将士的感情？"撤换之事才不再提起。

青州籍的原黄巾军士兵擅自击鼓离去，大家认为应加制止，对不服从命令者派兵征讨。

贾逵说："不可以这样做。"

于是，他写了一篇很长的文告，命令青州兵所到之处的地方官府，要给他们提供粮食。

鄢陵侯曹彰从长安赶来，询问贾逵魏王的印玺在何处。

贾逵严肃地说：“国家已经确定了先王的继承人，先王的印玺，不是君侯您应当询问的。”

曹操去世的噩耗传到邺城，太子曹丕恸哭不已。

中庶子司马孚[1]劝谏说：“先王去世，举国上下都仰仗殿下您的号令。您应上为祖宗的基业着想，下为全国的百姓考虑，怎么能效法普通人尽孝的方式呢？”

曹丕很久以后才止住哭声，对司马孚说：“你说得对。”

当时，大臣们刚刚听到曹操去世的消息，相聚痛哭，一片混乱。

司马孚在朝堂上大声说：“如今君王去世，全国震动，当务之急是拜立新君，以镇抚天下，难道你们只会哭泣吗？”

于是命令群臣退出朝堂，安排好宫廷警卫，处理丧事。

大臣们认为太子曹丕即魏王位，应该有汉献帝的诏令。

尚书陈矫说：“魏王在外去世，全国惊惶恐惧。太子应节哀即位，以安定全国上下的人心。况且魏王钟爱的儿子曹彰正守在灵柩旁边，他若在此时有不智之举，生出变故，国家就危险了。”

于是，曹丕当即召集百官，安排礼仪，一天之内，全部办理完毕。

第二天清晨，以魏王后的命令，拜立太子曹丕继承曹操为魏王，下令大赦天下罪犯。

不久，汉献帝派御史大夫华歆带着诏书，授予曹丕丞相印绶和魏王玺绶，仍兼任冀州牧。于是，曹丕尊奉母后卞氏为王太后。

---

[1] 司马孚（180—272），字叔达，司马懿之弟。曹魏重臣，历仕魏国五代皇帝，累迁至太傅。晋武帝司马炎对他十分尊宠，但他并不以此为荣，至死仍以魏臣自称。

二月二十一日，曹操的遗体被安葬在邺城西面的高陵。

魏王曹丕的弟弟鄢陵侯曹彰等人都回到自己的封地。

临淄侯曹植的监国谒者灌均，迎合曹丕的意图，上奏说："临淄侯曹植酗酒，言辞轻狂傲慢，劫持并胁迫魏王的使者。"

于是，曹丕贬曹植为安乡侯，将曹植的党羽右刺奸掾丁仪，黄门侍郎丁广兄弟二人及两家男子全部处死。

朝廷要选拔侍中、常侍等官员，长期跟随曹丕左右的亲信就暗示主持选官的人，想自己担任，不再从他处选调。

司马孚说："现在新王刚刚登位，应该征召和任用全国各地的人才，怎么能够凭借这种机遇，举荐自己身边的人呢？任职不根据才能，做了官也不尊贵。"

因此，才从他处进行选拔。

尚书陈群认为，汉朝任用的官员，并没有把人才都选举出来，于是设立九品官人的制度：在州和郡都设置中正的职位，以确定应该选用哪些人；中正由各州、郡中贤德、能够鉴别人才的人担任，由他们鉴别人物品行、能力，分出高低不同等级。

五月初三，汉献帝追封曹丕的祖父太尉曹嵩为魏太王，曹嵩的夫人丁氏为魏太王后。

六月二十六日，曹丕率军南下巡查。

七月，孙权派使者至汉朝廷奉献贡物。

二十日，曹丕驻谯县，在谯县城东大摆宴席，犒劳军队将士，找到谯县父老，并有歌舞百戏，官员和百姓前来为曹丕祝寿，直到日落才散去。

左中郎将李伏、太史丞许芝向曹丕上书说："魏应该取代汉，经过占验河图和纬书，很多事例都证明了这一点。"

大臣们因此都上表，劝曹丕遵从上天的意志，顺应官员和百姓的愿望，取代汉朝，登基称帝，曹丕不同意。

十月十三日，汉献帝在高祖庙祭祀，报告列祖列宗，派代理御史大夫张音带着符节，捧着皇帝玺绶以及诏书，要让位给曹丕。

曹丕三次上书推辞，然后在繁阳筑起高坛，二十九日，登坛受皇帝玺绶，即皇帝位，是为魏文帝。

十一月初一，文帝尊奉汉献帝刘协为山阳公，仍然使用汉朝的历法，行皇帝的礼仪、音乐；封他的四个儿子为列侯。

文帝追尊自己祖父魏太王曹嵩为太皇帝；父亲魏武王曹操为武皇帝，庙号为太祖；尊奉母亲魏太后卞氏为皇太后。改汉朝封的诸侯王为崇德侯，列侯为关中侯。大臣们封爵、升迁，各有不同。又把相国改称司徒，御史大夫改称司空。山阳公刘协将自己的两个女儿献给曹丕作妃子。

至此，曹魏政权彻底取代了汉王朝。

夷陵之战

魏文帝黄初二年（221）

三月，蜀地有传言汉献帝已经遇害。于是，汉中王刘备下令披麻戴孝，为汉献帝举行丧礼，尊谥汉献帝为孝愍皇帝。

群臣纷纷上书，说有很多吉祥之兆，请求刘备即位称帝。

前部司马费诗上书说："殿下因为曹操父子逼迫皇帝，篡夺帝位所以才万里流亡，召集士卒，领兵讨伐曹氏奸贼。如今大敌尚未击败，您却先自称皇帝，恐怕人们会对您的行为产生疑惑。从前，汉高祖与楚人相约，谁先灭掉秦朝，谁就称王。等到攻克咸阳，俘获了秦皇帝子婴，汉高祖对王称号仍然推让。而殿下如今尚未走出门庭，便要自己称皇帝，愚臣我实在认为您不应该这样做。"

刘备对此很不高兴，将费诗降职为州部永昌从事。

四月初六，刘备在成都西北的武担山之南登基称帝，是为汉昭烈帝，任命诸葛亮为丞相，许靖为司徒。

五月十二日，刘备册立夫人吴氏[1]为皇后；又立儿子刘禅为皇太子，娶车

---

[1]吴氏（？—245），偏将军吴懿的妹妹，前益州牧刘璋的哥哥刘瑁的遗孀。刘备夺取益州后迎娶吴氏，有笼络当地势力之意。

骑将军张飞之女为皇太子妃。

六月，刘备为关羽被杀深感耻辱，准备进攻孙权。

翊军将军赵云说：“国贼是曹操，而不是孙权。如果灭掉魏，则孙权自然归服。如今曹操虽然已经死去，他的儿子曹丕窃夺了汉朝的皇位。

“我们应当顺应民心，尽早夺取关中，占据黄河、渭水上游，以利于征讨凶顽叛逆。函谷关以东的义士，一定会自带军粮，驱策战马迎接陛下的正义之师。我们不应置曹操而不顾，先和孙权开战。两国战端一开，不可能很快结束，这不是上策。”

大臣中劝谏的人很多，刘备都不同意。广汉郡一个不愿为官的士人秦宓，上书陈述天时对蜀军必定不利，因此而被治罪入狱拘押，后来才被赦免。

当初，车骑将军张飞，英勇善战、雄壮威武仅次于关羽。关羽关心士兵，对士大夫却很傲慢；张飞则对士大夫彬彬有礼，而不关心士兵。

刘备经常告诫张飞说：“你刑罚过严，杀人太多，再把那些受过鞭打的将士留在自己的身边，这是招来祸患的做法。”

张飞还是不改。

刘备将要征讨孙权，张飞应率兵一万人从阆中出发，与大军在江州会合。发兵之前，帐下将领张达、范强杀死了张飞，二人带着张飞的头颅，顺长江而下投降了孙权。

刘备听说张飞军营的营都督前来上表，便说：“哎呀，张飞死了！”

七月，刘备亲自率领各路军队进攻孙权，孙权派使臣向蜀汉求和。

孙权的南郡太守诸葛瑾写信给刘备：“陛下认为您和关羽的感情，是否比您和先帝的感情更亲密？荆州的大小，比全国怎么样？都是仇敌，哪个在先，哪个在后？如果把这想明白，该怎么办就易如反掌。”

刘备置之不理，派将军吴班、冯习在巫县击溃孙权的将领李异、刘职等人，率兵四万余人继续向秭归进军。武陵的蛮夷各部都派使者请求派兵前往。孙权派镇西将军陆逊为大都督，持符节，统领将军朱然、潘璋、宋谦、韩当、徐盛、鲜于丹、孙桓等五万人，对抗蜀汉的军队。

八月，孙权派使者向魏称臣，奏章言辞谦卑，还将于禁等人送还。

朝廷大臣都表示祝贺，唯独刘晔说："孙权无故向我投降，一定是内部发生危机。前不久，他偷袭并杀死了关羽，刘备必然会出动大军讨伐他。孙权外部有强大的敌寇，部属心情不安，又恐怕我们乘机进攻，所以献上土地请求投降，一可防止我们进兵，二可借助我们的援助，加强他自己的地位，迷惑他的敌人。

"如今天下三分，我们占有全国土地十分之八，吴和蜀各自仅保有一个州的地域，凭恃险要，依托长江大湖，有急难时互相援救，这样才对小国有利。

"我们应大举进兵，直接渡江袭击孙权。蜀从外部进攻，我们从内部偷袭，不出十天，吴必亡。吴灭亡，蜀的势力也就孤单了，即使将吴的一地割让给蜀，它也不会存在很久，何况蜀只得到吴的边远地区，我们却能得到吴的本土。"

魏文帝曹丕说："有人投降称臣，我们却讨伐他，会使天下愿意归附我们的人产生疑心，不如暂且接受吴的归降，袭击蜀的后路。"

刘晔说："我们距蜀的路途远，但靠近吴。蜀知道我们向它进攻，便会退军不再攻击吴国；听说我军伐吴，知道吴必亡，将会很高兴地迅速向吴进军，同我们争夺、分割吴的疆土，而决不会改变计划，抑制自己的怒火去救援吴。"

文帝不听，接受了吴国的归降。

十九日，文帝派太常邢贞带策命，封孙权为吴王，为表示尊礼，加赐九锡。

刘晔说："不可以封孙权。先皇帝征伐天下，已经拥有全国领土的十分之八，威德震动海内。陛下接受汉朝皇帝的禅让，真正做了皇帝，德行符合天地，声名远播四方。孙权虽有雄才大略，只不过是汉朝的骠骑将军、南昌侯而已，官品很低，权势卑下，其属民都有畏惧我中原朝廷之心，很难强迫他们合谋共事。

“我们不得已接受他的归降，可以晋封他将军的称号，封他为十万户侯，却不能一下子封他为王。王和皇帝相比，只相差一级，所使用的礼乐、服饰、车马的等级也很混乱。孙权仅被封为侯，江南的士人，百姓和他便没有君臣的名分。

“如果我们相信他的假投降，就大大晋封他，尊崇他的地位，给他加上王的称号，使江南人和他确立君、臣关系，这是为猛虎加上双翼！孙权既然取得了王的地位，迫使蜀军退走之后，外表上遵守礼节，服从朝廷，使人们都知道这件事，实质上对朝廷无理，以激怒陛下。

“陛下如果发怒动火，出动大军征伐他，他就不慌不忙地对他的百姓说：‘我们委身于中原朝廷，不爱惜珍宝，按时贡献礼物，不敢违背臣下对皇帝的礼节；但朝廷却无缘无故地征讨我们，一定要消灭我们的国家，俘虏我们的人民去做他们的奴仆和婢妾。’

“吴的民众便不会不相信他的话。民众相信这种话而感慨、愤怒，君臣上下一心，战斗力就会增强十倍。”

文帝仍然不听。

魏文帝黄初三年（222）

刘备从秭归出兵，进攻吴国。

治中从事黄权劝谏说：“吴人强悍善战，而我们的水军顺长江而下，前进容易，撤退困难。请陛下派我率军为前锋，向敌人发动攻击，陛下应该在后方坐镇。”

刘备没有采纳，却任命黄权为镇北将军，派他统领长江以北的各路蜀军。同时，亲率将士，沿长江南岸翻山越岭向吴进发，驻军在夷道县的猇（xiāo）亭。

吴国将领都请求出兵迎击，大都督陆逊说："刘备率军沿长江东下，锐气正盛，而且凭据高山，坚守险要，很难向他们发起迅猛的进攻。即使攻击成功，也不能完全将他们击败，如果攻击不利，将损伤我们的主力，绝不是小小的失误。

"目前，我们只有褒奖和激励将士，多方采纳和实施破敌的策略，观察形势变化。如果这一带为平原旷野，我们还要担心有互相追逐的困扰；如今他们沿着山岭部署军队，不但兵力无法展开，反而因为困在树木乱石之中，自己渐渐精疲力竭，我们要有耐心，等待他们自己败坏而加以攻击。"

各位将领仍不理解，认为陆逊惧怕刘备大军，对他强烈不满。

此时，蜀军自巫峡建平扎营，直至夷陵附近，设立数十座营盘，以冯习为总指挥，张南为前军指挥，从正月开始与吴军对峙，到六月仍未决战。

刘备命令吴班率数千人在平地扎营，吴军将领都要求出击，这时候陆逊说："这一定有诡诈，我们暂且观察。"

刘备见计划无法实现，只好命令八千伏兵从山谷中出来。

陆逊说："我之所以没有听从诸位进攻吴班的建议，是因为我估计刘备一定有计谋。"

陆逊向孙权上书说："夷陵是军事要地，它的得失，关系到我们的生死存亡。夷陵虽然易得，也容易再失去。失去夷陵，不仅仅是损失了一个郡，就连荆州也令人担忧。今日争夺夷陵，一定要彻底取得胜利。

"刘备违背常情，不守护自己的巢穴，即胆敢自己送上门来，臣下虽然不才，凭借大王的威名，名正言顺地讨伐逆贼，大败敌军就在眼前，没有什么可忧虑的。我当初担心刘备会水陆并进，现在他却舍水路不走，从陆路进发，随处扎营，观察他的军事部署，一定不会有什么变化了。希望至尊的大王高枕而卧，不必把这件事老挂在心上。”

闰六月，陆逊要向蜀军发动进攻，部下将领都说：“发动进攻，应在刘备立足未稳的时候，如今蜀军已深入我国五六百里，和我们对峙七八个月，占据了险要，加强了防守，现在进攻不会顺利。”

陆逊说：“刘备是个很狡猾的家伙，再加之经验丰富，蜀军刚集结时，他思虑周详，我们无法向他发动攻击。如今蜀军已驻扎很长时间，却仍找不到我军的漏洞，将士疲惫，心情沮丧，再也无计可施。现在正是我们对他前后夹击的好机会。”

于是，下令先向蜀军的一个营垒发动攻击，战斗失利，将领们都说：“白白损兵折将！”

陆逊说：“我已经有了破敌之策。”命令战士每人拿一束茅草，用火攻击，取得胜利；这样一来，又乘势领各路军队全面出击，斩杀蜀军将领张南、冯习和胡人酋长沙摩柯等人，攻破蜀军营垒四十余座。蜀将杜路、刘宁走投无路，只得向吴军请求投降。

此时，刘备登上马鞍山，环绕自己布置军队，陆逊督促各军四面围攻，紧缩包围圈，蜀军土崩瓦解，战死一万余人。刘备连夜逃走，驿站官员亲自挑着兵器铠甲在险要路口焚烧，以阻挡吴军的追击，刘备才得以逃入白帝城。蜀军的船只、器械，水、陆军的军用物资，一下子全被夺取；尸体塞满长江江面，顺流而下。

刘备既惭愧又失望地说：“我被陆逊羞辱，这是天意啊！”

将军义阳人傅彤掩护大军退却，部下全部战死，他却愈战愈勇。

吴军劝他投降，他大骂说：“吴国的狗东西，哪有汉将军会投降的！”终于血战而死。

从事祭酒程畿（jī）逆长江乘船退却，部下说：“后面追兵紧迫，应把两船连接的方舟拆开，轻舟撤退。”

程畿说：“我从军以来，还未学过如何逃跑。”便也战死了。

刘备大败而逃，道路被吴军切断，黄权在长江北岸，无法退回，八月，率部下向魏国归降。

蜀汉的有关官员请示是否逮捕黄权的妻子、儿女，刘备说：“是我对不起黄权，不是黄权对不起我。”仍同以前一样对待黄权的家属。

文帝对黄权说：“你舍弃叛逆，投效朝廷，是在效法陈平、韩信脱离项羽，投奔汉高祖的作为吧？”

黄权回答说：“臣下以前受蜀主的厚恩，既不能降吴，又因道路不通而无法回蜀，只好归顺了陛下。况且败军之将，能保住一条性命已是万幸，哪里还敢谈效法古人！”

文帝很优待他，拜为镇南将军，封育阳侯，加给侍中的官衔，还尊崇他让他做自己的陪乘。一些从蜀汉投降过来的人说，蜀汉已处死黄权的妻子、儿女，文帝要黄权为亲人发丧。

黄权说：“我与刘备、诸葛亮以诚相待，他们深知我的为人和志向。我怀疑此事未必属实，应再等一等。”后来得到确切消息，事实果然如黄权所说。

之前，蜀汉从山路与武陵联络，派侍中马良给武陵五谿（xī）的各蛮夷部落送去黄金和锦帛，并授予他们的首领官职和爵位。现在，马良也死在武陵的五谿。

经此一役，刘备集团元气大伤。

武侯治蜀

魏文帝黄初四年（223）

二月，诸葛亮到达永安。

三月，刘备病重，命令丞相诸葛亮辅佐太子刘禅，以尚书令李严做诸葛亮的副手。

刘备对诸葛亮说："你的才干胜过曹丕十倍，必定能安定国家，完成大业。如果刘禅还可以辅佐，你就辅佐他；如果他没有才德，你可取而代之。"

诸葛亮淌着泪说："臣下怎敢不竭尽全力辅佐太子，忠贞不贰地为国效命，至死不渝！"

刘备又下诏给太子："人活五十而死不能称为夭折，我已经活了六十多岁，还有什么遗憾，只是牵挂你们兄弟。要努力，再努力啊！不要因坏事很小就去做，也不要因为好事很小就不去做！只有贤明和德行，才会使人折服。父亲德行浅薄，不值得你们效法。你与丞相共同处理政务，对待他要像父亲一样。"

四月，刘备病逝于永安。诸葛亮护送灵车回到成都，由李严做中都护，留下镇守永安。

五月，太子刘禅即位为蜀汉皇帝，当时十七岁。刘禅尊奉吴皇后为皇太后，封诸葛亮为武乡侯，兼任益州牧，国事无论大小，都取决于诸葛亮。

于是，诸葛亮精简官职，修订法制，向百官发下文告说："所谓参与朝政，署理政务，就是要集合众人的心思，采纳有益国家的意见。如果因为一些小隔阂而彼此疏远，就无法听到不同意见，我们的事业将会受到损失。听取不同意见而能得出正确的结论，如同扔掉破草鞋而获得珍珠美玉。

"然而人们很难做到这一点，只有徐庶在听取各种意见时不受困惑。还有董和，参与朝政、署理政务七年，某项措施有不稳妥之处，反复十次征求意见，向我报告。如果能做到徐庶的十分之一，像董和那样勤勉、尽职、效忠，我就可以减少过失了。"

诸葛亮又说："过去我结交崔州平，他多次指出我的优缺点；后来又结交徐庶，得到很多启发和教诲；先前与董和商议事情，他每次都能做到知无不言，言无不尽；随后又与胡伟度[1]共事，他的多次劝谏，使我避免了很多失误。

"我虽然生性愚昧，见识浅陋，对他们给我的教益不能全部吸取，然而和这四人的关系始终很好，也可表明我对直言是不会猜疑的。"

诸葛亮曾经亲自校对公文，主簿杨颙（yóng）径直入内劝他说："治理国家是有制度的，上司和下级做的工作不能混淆。请您允许我以治家做比喻：

"现在有一个人，命奴仆耕田，婢女烧饭，雄鸡报晓，狗咬盗贼，以牛拉车，以马代步；家中事务无一旷废，要求的东西都可得到满足，悠闲自得，高枕无忧，只是吃饭饮酒而已。

"忽然有一天，对所有的事情都要亲自去做，不用奴婢、鸡狗、牛马，结果劳累了自己的身体，陷身琐碎事务之中，弄得疲惫不堪，精神萎靡，却一事

[1]胡伟度，即胡济，伟度是他的字，曾任诸葛亮的主簿，蜀汉后期重要将领。

无成。难道他的才能不及奴婢和鸡狗吗？不是，而是因为他忘记了作为一家之主的职责。

“所以古人说：‘坐着讨论问题，做出决定的人是王公；执行命令，亲身去做事情的人，称作士大夫。’

“因此，丙吉[1]不过问路上杀人的事情，却担心耕牛因天热而喘；陈平不去了解国家的钱、粮收入，而说‘这些自有具体负责的人知道’，他们都真正懂得各司其职的道理。如今您管理全国政务，却亲自校改公文，终日汗流浃背，不是太劳累了吗？”

诸葛亮深深表示感谢。后来杨颙去世，他哭泣了三天。

尚书邓芝对诸葛亮说：“如今皇上年幼弱小，刚刚即位，应派重要使臣到吴再次申明和好的愿望。”

诸葛亮说：“我对此事已考虑很久了，只是一直没有合适的人选，现在找到了。”

邓芝问：“这人是谁？”

诸葛亮说：“就是使君你啊。”于是，派邓芝以中郎将的身份与吴重建友好关系。

---

[1] 丙吉（？—前 55），字少卿，西汉名臣，麒麟阁十一功臣之一。有一天，丙吉与下属坐车走访民间，看到路边有一伙人在打架，几个打输的人躺在地上奄奄一息，很有可能会出人命。他没有说话，坐上马车继续往前走。过了一会儿，他看到一个老农牵着牛车，那牛的喘气声很粗，一看就是病了或是不正常，丙吉赶忙让人过去问一下情况。下属不明白，问丙吉，为什么看到打死人不管，反而去管牛喘气的问题。丙吉说：“打架斗殴自然有地方政府去管，我只要到时候考察地方官员的政绩就可以了。我作为丞相是统率百官、调理阴阳的。如今天下以农桑为本，现在的季节又不是农时，没什么重活，牛应该不累。而这牛的喘气声明显不对，若是有什么动物的瘟疫发生，影响了以后的农时，那对百姓生活的影响就大了。”

魏文帝黄初六年（225）

以前，益州郡的地方土豪雍闿（kǎi）杀死太守正昂，通过吴交趾太守士燮向吴国请求归附，又把益州郡的新任太守张裔抓起来献给吴国，吴国任命雍闿为永昌太守。

永昌郡功曹吕凯、府丞王伉（kàng）率兵封锁边界，坚守城池。雍闿不能进城，派同郡人孟获诱惑和煽动各地的夷族纷纷跟着叛乱。牂（zāng）柯太守朱褒、越嶲（xī）的夷族酋长高定，都起兵响应雍闿。

诸葛亮因为刚刚遇上国葬，对叛众只是抚慰，没有派兵征讨，而是一心发展农业，种植粮食，坚守关隘，使百姓休养生息，等人民生活安定，粮食充足以后，才使用民力。

现在，诸葛亮率兵讨伐雍闿，参军马谡送行数十里。

诸葛亮说："虽然我们已经一起谋划此事多年，今天请你再一次提出好计划。"

已故侍中马良之弟、参军马谡说："南中依恃地形险要和路途遥远，叛乱不服已经很久了。即使我们今天将其击溃，明天他们还要反叛。目前，您正准备集中全国的力量北伐，以对付强贼，叛匪知道国家内部空虚，就会加速反叛。

"如果将他们全部杀光以除后患，既不是仁厚者所为，也不可能在短期内办到。用兵作战的原则，以攻心为上，攻城为下；以心理战为上，以短兵相接为下，望您能使其真心归附。"

诸葛亮采纳了马谡的建议。

诸葛亮到达南中，征讨叛乱，所到必胜。他从越嶲进兵，斩杀雍闿和高定。派庲（lái）降都督李恢从益州进兵，门下督马忠从牂柯进兵，击溃南中各县的叛军，再度和诸葛亮会合。

孟获收拾雍闿的残部抗拒诸葛亮。孟获深得当地汉人和夷族的信赖，诸葛亮要生擒孟获。

之后，诸葛亮果然将孟获俘获，让他参观了蜀军的军营战阵，问他说：“这样的军队如何？”

孟获说：“以前不知道你们的虚实，所以遭到失败。如今蒙您允许我参观你们的军营战阵，如果贵军只是这样的军队，我一定能轻易取胜。”

诸葛亮笑了笑，将孟获释放，要他再战。如此前后把孟获放回七次，又生擒七次。

最后诸葛亮仍将孟获释放，孟获却不再走了，对诸葛亮说：“您有天威！南方人不会再反叛了！”

于是，诸葛亮到达滇池。

益州、永昌、牂柯、越嶲四郡都被平定了，诸葛亮仍然任用当地原来的首领为四郡的地方官吏。

有人劝诸葛亮不要这样做，诸葛亮说：“如果留外地人为官，则要留驻军队，留驻军队，则粮秣供应困难，这是第一个难题；这些夷族刚受过战争之苦，父兄多有死伤，怨气未消，任用外地人而不留驻军队，定有祸患，这是第二个难题；这些夷族叛乱分子屡次三番杀死和废掉官吏，自知有罪，与我们隔阂很深，若留下外地人为官，终究难以被他们信任，这是第三个难题。

“我现在就是要不留军队，不转运粮食，使法令和政纪大体得以贯彻，让夷族和汉人大体安定下来。”

于是，诸葛亮网罗孟获等当地的著名人物，任命为地方官吏，让他们贡献金、银、丹、漆、耕牛、战马，供给军队和朝廷使用。从此之后，在诸葛亮的有生之年，这一地区的夷族再也没有反叛。

明帝托孤

魏明帝景初二年（238）

正月，魏明帝曹睿从长安召回司马懿，命他率军四万人讨伐辽东。

十二月初八，明帝患病。

当初，魏太祖曹操还是魏公时，任命赞令刘放、参军事孙资同时担任秘书郎。魏文帝曹丕即位，改称秘书为中书，任命刘放担任中书监，孙资担任中书令，两人掌管机密。明帝即位，两人尤其受到恩宠信任，都加任侍中、光禄大夫，封为本县侯。

这时，明帝亲自处理日常政务，屡次出兵，中枢筹划都由他俩掌管；每有国家大事，朝臣集会议事，经常让他俩决断是非，择定而行。

中护军蒋济上书说："我听说大臣权力太重，国家就有危险，左右过于亲近，耳目必受蒙蔽，这是古代最大的戒鉴。以前大臣掌事，内外动摇不安；陛下识见高明，亲自处理国事，无不肃然安定。大臣不是不忠，只是权威下移，人们对君王就一定怠慢，这是情势发展的必然。

"陛下既然已经对大臣有所明察，希望不要忘记左右亲信造成的流弊。左右亲信的忠心和谋略，未必胜于大臣，至于逢迎谄媚、阿谀奉承，有的却极其擅长。

“如今外面议论，动辄就说‘中书’，虽然让他们恭敬谨慎，不敢对外交往，然而仅有这个名义，就可以迷惑世俗，何况实际掌握国家要事，整日侍奉在眼前；倘若趁着陛下疲倦之时，有所剖断，窃弄权威，大臣见他们能影响国事，也就会顺势转而趋向他们。

“一旦有此弊端，私结成朋党，褒贬毁誉就会兴起，功过赏罚必定颠倒，走正路向上的或许会被阻塞，而曲意逢迎左右近侍的却能显贵，他们抓住空子就钻，看到迹象就干，陛下亲信他们，也就不再猜疑。这按理是应该让陛下早早听到了解，用心留意，则左右近侍的形迹自然暴露。

“有人担心朝廷大臣会害怕进言不妥而受左右近臣的怨恨，因而不敢上报陛下和他们对抗。我认为陛下静神沉思，垂听舆论全面观察，如果事物有不尽合理或是不合于用的，就要改换曲调，远可以和黄帝、唐尧的功劳相等，近可以使武帝、文帝的政绩发扬，岂止是不受左右控制而已！

“可是君王不可能独自承担天下的全部事情，必当有所托付。如果委任一个臣属，除非有周公旦的忠心，管仲的公道，否则就有弄权败官的弊病。当今之世，栋梁之材虽然很少，但德行能称职于一州，才智可效力于一官，忠信尽力，各奉其职的人，还是可供驱策的，不要使圣明之朝出现专权恶吏的丑名！”

明帝没有接受蒋济的意见。

后来，明帝病重卧床，深虑后事，才任命魏武帝曹操之子、燕王曹宇[1]担任大将军，与领军将军夏侯献、武卫将军曹爽、屯骑校尉曹肇、骁骑将军秦朗等共同辅政。明帝年少时与燕王亲近友好，所以打算把后事嘱托给他。

刘放、孙资长久地掌管国家机要，夏侯献、曹肇心中愤愤不平。

[1]曹宇（？—278），曹操与环夫人之子，曹冲的同母弟，曹睿的叔叔，太和六年（232）被封为燕王。

殿中有一只鸡飞上树，两人互相说："这也太久了，看他们还能活几天！"

刘放、孙资怕有后患，私下想加以离间。

燕王性情恭顺温和，诚恳地坚决推辞。

明帝让刘放、孙资进入卧室问道："燕王正是如此吗？"

刘放、孙资答道："燕王实际是自知不能承担重任，所以这样。"

明帝问："谁可以承担？"

当时只有曹爽一人在旁，刘放、孙资顺势推荐曹爽，并且说："应当召回司马懿参与。"

明帝问："曹爽能承担这件大事吗？"

曹爽汗流满面，紧张得不能回答。

刘放暗中踩他的脚，耳语说："快说以死奉社稷。"

明帝听从刘放、孙资建议，打算任用曹爽、司马懿，不久又中途改变主意，下令废止先前的任命。刘放、孙资再次入见游说明帝，明帝再度听从他们的意见。

刘放说："最好亲自写下诏书。"

明帝说："我疲乏极了，不能写。"

刘放随即上床，把着明帝的手勉强写下诏书，然后拿着出宫大声说："有诏书免去燕王曹宇等的官职，不得在宫中滞留。"

燕王等流泪而出。

二十七日，明帝任命曹爽担任大将军，因嫌曹爽才能不足，又任命尚书孙礼担任大将军、长史辅助他。

这时，司马懿正在汲县，明帝派遣给使辟邪[1]，带着手诏前去召司马懿。之

[1]辟邪，古代宫廷中对仆役给使的称呼。

前，燕王曹宇替明帝筹划，认为关中事关重大，应让司马懿走小道从轵关向西回到长安，司马懿已经照做。此时又接到第二封诏书，前后矛盾，司马懿怀疑京师发生变故，于是急速入朝。

魏明帝景初三年（239）

正月，明帝病重，司马懿回到京师，入见明帝。

明帝拉着他的手说："我把后事嘱托给您，您要与曹爽一起辅佐幼子。死岂是可以忍住的，我强忍着不死是为等待您。能够与您相见，再无遗憾了。"

于是，明帝召来齐王曹芳、秦王曹询拜见司马懿，又指着齐王曹芳对司马懿说："就是他了，您仔细看看，不要看错！"又教曹芳上前抱住司马懿的脖颈，司马懿叩头流泪。

这一天，明帝立曹芳为皇太子，旋即去世。

太子曹芳即位，时年八岁。大赦天下。尊称郭皇后为皇太后，给曹爽、司马懿加封侍中官职，授符节、黄钺，为都督中外诸军事、录尚书事。各处修建宫殿的劳役，都以遗诏的名义罢除。

曹爽、司马懿各自领兵三千人轮流在宫内宿卫，曹爽因司马懿年纪已大，地位一向很高，经常把他当作父辈侍奉，每有事情必去拜访咨询，不敢独断专行。

当初，并州刺史东平人毕轨及邓飏、李胜、何晏、丁谧都有才名，但急于富贵，趋炎附势，明帝厌恶他们虚浮不实，都加以抑制而不录用。

曹爽一向与他们亲近友好，到掌权辅政，马上引荐提升，成为心腹。何晏等都共同推戴曹爽，认为大权不能托付给别人。

丁谧替曹爽出谋划策，让曹爽禀告皇帝发布诏书，改任司马懿为太傅，外表上用虚名使他尊贵，实际上打算让尚书主事，上奏先由曹爽过目，以便控制轻重缓急，曹爽听从其计。

二月二十一日，任命司马懿担任太傅，曹爽的弟弟曹羲担任中领军，曹训担任武卫将军，曹彦担任散骑常侍、侍讲，其余兄弟都以列侯身份侍从，出入宫廷禁地，尊贵宠信没有超过他们的了。

从此，曹爽侍奉太傅司马懿，外表仍恭敬有礼，但各项决定很少再经他认可。

七月，魏帝曹芳开始亲临朝政。

魏邵陵厉公正始四年（243）

皇族曹冏（jiǒng）上书说："古代帝王，必定任用同姓皇族，以表明亲近亲族；也必定任用异姓大臣，以表明尊重贤能。只采用亲近亲族的办法治国，随着它的侵蚀，皇权就会渐渐衰弱；只采用尊重贤能的办法治国，随着它的把持，皇权就会被夺取。先圣了解这种必然趋势，所以对于皇族和非皇族广泛求取，同时并用，因而能够保有社稷，历时长久。如今魏尊重贤能的法律虽已严明，亲近亲族的办法还不完备，或者任而不重用，或者放置不任用。我私下思虑这些，睡觉都不能安宁，谨对所听到的加以陈述，议论它的成败得失。

"古代夏、商、周历经数十世代，而秦只传到二世即归灭亡，为什么？夏商周三代的君王与各封国共同管理万民，所以封国与君王有忧同当；秦王则独自统治百姓，所以出现危险而没人相救。秦王朝看到周王朝的衰败，认为是弱小的封国终会被吞夺，于是废除五等爵，建立郡县制。朝廷内没有皇族子弟辅佐，朝廷外没有诸侯屏卫，好像一个人割掉四肢独由胸腹支撑，旁观者为之寒心。可秦始皇还安然自得，认为是为子孙创立了帝王的万世之业，岂不荒谬？所以汉高祖奋起三尺之剑，以乌合之众起兵，五年之中，成就了帝王之业。这是为什么？因为拔除盘根错节难以成功，摧枯拉朽容易得力，这是事理之必然。

“汉朝看到秦朝的失误，于是大封皇族子弟。等到诸吕擅权，危害刘氏皇族，而天下却没有发生动摇，其原因仅仅在于诸侯力量强大，有如粘在一起的磐石一样稳固。然而汉高祖分封诸侯建立藩国，封地面积超过古代规定，所以贾谊认为要想天下得到治理安定，不如广建诸侯国而减少诸侯势力，汉文帝没有采纳。到了汉景帝，由于采用晁错的计策，削减封国领土，于是爆发了七国之乱。

“征兆出现在汉高帝时，祸患聚集于文帝、景帝之时，是由于开始宽厚得超过规定，而后来削减时又太急切的缘故。所谓：‘末大必折，尾大难掉。’尾巴与身子同属一体，有时也不顺从，更何况不是属于一体的尾巴，岂能摆得动？汉武帝采纳主父偃的计策，颁布让诸侯自己可以分封子弟的推恩令，自此以后，封国力量由此衰败，子孙微弱，除了收取租税维持衣食生活外，不能参与国政。到了哀帝、平帝时，王莽掌权，借着周公之事，重演田常之乱，封国诸侯中，有的甚至制造天赐祥瑞，歌颂王莽恩德，岂不令人悲哀？

“由此说来，并不是皇族子弟偏偏在惠帝、文帝之际忠孝双全，而在哀帝、平帝之际就变成叛逆，而是哀帝、平帝权力轻微，势力薄弱，不能平定祸乱而已。幸赖光武皇帝发扬不世的英姿，在王莽做了皇帝后仍能将他擒获，使汉代皇族子嗣在将要灭绝之时得以延续，这岂不是皇族子弟的力量？可是以后，汉王朝又不能借鉴秦王朝的教训，不知道承袭周王朝的旧制，到了汉桓帝、汉灵帝时，宦官执政，君王孤立于上，大臣弄权于下，于是天下大乱，奸人并争，宗庙被烧成灰烬，宫室变成荒草树丛。

“太祖皇帝龙飞凤翔，扫除凶逆，大魏兴起，至今已有二十四年了。观察五代的存亡原因，而不采用他们的治国良策；目睹前车之倾覆，却不改变车道。皇家子弟空有虚名而实无封地，封国之君空有百姓而不能役使；皇族成员迁居在大街小巷，不知道国家大政方针；权力如一介小民，势力同寻常百姓。内无盘根错节的稳固，外无磐石般诸侯结盟相助，这是不能够使国家安定，成就万世大业的。

“况且现在的州牧、郡守，与古代的方伯、诸侯一样，都拥有千里之地，身兼军队要职，有的一家数人担任高官，有的兄弟同时占据要职；而皇族子弟竟无一人跻身于其间，与他们互相牵制，这不是使主干强大、枝梢微弱、防备万一的办法。如今所谓任用贤能，或提拔到著名城市为长，或担任一军统帅；可是皇族子弟有文才的，必只限于当一个小县县宰，有武略的，必只限于当一个只管百人的小官，这不是奖励进取，任用贤能，褒奖优待皇族子弟的礼法。俗语说‘百足之虫，至死不僵’，这是因为扶持它身体的脚众多的缘故。这句话说的虽是小虫，但可以比喻国家大事。所以，圣明的君王在安定时不忘记危乱，存时不忘记亡，即使天下发生变故，也不会有覆灭的灾难了。”

曹冏希望以这番议论使曹爽有所感动而省悟，曹爽不采纳。

魏邵陵厉公正始八年（247）

二月，魏国尚书何晏等人勾结依附于曹爽，喜好更改国家的法规制度。

太尉蒋济上疏说：“古时大舜辅佐唐尧治国，以结党营私为戒；周公协助成王理政，对结交什么人也极为慎重。国家的法度，只有那些名望才能为世人所重的杰出人才，才能总掌其纲领使之留传于后世，岂是中下等官吏能随便改变的？而且更改国家法度最终不仅无益于治理国家，却反而足以伤害人民。

“所以应该让文武大臣们，恪守各自的职责，都能做到清廉公正，那么平和之气、吉祥符瑞就可以受到感应而降临了。”

大将军曹爽采纳何晏、邓飏（yáng）、丁谧（mì）的计谋，把太后迁居到永宁宫，并独揽朝政大权，广泛地提拔亲戚党羽，多次更改制度。太傅司马懿不能禁止，因此与曹爽之间产生矛盾。

五月，司马懿开始称病，不上朝参与政事。

魏邵陵厉公正始九年（248）

曹爽骄奢无度，饮食衣服与皇帝相同，尚方署中的珍宝玩好，也塞满了他的家，他还私自留用曹睿的宫中女官做歌舞乐妓。他掘开地面建造地下宫室，在四周雕饰了华丽的花纹，并经常与他的党羽何晏等人在里面饮酒作乐。他的弟弟曹羲深深地为此忧虑，多次哭泣着劝阻他别再这样做，但曹爽不听。

曹爽兄弟几个经常一起出去游玩，司农桓范对他说："您总理万机，掌管城内禁兵，弟兄们不宜同时出城，如果有人关闭城门，又有谁在城内接应呢？"

曹爽说："谁敢这样做？"

冬季，河南令尹李胜出任荆州刺史，到太傅司马懿家去辞行。司马懿让两个婢女侍奉着出来接见。

婢女为司马懿更衣，他却把衣服掉在地上；指着嘴说口渴，婢女端来了粥，司马懿拿不动碗，就由婢女端着喝，粥从嘴边流出，沾满了前胸。

李胜说："大家都说您的中风病旧病复发，没想到您的身体竟这样糟！"

司马懿气喘吁吁地说："我年老体弱卧病不起，不久就要死了。你屈就并州刺史，并州靠近胡地，要很好地加强戒备。恐怕我们不能再见面了，我把我的儿子司马师和司马昭兄弟托付给你。"

李胜说："我忝居本州（家乡所在的州）州官之列，不是并州。"

司马懿装聋作哑，故意听错他的话说："你刚刚到过并州？"

李胜又说："是荆州。"

司马懿说："我年老耳聋、思绪迷乱，没听明白你的话。如今你回到本家乡的州，正好轰轰烈烈地大展德才、建立功勋。"

李胜告退后，禀告曹爽说："司马公只是比死人多一口气，形体与精神已经分离，离死不远，不足以忧虑了。"

过了几天，他又流着泪向曹爽等人说："太傅的病体不能再复原了，实在令人悲伤。"

因此，曹爽等人不再对司马懿加以戒备。

魏邵陵厉公嘉平元年（249）

正月初六，曹芳祭扫高平陵[1]，大将军曹爽和他的弟弟中领军曹羲、武卫将军曹训、散骑常侍曹彦等都随侍同行。

太傅司马懿以皇太后名义下令，关闭了各个城门，率兵占据了武库，并派兵出城据守洛水浮桥；命令司徒高柔持节代理大将军职事，占据曹爽营地；太仆王观代理中领军职事，占据曹羲营地。

然后，他向曹芳禀奏曹爽的罪状说："我过去从辽东回来时，先帝诏令陛下、秦王和我到御床跟前，拉着我的手臂，深为后事忧虑。我说道：'太祖、高祖也曾把后事嘱托给我，这是陛下您亲眼见到的，没有什么可忧虑烦恼的。万一发生什么不如意的事，我当誓死执行您的诏令。'

"如今大将军曹爽，背弃先帝的遗命，败坏扰乱国家的制度；在朝内则超越本分自比君主，在外部则专横跋扈，独揽大权；破坏各个军营的编制，完全把持了禁卫部队；各种重要官职，都安置他的亲信担任；皇宫的值宿卫士，也都换上了他自己的人，这些人相互勾结盘踞在一起，恣意妄为日甚一日。

"曹爽又派宦官黄门张当担任都监，侦察陛下的情况，挑拨陛下和太后二宫的关系，伤害骨肉之情，天下动荡不安，人人心怀畏惧。这种形势下，陛下也只是暂时寄居天子之位，岂能长治久安。这绝不是先帝诏令陛下和我到御床前谈话的本意。

[1]高平陵，魏明帝曹睿的陵寝，位于洛阳。

“我虽老朽不堪，怎敢忘记以前说的话？太尉蒋济等人也都认为曹爽有篡夺君位之心，他们兄弟不宜掌管部队担任皇家侍卫，我把这些意见上奏皇太后，皇太后命令我按照奏章所言施行。

“我已擅自做主告诫主管人及黄门令说：‘免去曹爽、曹羲、曹训的官职兵权，以侯爵的身份退职归家，不得逗留而延滞陛下车驾，如敢于延滞车驾，就以军法处置。’我还擅自做主勉力支撑病体率兵驻扎在洛水浮桥，侦察非常情况。”

曹爽得到司马懿的奏章，没有通报曹芳，但惶急窘迫，不知所措。于是，就把曹芳车驾留宿于伊水之南，伐木构筑了防卫工事，并调遣了数千名屯田兵士为护卫。

司马懿派遣侍中许允和尚书陈泰去劝说曹爽，告诉他应该尽早归降认罪；又派曹爽所信任的殿中校尉尹大目去告诉曹爽，只是免去他的官职而已，并指着洛水发了誓。

当初，曹爽因司农桓范是他同乡年长的故旧，所以在九卿之中对桓范特别加以礼遇，但关系不太亲近。司马懿起兵时，以太后的名义下令，想要让桓范担任中领军之职。

桓范打算接受任命，但他的儿子劝阻他说：“皇帝的车驾在外，您不如出南门去投奔。”

于是，桓范就离城出去。走到平昌城门时，城门已经关闭，守门将领司蕃是桓范过去提拔的官吏。

桓范把手中的版牒向他一亮，谎称说：“有诏书召我前往，请你快点儿开门。”

司蕃想要亲眼看看诏书，桓范大声呵斥说：“你难道不是我过去手下的官吏吗？怎敢如此对我？”

司蕃只好打开城门。

桓范出城以后，回过头来对司蕃说："太傅图谋叛逆，你还是跟我走吧！"

司蕃步行追赶不及，只好在道旁躲避。

司马懿得知后对蒋济说："曹爽的智囊去了！"

蒋济说："桓范是很有智谋的，但曹爽就像劣马贪恋马房的草料一样，因顾恋他的家室而不能做长远打算，所以必然不能采纳桓范的计谋。"

桓范到了之后，劝说曹爽兄弟把天子挟持到许昌，然后调集四方兵力辅助自己。

曹爽仍犹豫不决。

桓范就对曹羲说："这件事明摆着只能如此办理，真不知你读书是干什么用的！在今天的形势下，像你们这样门第的人想要求得贫贱平安的日子还可能吗？而且普通百姓有一人被劫作人质，人们尚且希望他能存活，何况你们与天子在一起，挟天子以令天下，谁敢不从。"

他们都默然不语。

桓范又对曹爽说："你的中领军别营近在城南，洛阳典农的治所也在城外，你可随意召唤调遣他们。如今到许昌去，不过两天两夜的路程，许昌的武器库，也足以武装军队，我们所忧虑的当是粮食问题，但大司农的印章在我身上，可以签发征调。"

然而曹羲兄弟却默然不动，从初夜一直坐到五更。

曹爽然后把刀扔在地上说："即使投降，我仍然不失为富贵人家！"

桓范悲痛地哭泣道："曹子丹这样有才能的人，却生下你们这群如猪如牛的兄弟！没想到今日受你们的连累要灭族了。"

于是，曹爽向曹芳通报了司马懿上奏的事，告诉曹芳下诏书免除自己的官职，并侍奉曹芳回宫。

曹爽兄弟回家以后，司马懿派洛阳的兵士包围了曹府并日夜看守；府宅的四角搭起了高楼，派人在楼上监视曹爽兄弟的举动。

曹爽若是挟着弹弓到后园去，楼上的人就高声叫喊："故大将军向东南去了。"弄得曹爽愁闷不已，不知如何是好。

初十，有关部门奏告"黄门张当私自把选择的人才送给曹爽，怀疑他们之间隐有奸谋"。于是逮捕了张当，交廷尉讯问查实。

张当交代说："曹爽与尚书何晏、邓飏、丁谧，司隶校尉毕轨，荆州刺史李胜等人阴谋反叛，等到三月中旬起事。"

于是，有关部门把曹爽、曹羲、曹训、何晏、邓飏、丁谧、毕轨、李胜以及桓范等人都逮捕入狱，以大逆不道罪劾奏朝廷。最终，他们与张当一起都被诛灭三族。

自此，曹魏的军政权力落入司马氏手中，史称高平陵事变。

司马代魏

魏邵陵厉公嘉平三年（251）

八月初五，舞阳宣文侯司马懿去世，司马懿的长子司马师被任命为抚军大将军、录尚书事。

魏高贵乡公正元元年（254）

魏帝曹芳多次召见中书令李丰一起交谈，但不知说些什么。司马师知道他们是在议论自己，所以请李丰来相见，向他询问，但李丰却不以实言相告。司马师勃然大怒，就用刀把上的铁环捶死了李丰，把尸体送交廷尉。

曹芳对李丰之死，心中颇为愤愤不平。

司马懿的次子、安东将军司马昭镇守武昌，朝廷诏令召他入京，然后去攻打蜀汉的姜维。

九月，司马昭领兵来觐见曹芳，曹芳到平乐观检阅他的军队。左右亲信劝曹芳借司马昭觐见辞行的机会杀掉他，然后再领兵击退大将军司马师。在此之前已经写好诏书，但曹芳害怕，不敢发。

司马昭领兵入城，大将军司马师就阴谋废掉曹芳。

十九日，司马师假传郭太后的命令召集群臣开会议论，以曹芳荒淫无度、宠幸亲近歌舞艺人为理由，认为他不能再承担帝王的重任了。群臣都不敢反对。于是上奏章要没收曹芳的御用玺绶，贬为齐王，又让郭芝[1]入宫告诉太后。

太后正在与曹芳对坐闲谈，郭芝就对曹芳说："大将军想要废掉陛下，立彭城王曹据为帝！"

曹芳站起来就走了，太后也很不高兴。

郭芝说："太后有儿子却不能教育，现在大将军主意已定，又领兵在外以防备非常事变，只能顺着他的旨意，还有什么可说的！"

太后说："我要见大将军，对他有话说。"

郭芝说："有什么可见的！现在只应该快点取来玺绶！"

太后无奈，就让身边的侍从官取来玺绶放在座位旁。

郭芝出来报告司马师，司马师很高兴，又派使者把齐王之印绶给曹芳，让他出来住在西宫。曹芳与太后垂泪而别，然后乘坐亲王规格的车子，从太极殿出来往南而行。群臣出来送别的有数十人，司马孚悲恸欲绝，其他人也都挥泪相送。

司马师又派使者向太后索要玺绶，太后说："彭城王是我的小叔，他立为天子，我该到哪儿去？再说，明皇帝难道就永绝后嗣了吗？高贵乡公是文皇帝的长孙，明皇帝之弟的儿子。按照礼制，可以选择小宗的后代来继承大宗的统绪，你们再详细议论议论。"

二十二日，司马师再次召集群臣，把太后的命令给他们看，然后决定到元城迎接高贵乡公曹髦。曹髦是东海定王曹霖之子，当时年仅十四岁，所以让太

[1] 郭芝，郭太后的伯父，曹芳在位时担任散骑常侍、长水校尉。

常王肃持符节去迎接他。

司马师又派人向太后要玺绶，太后说：“我要见高贵乡公，他小的时候我就认识他了，我想亲手把御用印玺授给他。”

十月初四，曹髦到达玄武馆，群臣上奏请求让他住在前殿，曹髦认为那是先帝的旧居，就避开前殿而住到西厢；群臣又请求让朝内皇帝的车驾去迎接，曹髦不同意。

初五，曹髦进入洛阳，群臣在西掖门南边跪拜迎接，曹髦也下车答拜。

司仪对他说：“按照礼仪不必答拜。”

曹髦说：“我也是天子之臣，怎能不拜？”于是就下车答拜。

到了止车门，曹髦下了车，左右之人说：“按旧仪您可乘车进入。”

曹髦说：“我受到皇太后的征召，还不知干什么呢。”然后就步行到太极东堂，拜见太后。

当天，曹髦在太极前殿即皇帝位，出席的文武百官都十分喜悦。

魏高贵乡公正元二年（255）

闰正月，司马师病情严重，回到许昌，留下中郎将参军事贾充监管诸军之事。

司马昭从洛阳去许昌看望司马师，司马师让司马昭总管诸军。

二十八日，司马师在许昌去世。

魏高贵乡公甘露元年（256）

二月初九，魏帝曹髦在太极东堂宴请群臣，与各位儒生讨论夏少康和汉高祖的优劣，曹髦认为少康优于汉高祖[1]。

四月初四，赐给大将军司马昭绣龙的礼服和冠冕，另加一双帝王穿用的赤色木底靴。

初十，曹髦到太学去，与各位儒生讨论《书》《易》和《礼》，各位儒生都自愧不如。曹髦曾与中护军司马望、侍中王沈、散骑常侍裴秀、黄门侍郎钟会等人在东堂饮宴讲论学术，并作文论，对他们特别加以礼遇，并称裴秀是儒林丈人，王沈是文籍先生。

曹髦性急，请人前来就希望快点到达，因为司马望在宫外任职，就特地赐给他一辆追锋车和勇士五人，每当有集会，就奔驰而至。

八月二十六日，诏令司马昭加大都督封号，奏事可以不称名，出师持黄钺。二十九日，任命太尉司马孚为太傅。九月，任命司徒高柔为太尉。

魏元帝景元元年（260）

四月，再次晋升大将军司马昭为相国，封为晋公，加赐九锡。

曹髦见自己的权力威势日渐削弱，感到不胜愤恨，五月初七，召见侍中王沈、尚书王经、散骑常侍王业，对他们说："司马昭的野心，连路上的行人都知道。我不能坐等被废黜的耻辱，今日我将亲自与你们一起出去讨伐他。"

---

[1] 少康是夏朝的第五位君主，他的父亲相被寒浞所杀，朝政也被寒浞篡夺。少康流亡民间暗中积蓄力量，最终除掉了寒浞，恢复了夏王朝的统治并大有作为，史称"少康中兴"。当时曹魏大权旁落司马氏，曹髦推崇少康，一是告诉群臣，他有意中兴大魏，二是通过群臣的反应，判断哪些人仍然心向曹魏，可以拉拢利用。他的这个行为，引起了司马昭的警觉。

王经说："古时鲁昭公因不能忍受季氏的专权，讨伐失败而出走，丢掉了国家，被天下人所耻笑。如今权柄掌握在司马昭之手已经很久了，朝廷内以及四方之臣都为他效命而不顾逆顺之理，也不是一天了。

"而且宫中宿卫空缺，兵力十分弱小，陛下凭借什么这样做？而您一旦这样做，不是想要除去疾病却反而使病更厉害了吗？祸患恐怕难以预测，应该重新加以详细研究。"

曹髦这时就从怀中拿出黄绢诏书扔在地上说："这样做已经决定了！纵使死了又有什么可怕的，何况不一定会死呢！"说完就进内宫禀告太后。

王沈、王业跑出去告诉司马昭，想叫王经与他们一起去，但王经不去。曹髦随即拔出剑登辇，率领殿中宿卫和奴仆们呼喊着出了宫。

司马昭的弟弟屯骑校尉司马伷（zhòu）在东止车门遇到曹髦，曹髦左右之人怒声呵斥他们，司马伷的兵士被吓得逃走了。中护军贾充从外而入，迎面与曹髦战于南面宫阙之下，曹髦亲自用剑拼杀。

众人想要退却，骑督成倅之弟、太子舍人成济问贾充说："事情紧急了，你说怎么办？"

贾充说："司马公养你们这些人，正是为了今日。今日之事，没什么可问的！"

于是，成济立即抽出长戈上前刺杀曹髦，把他杀死于车下。

司马昭闻讯大惊，自己跪倒在地上。

太傅司马孚奔跑过去，把曹髦的头枕在自己的腿上哭得十分悲哀，哭喊着说："陛下被杀，是我的罪过啊！"

太后下令，列举曹髦的罪状，把他废为庶人，以百姓的丧礼安葬。

初八，太傅司马孚等人向朝廷进言，请求以藩王的丧礼安葬曹髦，太后同意了。

朝廷派司马昭之子、中护军司马炎到邺城去迎接燕王曹宇之子、常道乡公曹璜，作为魏明帝的继承人。

初九，各位公侯向太后奏明，从今日起太后下达的命令文书都称为诏。

二十一日，司马昭坚决推辞封锡相国、晋公、九锡的命令，太后下诏同意。

六月初一，太后下诏让曹璜改名为奂。

初二，曹奂进入洛阳，即皇帝位，是为魏元帝，时年十五岁。

初四，诏令晋升司马昭的爵位、九锡如前所命，司马昭坚决推辞，于是作罢。

八月，再次命令司马昭晋升爵位如前，他仍然不接受。

魏元帝景元四年（263）

二月，再次晋升司马昭的爵位如前所命，但司马昭又推辞不受。

十月，诏令因征蜀的各位将领捷报频传，再次命大将军司马昭晋位，所赐爵位一切都与前面的诏令相同，司马昭终于接受了任命。

魏元帝咸熙元年（264）

三月十七日，任命司空王祥为太尉，征北将军何曾为司徒，左仆射荀顗（rú）为司空。

十九日，晋封晋公司马昭的爵位为王，增加封邑十个郡。

王祥、何曾、荀顗共同去见晋王司马昭，荀顗对王祥说："相王地位尊贵，何曾及满朝的文武大臣都对他极为恭敬，今日我们就应当相继跪拜，不要迟疑。"

王祥说："相国虽然地位尊重，但他还是魏国的宰相，而我们是魏国的三公；

王、公只相差一级而已，哪有天子的三公可以随便拜人的？这不仅有损魏朝的威望，也有亏晋王之德，君子要以礼仪敬爱别人，我不能跪拜。”

进去后，荀颤就跪拜于地，只有王祥长揖不拜。

司马昭对王祥说：“今日之后才知你对我的关心之情是多么深厚。”

五月初一，司马昭上奏恢复五等爵位，封了骑督以上六百余人的爵位。

二十四日，追封舞阳文宣侯司马懿为晋宣王，忠武侯司马师为景王。

司马昭上奏让司空荀颤制定礼仪，中护军贾充订正法律，尚书仆射裴秀议论官制，太保郑冲总揽其事加以裁定。

晋武帝泰始元年（265）

五月，元帝施与司马昭特殊的礼遇，晋升王妃为王后，世子改称为太子。

八月初九，司马昭去世，晋太子司马炎继位，做了相国、晋王。

九月初七，任命魏司马何曾为晋丞相，十二日，任命骠骑将军司马望为司徒。

十一月十二日，元帝把皇位禅让给晋王司马炎。

十四日，元帝搬到金墉城居住。太傅司马孚与元帝辞别，拉着曹奂的手，流泪叹息不能自制，说：“我到死的那一天，仍然是大魏真正的臣子。”

十六日，司马炎登上皇帝位，是为晋武帝。

十七日，晋武帝尊奉魏元帝为陈留王，宫室安排在邺城，优厚高贵的礼制待遇都仿效魏国初期的制度。魏宗室诸王都降为侯。

追尊晋宣王司马懿为宣皇帝，晋景王司马师为景皇帝，晋文王司马昭为文皇帝；尊晋王太后为皇太后。

贾充弄权

晋武帝泰始七年（271）

侍中、尚书令、车骑将军贾充，自晋文帝司马昭时就受到宠信而当权，晋武帝司马炎能成为太子，贾充起了很大作用，所以他更加受到武帝宠爱。

贾充为人虚伪谄媚，他与太尉、行太子太傅荀𫖮（yǐ），侍中、中书监荀勖（xù），越骑校尉冯𬘘（dān）相互结为党羽，朝野上下都憎恨他们。

武帝询问侍中裴楷当今朝政的得失，裴楷回答说："陛下受命于天，四海承受教化，之所以德惠还未能与尧、舜相比，只因为朝廷中还有贾充之徒而已。应当召引任用天下德才兼备的人一同弘扬为政之道，不应当让天下人看到您以个人偏爱用人。"

侍中任恺、河南尹庾纯都与贾充不和，贾充想免除任恺担任的亲近君王的职务，就向司马炎推荐任恺，说任恺忠诚可靠，应当在东宫任职。

武帝便让任恺担任太子少傅，而他所担任的侍中职务不变。

当时，秃发树机能[1]侵犯、骚扰秦、雍之地，武帝为此而忧虑。

[1]秃发树机能（？—280），"凉州鲜卑"秃发部首领，率部反抗西晋。

任恺说："应当派一位有威望、有智谋才略、身居要职的大臣去安抚。"

武帝问："谁可以担当此任？"

任恺乘机推荐贾充，庾纯也推举他。

七月二十日，武帝命贾充统领秦、凉州各军事，他的侍中、车骑将军职务依旧，贾充对此很忧虑。

十一月，贾充将要赴镇守之任，公卿大臣们在夕阳亭为他饯行。

贾充悄悄问荀勖有没有什么计谋，荀勖说："您身为宰相，却被一人所控制，难道不让人小看吗？但是此次之行，推辞掉实在很困难，只有和太子结亲，才可以不用推辞外出之任而自然地留下来。"

贾充说："那么谁可以去表达我的意愿呢？"

荀勖说："请让我去说吧。"

于是，荀勖就对冯𬘘说："贾公要是出远门的话，我们都会失去权势，太子的婚事还没有定下来，何不劝说武帝纳娶贾公的女儿？"

冯𬘘也赞同这个主意。

当初，武帝将要纳卫瓘（guàn）的女儿做太子妃，贾充的妻子郭槐贿赂了皇后杨艳[1]身边的人，让皇后劝说武帝请求纳娶贾充的女儿。

武帝说："卫公的女儿有五可，贾公的女儿有五不可：卫氏种族优秀而且儿子多，容貌美好而且身材修长，皮肤白洁。贾氏生性善妒而且少子女，容貌丑陋，身材矮小，皮肤黑。"

但皇后坚持为贾氏请求武帝，荀𫖮、荀勖、冯𬘘都称赞贾充的女儿极其美丽，而且德才兼备，于是武帝听从了他们的意见，留下贾充仍然担任旧职。

[1] 杨艳（238—274），泰始二年（266）被册立为皇后，深得宠幸。

晋武帝泰始八年（272）

二月十七日，太子司马衷纳贾南风为妃。

贾妃年龄十五，比司马衷大两岁。她生性善妒，机巧狡诈，司马衷既宠爱她又怕她。

七月，武帝任命贾充为司空，其侍中、尚书令、领兵等职务依旧。

贾充与侍中任恺都被晋武帝所宠信。贾充想独占名誉、权势而嫉妒任恺，于是朝中官吏各自都有依附的靠山，各种宗派集团众多而庞杂。

武帝知道了这些情况，召来贾充、任恺，在式乾殿宴请他们，说："朝廷应当是一个统一的整体，大臣之间要和睦相处。"

贾充、任恺各自拜谢了武帝。以后贾充、任恺认为晋武帝已经知道了他们之间不和却又没有责备他们，更加无所顾忌，表面上他们互相推崇、尊重，内心里的怨恨却越来越深。

于是贾充荐举任恺任吏部尚书，任恺侍从、会见皇帝的机会变少了。贾充便与荀勖、冯统一起乘机诬陷任恺，任恺因此获罪，被罢免待在家里。

十二月，贾充与朝廷官员在一起宴饮，河南尹庾纯喝醉了酒，与贾充争论起来。

贾充说："你的父亲年老，不回家去奉养，你是无天无地之人！"

庾纯反问："你的先主高贵乡公在何处？"

贾充又羞又怒，上表请求辞官；庾纯也上表自劾。武帝下诏，免去庾纯官职，按制度让五公府评定他的善恶得失。

司徒石苞认为，庾纯以做官为荣耀而忘记了父母，应当除去其名籍；齐王司马攸等人认为，庾纯并没有违反礼仪、律令。

武帝听从了司马攸的建议，又任命庾纯为国子祭酒。

晋武帝咸宁四年（278）

十月，晋朝征召北大将军卫瓘任尚书令。

当时，朝廷上下都知道太子司马衷糊涂愚蠢，不能负起王位继承人的重任。卫瓘每次想向武帝陈说这件事都没敢开口。

后来，有一次陪晋武帝在陵云台宴饮，卫瓘假装醉了酒，跪在武帝的床前说："我有事情要向您启奏。"

武帝说："你要说什么？"

卫瓘欲言又止一共三次，趁势用手抚摸着床说："这个座位可惜了。"

武帝明白了他的意思，也顺着他说道："你真是大醉了。"

从这以后，卫瓘对这件事不再提起。

武帝把东宫的官吏都召集到一起，为他们设宴，他把尚书决定不下来的事情密封起来，让司马衷决断应如何处理。

贾妃听到这个消息非常恐惧，就借助外人代替司马衷回答问题，引用了很多古书上的义理。

给使张泓说："太子不读书，这是陛下所了解的，但是答题引经据典，这必然会引起陛下对起草人的责问，反而更增加了太子的过错与不足，倒不如按意思直接作答。"

贾妃听了非常高兴，对张泓说："你这就给我好好地答题，我和你共享富贵。"

张泓立即动手准备草稿，让司马衷亲笔抄录下来，武帝看了之后非常高兴。先拿给卫瓘看，卫瓘局促不安，于是众人知道了卫瓘曾经说过有关太子的坏话。

贾充秘密派人对贾妃说：“卫瓘这个老奴才，差点儿破了你的家。”

晋武帝太康元年（280）

三月，晋朝大军打败了吴国，吴主孙皓反绑双手，车拉着棺材，到军营门前投降。

听到吴国已平定的消息，大臣们都去庆贺，为晋武帝祝寿。

当初，还没有攻陷吴国的时候，大臣们都认为不可以轻易进军，只有张华[1]非常坚定地坚持进军，认为一定能成功。

贾充当时上表说：“吴地不能全都平定，现在正是夏季，长江、淮水下游地区潮湿，必然会发生疾病瘟疫，应当把各部队都召回来，以后再作打算。即使腰斩张华，也不足以向天下人谢罪。”

武帝说：“这正是我的意思，张华只不过是与我意见相同而已。”

荀勖又上奏，大致上与贾充的看法相同。武帝没有听他们的话。杜预[2]听说贾充上奏请求停止进兵，急忙上表武帝，坚决地争论，派使者拿了给武帝的表文，飞驰而去。使者走到轘（huán）辕时吴已经投降了。

贾充又惭愧又害怕，到宫里去请罪，武帝抚慰了他而没有追究。

四月二十八日，武帝下诏，赐予孙皓爵位归命侯。

四月二十九日，大赦天下，改年号为太康。

五月初四，武帝来到堂前的长廊，会见文武官员中有爵位的以及四方来晋

[1]张华（232—300），西汉留侯张良之后，当时担任中书令、散骑常侍。

[2]杜预（222—285），当时担任镇南大将军，晋灭吴之战统帅之一。

的使者，国子学[1]生也都参加会见。武帝派人把归命侯孙皓以及投降的吴人带来相见。孙皓登上大殿向晋武帝叩头。

武帝对孙皓说："朕设了这个座位等待你已经有很久了。"

孙皓说："我在南方，也设了这个座位等待陛下。"

贾充对孙皓说："听说你在南方，凿人的眼睛，剥人的脸皮，这是哪一等级的刑法？"

孙皓说："为人臣子的，杀了他的君王以及邪恶不忠的就处以这种刑法。"

贾充沉默无语，非常羞愧，而孙皓却面无愧色。

晋武帝太康三年（282）

三月，鲁公贾充上了年纪又有病，武帝派太子司马衷去问候探望他的日常生活。贾充很忧虑他死后的谥号以及修史者对他的记载。

他的侄子贾模说："是与非天长日久自然就显现出来，不是能掩盖得住的。"

四月二十五日，贾充去世。

[1] 国子学：封建时代的教育管理机关和最高学府，晋武帝咸宁二年（公元 276 年）始设，与太学并立。

贾后乱政

晋惠帝永熙元年（290）

四月二十日，晋武帝司马炎在含章殿去世。

太子司马衷登基做了皇帝，是为晋惠帝，尊皇后杨芷[1]为皇太后，立太子妃贾南风为皇后。

五月，惠帝下诏书，任命太尉杨骏为太傅、大都督、假黄钺，总领朝政，百官各自掌管自己的职责，听命于杨骏。

杨骏因为贾皇后阴险蛮横又富于权术谋略而忌恨她。所以他任命自己的外甥段广为散骑常侍，掌管机密要事；张劭为中护军，统领皇帝的亲兵。凡是有诏命，皇帝看过之后，呈送给杨太后，然后施行。

杨骏当政，严厉琐碎而又专断固执，朝廷内外的人都恨他。

[1] 杨芷（259—292），杨骏之女，前任皇后杨艳的堂妹，咸宁二年（276）被册立为皇后。

晋惠帝元康元年（291）

殿中中郎渤海人孟观、李肇，都是杨骏不以礼相待的人，暗地里构陷杨骏，说他将危害国家。宦官黄门董猛，平时在东宫供职，主管宦官。贾南风秘密指使董猛与孟观、李肇谋划除掉杨骏，废黜太后。又派李肇告知汝南王司马亮，让他发兵讨伐杨骏，司马亮没有答应。

李肇告诉了都督荆州诸军事楚王司马玮，司马玮欣然同意，就请求入朝。杨骏平时就畏惧司马玮的勇猛强悍，想召他来又不敢，这次司马玮请求入朝，杨骏就同意了。

二月二十日，司马玮和都督扬州诸军事、淮南王司马允入朝求见。

三月初八，孟观、李肇禀告惠帝，夜里撰写诏书，诬陷杨骏谋反，朝廷内外戒严，派遣使者遵诏命废除杨骏官职，以侯爵的身份回家。命令东安公司马繇率领殿中四百人讨伐杨骏，楚王司马玮驻守在司马门，任命淮南相刘颂为三公尚书，驻兵守卫殿中。

太傅主簿朱振劝说杨骏道：“现在宫中发生了事变，它的趋向可以知道，一定是那些宦官给贾皇后出的主意，对您很不利。应当烧了云龙门逼迫他们，索要起事者的人头，打开万春门，带领东宫以及外营兵围护着皇太子进宫，捉拿恶人，宫殿之内震动恐惧，必定会斩肇事者送来，不这样的话，没有办法免于灾难。”

杨骏素来怯懦，下不了决心，说道：“云龙门是魏明帝所造，劳力、耗费非常大，为什么要把它烧了？”

太后把信写在绢帛上，用箭射出城外，上面写着“救太傅者有赏”。皇后就利用这件事宣称，太后与杨骏一起谋反。

不久，宫中的士兵们出去了，放火烧杨骏的府第，弓弩手在楼阁上对着杨骏的府第放箭，杨骏的士兵们没有办法出来。杨骏逃到马房里，被人杀死在那里。

于是孟观等人拘捕了杨骏的弟弟杨珧、杨济，张劭、李斌、段广、刘豫、武茂以及散骑常侍杨邈、中书令蒋俊、东夷校尉文鸯，这些人都被夷灭三族，被处死的人有几千。

十九日，征召汝南王司马亮任太宰，与太保卫瓘都任录尚书事，辅佐朝政。任命秦王司马柬为大将军，东平王司马楙（mào）为抚军大将军，楚王司马玮为卫将军，兼北军中候，下邳王司马晃为尚书令，东安公司马繇为尚书左仆射，晋升爵位为王。

皇后的同族哥哥、车骑司马贾模，皇后母亲的堂兄弟、右卫将军郭彰，皇后妹妹的儿子贾谧，与楚王司马玮、东安王司马繇一起参与国政。皇后的凶恶乖张一天比一天厉害，司马繇秘密谋划要废掉她，她很害怕。

司马繇的哥哥、东武公司马澹，平时就憎恨司马繇，多次在太宰司马亮面前诬陷司马繇说：“司马繇擅自决定惩罚与赏赐，他这是要独揽朝政。”

二十七日，惠帝下诏书免去司马繇的官职，又因为有忤逆言论而获罪，被废黜迁徙到带方县。

太宰司马亮、太保卫瓘，由于楚王司马玮傲慢固执又喜好杀人，因而憎恨他，想夺了他的兵权，让临海侯裴楷代替司马玮担任北军中候的职务。司马玮大怒，裴楷听说以后，不敢接受北军中候的官职。

司马亮又和卫瓘在一起密谋，派司马玮和各诸侯王去自己的封国，司马玮越发愤恨不满。

司马玮的长史公孙宏、舍人岐盛，都受到司马玮的宠信，他们劝说司马玮主动去亲近皇后，皇后就留下司马玮兼任太子少傅。

岐盛从前与杨骏友好，卫瓘厌恶他变化无常，将要拘捕他。岐盛就和公孙宏谋划，依靠积弩将军李肇，诈称是司马玮的命令，在皇后面前诬陷司马亮和卫瓘，说他们将要谋划废立君王的事情。皇后平时就怨恨卫瓘，而且担心司马亮与卫瓘执掌朝政，她就不能专断放纵了。

六月，皇后指使惠帝亲笔撰写诏书赐予司马玮，诏书说："太宰、太保想做伊尹、霍光做过的事情，你应当宣布诏命，命令淮南王、长沙王、成都王驻守各宫门，免去司马亮及卫瓘的官职。"

夜里，派宦官黄门送诏书授予司马玮。

司马玮想重新上奏，黄门说："事情害怕泄露出去，这可不是密诏的本意。"

司马玮也想借这个机会报复私人的怨恨，于是统率自己的部队，又诈称惠帝的诏命召集三十六军，向他们宣告说："司马亮与卫瓘，暗中图谋不轨之事。我今天接受了皇帝的命令统领朝廷内外各军，各位正在值勤、担任卫护、防守之职的人，都要严加戒备。在外的部队，就互相跟从直接去朝廷委派的机构，协助天道，讨伐叛逆。"

他还伪称惠帝命令说："司马亮、卫瓘的下属官吏，一概不问，全部罢免遣散。如果有不服从命令的，按照军法处置。"

司马玮派遣公孙宏、李肇领兵包围了司马亮的住宅，让侍中、清河王司马遐去逮捕卫瓘。

司马亮和他的长子司马矩一起被处死。

卫瓘的手下人也怀疑司马遐是假冒惠帝诏命，请求卫瓘抵抗，等候上表有了答复，再听任惩罚也不迟，但是卫瓘不听从劝告。

岐盛劝说司马玮："应当借着军队的气势，顺便除掉贾、郭，以扶正王室，安定天下。"

司马玮犹豫不决。

这时天亮了，太子少傅张华派董猛劝说皇后道：“楚王已经杀了司马亮和卫瓘，天子的威势权力全都归属于他了，君王还能依赖什么得到安稳呢？应当凭着司马玮专擅杀人的罪行惩处他。”

皇后也想乘此机会除掉司马玮，所以深深地赞同这一主张。

这时内外混乱，朝廷纷乱恐惧，不知如何是好。

张华禀告惠帝，派遣殿中将军王宫拿着标有义兽驺虞的旗帜指挥众人说：“楚王诈称皇帝命令，不要听他的话。”

众人都放下兵器逃走了，司马玮的身边一个人也没有了，他窘迫得不知所措。于是王宫就逮捕了他，押到廷尉那里，杀了他。

司马玮临死以前掏出藏在怀里的青纸诏书，流着泪拿给监刑尚书刘颂看，说：“我幸运地托先帝之体而出生，但是却蒙受了如此的冤屈啊！”

公孙宏、岐盛都被夷灭三族。

从此以后，皇后贾南风独揽朝政，信任亲族。

桓温北伐

晋穆帝永和十年（354）

晋朝中军将军、扬州刺史殷浩连年北伐，士兵屡屡被打败，粮饷武器全都消耗殆尽。

征西将军桓温借朝野上下对殷浩的怨愤，上书列举殷浩的罪行，请求将他黜免。

朝廷不得已，将殷浩免官，贬为庶人，流放到东阳郡的信安县。从此，朝廷内外的大权统统集中在桓温手里了。

二月，桓温统领步兵和骑兵四万人从江陵出发，水军从襄阳进入均口，抵达南乡，步兵从淅川直奔武关，同时命令梁州刺史司马勋出子午道去讨伐前秦。

桓温的另一位将领攻打上洛，俘获了前秦荆州刺史郭敬，继续前进，又攻破了青泥。司马勋夺取了前秦的西部边陲地带，前凉秦州刺史王擢攻打陈仓以接应桓温。

前秦国主苻（fú）健派太子苻苌、丞相苻雄、淮南王苻生、平昌王苻菁、北平王苻硕率领五万兵众驻扎在峣柳，以阻击桓温。

四月二十二日，桓温与前秦军队在蓝田交战。前秦淮南王苻生单枪匹马冲入敌阵，往返十多次，杀死杀伤了众多的东晋将士。

桓温督促兵众奋力拼搏，前秦军队终于被打得大败。桓温的弟弟将军桓冲又在白鹿原打败了前秦丞相苻雄。

桓温转战前进，于二十五日到达霸上。

前秦太子苻苌等退守驻扎在城南，前秦国主苻健与六千老弱民众固守长安小城，把三万精锐兵士全部派出，让大司马雷弱儿等人与苻苌会合兵力，以抵抗桓温。前秦三辅地区的郡县全都投降桓温。

桓温安抚告谕当地居民，让他们安居复业，当地的百姓争先恐后地带着酒肉迎接慰劳桓温的部队，男男女女夹道围观。

有些老年人还激动地流下了眼泪，说："没想到今天又见到了朝廷的军队！"

前秦丞相苻雄率领骑兵七千人在子午谷袭击司马勋，司马勋的部队被攻破，退守女娲堡。

北海人王猛，从小好学，才能卓越，胸怀大志，不屑于琐碎事务，人们都轻视他。王猛却悠然自得，隐居于华阴。

当他听说桓温入关后，便披着粗布衣服去拜访他，边摸着虱子边谈论当时的大事，旁若无人。

桓温觉得他与众不同，便问道："我奉天子之命，统率十万精兵为百姓消灭残存的寇贼，然而三秦的豪杰之士至今没有人前来归附，这是为什么呢？"

王猛说："您不远数千里，深入敌土，如今长安近在咫尺而您却不横渡霸水，百姓们不知道您的意图，所以不来。"

桓温沉默不语，无以应答，过了一会儿说："长江以南没有人能和你相比！"

于是，桓温就安排王猛暂任军谋祭酒。

桓温与前秦丞相苻雄等在白鹿原交战，桓温的军队失利，死亡一万多人。

当初，桓温指望以前秦地区的麦子来做军粮，后来前秦人把麦子全都收割了，等待桓温的只有经过清理的空旷农田，所以桓温的军队军粮匮乏。六月，桓温裹挟关中的三千多户人家开始撤返。

桓温任命王猛为高官督护，想让他和自己一同返回，王猛坚决推辞，不予接受。

呼延毒率领兵众一万人跟随桓温撤返。前秦太子苻苌等人则紧紧追击桓温，一路上桓温的军队屡战屡败，等到抵达潼关时，兵士损失死亡已数以万计。

桓温驻扎在霸上的时候，顺阳太守薛珍劝说桓温直接进逼长安，桓温没有听从。薛珍就带领一部分军队独自渡过霸水，很有收获。等到桓温撤退时，他返了回来，向兵众大肆炫耀，自夸他的勇敢果断而责怪桓温的谨小慎微。桓温把他杀掉了。

前秦丞相苻雄在陈仓攻击司马勋、王擢，司马勋逃奔汉中，王擢逃奔略阳。

九月，桓温从伐秦前线返回，晋穆帝司马聃派侍中、黄门侍郎在襄阳慰劳桓温。

桓温第一次北伐至此结束。

晋穆帝永和十二年（356）

二月，桓温请求东晋朝廷将国都迁移到洛阳，修复帝王的陵墓，奏章递上去十多次，都未获许可。朝廷只授予桓温征讨大都督的官职，督察司、冀二州各种军务，用以讨伐姚襄。

桓温自江陵出发北伐，派督护高武占据鲁阳，派辅国将军戴施驻扎在大河岸边，自己则率领大军随后进发。

他与同僚们登上大船的高楼，遥望中原，深有感慨地说：“使神州大地沉沦，百年基业变为废墟，王衍等人不能不承担责任！”

记室袁宏说：“时运有兴有废，难道一定是这几个人的过错？”

桓温脸色一变说：“过去刘表有一头千斤重的大牛，吃进去的草料豆饼比一般的牛多十倍，然而拉车赶路时，竟不如一头瘦弱有病的母牛。魏武帝曹操进入荆州后，就把它杀掉让士兵吃了。”

八月初六，桓温抵达伊水，姚襄把包围洛阳的部队撤下来抵抗桓温。

姚襄将精锐部队隐藏在伊水以北的树林中，派使者去对桓温说：“承蒙您亲自率领帝王的军队前来，姚襄如今以身归附天命，愿您敕令三军稍微退后，我们当夹道拜迎。”

桓温说：“我来开辟光复中原，察看拜谒皇陵，和你们无关。想来见面的随便前来，近在咫尺，无须麻烦使者。”

姚襄凭借伊水和桓温交战，桓温将部队列阵前进，亲自披甲督战。姚襄的兵众被打败，死亡数千人，姚襄率领手下数千骑兵逃奔到洛阳北山。

周成率领兵众出来投降，桓温把部队屯驻在过去的太极殿前，紧接着又转移到金墉城。他拜谒各个陵墓，有被毁坏的就加以修复，并分别设置了看守陵园的陵令。

桓温上表请求任命镇西将军谢尚为都督司州诸军事，镇守洛阳。因为谢尚还未到达，就留下颍川太守毛穆之、督护陈午、河南太守戴施以两千人的兵力戍守洛阳，保卫皇陵，然后把三千多家投降的百姓迁徙到长江、汉水之间，押解着周成返回。

桓温第二次北伐至此结束。

晋海西公太和四年（369）

四月，桓温从兖州出发讨伐前燕。

参军郗超说："兖州距离燕地路途遥远，汴水又浅，恐怕运送粮食的水道难以畅通。"

桓温却不以为意。

六月，桓温抵达金乡，因为天旱，水路断绝。桓温让冠军将军毛虎生在巨野开凿三百里水路，引来汶水会合于清水，然后带领水军从清水进入黄河，队伍的船只绵延了数百里。

郗超又说："从清水进入黄河，运输难以畅通。如果敌人不与我们交战，运输通道又断绝，只能靠着敌人的积蓄来做给养，那又会一无所得，这是危险的办法。不如让现有部队全部径直开向邺城，他们害怕您的威赫名声，一定会闻风溃逃，北归辽东、碣石。

"如果他们能出来迎战，那么事情就可以立见分晓。如果他们想盘踞邺城固守，那么值此盛夏之时，是难以进行行动，百姓遍布各地，全都为官府所控制，易水以南的人一定会恭敬地向我们请求指令。只是怕明公您认为此计虽说锋锐但欠稳妥，胜负难定，而想一定要持有万全之策。那就不如停兵于黄河、济水，控制水路运输，等到储备充足，到明年夏天再进军。虽说拖延了时间，然而这只是期望必定成功而已。

"舍此二策而让绵延百里的军队北上，进不能迅速取胜，退则必然导致差错与粮饷匮乏。敌人顺应这种形势和我们周旋时日，渐渐地就到了秋冬季节，水路更加难以畅通。而且北方寒冷较早，三军将士穿皮衣冬装的很少，恐怕到那时所忧虑的，就不仅仅是没有粮食了。"

桓温又没有听从郗超的意见。

桓温派建威将军檀玄攻打湖陆，攻了下来，擒获了前燕宁东将军慕容忠。

前燕国主慕容暐（wěi）任命下邳王慕容历为征讨大都督，率领两万步、骑兵在黄墟迎战。慕容历的部队大败，他本人只身匹马逃了回去。

高平太守徐翻带领全郡向东晋投降。前锋邓遐、朱序在林渚打败了前燕将领傅颜。

慕容暐又派乐安王慕容臧统领众军抵抗桓温，慕容臧抵抗不住，就派散骑常侍李凤去向前秦求救。

七月，桓温驻扎在武阳，前燕过去的兖州刺史孙元率领他的亲族同党起兵响应桓温，桓温抵达枋头。慕容暐及太傅慕容评十分恐惧，谋划要逃奔到和龙。

吴王慕容垂说："我请求去攻打他们。如果不能取胜，再逃奔也不晚。"

于是慕容暐任命慕容垂代替乐安王慕容臧为使持节、南讨大都督，率领征南将军范阳王慕容德等兵众五万人去抵御桓温。慕容垂上表，让司徒左长史申胤、黄门侍郎封孚、尚书郎悉罗腾全都跟随部队一同前往。

慕容暐又派散骑侍郎乐嵩去前秦请求救援，许诺把虎牢以西的地域送给他们。

前秦王苻坚召群臣到东堂商议，群臣们都说："过去桓温讨伐我们，到达霸上，燕国不救援我们；如今桓温讨伐燕国，我们为什么要救援？而且燕国不向我们称藩，我们为什么要去救他？"

王猛悄悄地对苻坚进言说："燕国虽然强大，但慕容评不是桓温的对手。如果桓温占据了整个崤山以东地区，进军驻扎在洛邑，收揽幽州、冀州的兵力，调来并州、豫州的粮食，在崤谷、渑池炫耀兵威，那么陛下统一天下的大业就全完了。眼下不如与燕国汇合兵力来打退桓温。桓温撤退以后，燕国也就精疲力竭了，然后我们乘着他的疲惫而攻取他，不是很好的事情吗？"

苻坚听从了王猛的意见。

八月，苻坚派将军苟池、洛州刺史邓羌率领步、骑兵两万人去救援前燕，从洛阳出发，到颍川后驻扎，又派散骑侍郎姜抚出使前燕报告，并任命王猛为尚书令。

前燕太子太傅封孚问申胤说：“桓温兵众强壮整齐，顺流直下，如今大军只在高岸上徘徊，兵不交锋，看不到取胜的迹象，事情将会怎样呢？”

申胤说：“以桓温今天的声势，似乎能有所作为，然而在我看来，肯定不会成就功业。为什么呢？晋室衰微软弱，桓温专擅国家的权力，晋王室的朝臣未必都与他同心同德。所以桓温的得志，是众人所不愿看到的，他们必将从中阻挠以败坏他的事业。

“再有，桓温倚仗着军队人数众多而骄傲，不善于应变。大军深入以后，正值有机可乘的时候，他反而让部队在中途徘徊，不出击争取胜利，指望相持下去，坐取全胜。如果运输误期，粮食断绝，衰落的威势就会如实地显露出来，肯定是不战自败，这是当然之理。”

桓温让前燕投降过来的人段思做向导，悉罗腾与桓温交战，活捉了段思。

桓温让赵国的旧将李述带兵巡行过去的赵、魏之地，悉罗腾又与虎贲中郎将染干津攻击并斩杀了他。

于是，桓温军队的士气低落。

当初，桓温让豫州刺史袁真攻打谯郡、梁国，开辟石门以使水运之路畅通，袁真攻克了谯郡、梁国，但没能开通石门，水运之路堵塞。

九月，前燕范阳王慕容德率领骑兵一万人、兰台侍御史刘当率领骑兵五千人驻扎在石门，豫州刺史李邽（guī）率领本州士兵五千，截断了桓温运粮的通道。

慕容德派将军慕容宙率领骑兵一千人作为前锋，与东晋的军队相遇。

慕容宙说：“晋人轻浮急躁，害怕攻入敌阵，勇于乘退追击，应该设诱饵以使他们上钩。”

于是，他就让二百骑兵前去挑战，其他骑兵则分别埋伏在三处。去挑战的骑兵未交战就退逃，晋兵追击，慕容宙率领埋伏的骑兵展开攻击，晋兵战死的很多。

桓温与前燕交战屡屡失利，粮食储备也已经空竭，此时又听说前秦的军队将要到来，十九日，焚烧了舟船，丢弃了装备、武器，从陆路往回逃奔，并任命毛虎生督察东燕等四郡的各种军务，兼任东燕太守。

桓温从东燕出了仓垣，一路上掘井饮水，走了七百多里。

前燕的众将领都争着要追击桓温，吴王慕容垂说：“不行，桓温刚刚溃退，惊恐未定，一定会严加戒备，选择精锐士兵来殿后，攻击他未必能遂愿，不如暂缓一下。他庆幸我们没有追上，一定会昼夜急行，等他的士兵们力量耗尽，士气衰落，然后再去攻击他，攻无不克。”

于是，慕容垂就率领八千骑兵跟在桓温的后边慢慢前进，桓温果然兼程行进。

过了几天，慕容垂告诉众将领说：“可以攻打桓温了。”于是，就迅速追击桓温，在襄邑追上了他。

范阳王慕容德先率领精锐骑兵四千人埋伏在襄邑东面的山涧中，与慕容垂夹击桓温，桓温大败，被斩首三万多人。

前秦人苟池在谯郡迎击桓温，又攻破了他，战死的兵众又数以万计。

孙元乘机占据了武阳以与前燕抵抗，前燕左卫将军孟高讨伐并擒获了他。

十月二十二日，桓温收拢溃散的士兵，驻扎在山阳。

桓温对遭受失败深感耻辱，于是就把罪过归咎于袁真，奏请黜免袁真为庶人，还奏请罢免冠军将军邓遐的官职。

袁真认为桓温诬陷自己，不服，于是就进上表章陈述桓温的罪行。朝廷没有回音，于是袁真便占据寿春反叛，投降了前燕，而且请求前燕救援，也派遣使者去了前秦。

桓温任命毛虎生兼任淮南太守，戍守历阳。

桓温第三次北伐至此结束。

苻生暴虐

晋穆帝永和十一年（355）

前秦淮南王苻生小时丧失了一只眼睛，性情暴烈。

他的祖父苻洪曾经和他开玩笑说："我听说瞎儿只有一只眼流泪，真的吗？"

苻生听后发怒了，拔出佩刀就刺向自己的瞎眼，鲜血直流，说："这也是一只眼的眼泪！"

苻洪见状十分震惊，用鞭子打他。

苻生说："我生性能够忍耐刀矛，但不堪忍受鞭打！"

苻洪对苻生的父亲苻健说："这个儿子狂暴悖逆，应该尽早除掉他，不然，一定会导致家破人亡。"

苻健正准备杀掉苻生，苻健的弟弟苻雄劝阻说："儿子长大以后自然就会改变，怎么能这样急不可待呢？"

等到苻生长大以后，能够力举千钧，徒手与猛兽搏斗，跑起来赶得上奔驰的骏马，击、刺、骑、射各种武艺，全都冠绝一时。

前秦太子苻苌死后，强太后想立小儿子晋王苻柳，前秦国主苻健认为谶文中有“三羊五眼”的字样，于是就立苻生为太子。

六月初六，苻健患病，卧床不起。

十二日，前秦任命大司马、武都王苻安为都督中外诸军事。甲申（十四日），苻健召唤太师鱼遵、丞相雷弱儿、太傅毛贵、司空王堕、尚书令梁楞、左仆射梁安、右仆射段纯、吏部尚书辛牢等人前来接受遗诏辅佐朝政。苻健对太子苻生说：“六夷酋长将帅以及大臣中握有权力的人，如果不听从你的命令，就应该逐渐把他除掉。”

十五日，苻健去世。十六日，太子苻生即位，实行大赦，改年号为寿光。

群臣上奏说：“即位不满一年就改年号，不合乎古礼。”

苻生很愤怒，于是就深入追查提议的主谋，查到了右仆射段纯，杀掉了他。

中书监胡文、中书令王鱼对苻生进言说：“近来异星划过大角星座，火星进入井宿。大角，是帝王的星座；井宿，则是前秦国分野。经过占卜，不出三年国家就会出现帝王、皇后死亡，大臣被杀的事情。愿陛下修行德行以避免丧乱的出现！”

苻生说：“皇后和朕一起统治天下，可以应验大丧的出现。太傅毛贵、车骑将军梁楞、左仆射梁安接受遗诏辅佐朝政，可以应验大臣的结局。”

九月，苻生便杀掉了皇后梁氏以及毛贵、梁楞、梁安。

十二月，前秦丞相雷弱儿性格刚烈耿直，因为赵韶、董荣败坏朝政，他经常在朝廷公开议论，看见这两人就咬牙切齿。赵韶、董荣便向前秦国主苻生进谗言诬陷雷弱儿。于是苻生杀掉了雷弱儿及其九个儿子、二十七个孙子。各羌族部落因此对前秦产生了离心。

苻生虽然在为苻健居丧，但游玩酣饮如常，在朝接见大臣们时，总是佩刀带箭，锤、钳、锯、凿等可以残害人的刑具，全都放在周围。

他即位没多久，后妃、公卿以下及至奴仆，被杀掉的总共有五百多人；被截下小腿、折断胸肋、锯断脖子、剖开孕腹的人，比比皆是。

晋穆帝永和十二年（356）

正月，前秦司空王堕性格刚峻，右仆射董荣、侍中强国都是靠着谄媚得宠而得到提升重用，王堕恨之如仇，每次上朝，见到董荣都不和他搭话。

有人对王堕说："董君显贵宠幸，无与伦比，您应该稍微抑制一点儿心意，和他接触。"

王堕说："董荣是什么样的鸡狗之徒，而让国中的贤杰人士和他搭话呢！"

恰巧这时天象有变故，董荣与强国便向前秦国主苻生进言说："如今上天的谴责非常严重，应该以显贵的大臣去应接谴责。"

苻生说："显贵的大臣只有大司马和司空而已。"

董荣说："大司马苻安是王室的至亲，不能杀。"于是就杀了王堕。

在将要行刑的时候，董荣对王堕说："今天还敢把董荣我比作鸡狗吗？"

王堕怒目痛斥董荣。

洛州刺史杜郁，是王堕的外甥，左仆射赵韶厌恶他，就向苻生进谗言，说他和东晋来往，有二心，把他杀死。

一天，苻生在太极殿宴请群臣，让尚书令辛牢做掌酒官。

正喝到尽兴时，苻生愤怒地说："为什么不让人们尽力去喝而还有坐着的？"说着就拉开弓箭射死了辛牢。

群臣十分害怕，再也没有人敢不喝醉，全都横躺竖卧，衣冠不整，苻生这才高兴了。

三月，苻生调集三辅的百姓去修建渭水桥，金紫光禄大夫程肱对此加以劝谏，认为这样做妨碍农耕，苻生把他杀死。

四月，长安刮起一场大风，掀掉屋瓦，拔起树木，前秦王宫中一片惊恐混乱。

有人说寇贼来了，因此宫门在大白天也紧紧关闭，一直持续了五天。前秦国主苻生追查谎称寇贼来了的人，要挖出他的心。

左光禄大夫强平劝谏说："天降灾祸，陛下应该关怀民众，侍奉神灵，缓施刑罚，崇尚德行，以此来应接天意，才能消除灾祸。"

苻生听后大怒，凿开他的头顶后把他杀死。

卫将军广平王苻黄眉、前将军新兴王苻飞、建节将军邓羌都因为强平是强太后弟弟，叩头恳切地劝谏。但苻生没有听从，并且将苻黄眉贬任到左冯翊，将苻飞贬任到右扶风，贬邓羌代理咸阳太守，只是念及他们作战勇猛，所以没有把他们全杀掉。

五月，强太后终因忧愤而死。

六月，苻生下达诏书说："朕秉承上天之命，统治万邦，继承先统以来，有什么不好的地方，诽谤之言竟横行天下！杀人还没过千，就说这是残酷暴虐！现在行人还比肩摩踵，不能说稀少，正应当严明重刑，施以极罚，谁又能把朕如何？"

自从春天过去以后，从潼关以西一直到长安一带，虎狼肆行无忌。大白天相继出现在道路上，到了夜晚则毁屋入室，不食六畜，专门吃人，被吃掉的人总共已达七百多。百姓们荒废了农耕桑蚕，只能聚集到一块居住，但虎狼仍然不停地为害。

七月，前秦群臣上奏请求设祭禳除虎狼之害。

苻生说："野兽饿了就要吃人，吃饱了自己就会停止，有什么值得设祭禳除的呢？况且上天难道能不爱护民众吗？正是因为犯罪的人太多，所以上天才帮助朕消灭他们！”

十月，前秦国主苻生晚上吃枣过多，第二天早晨不舒服，就召来太医令程延，让他号脉诊断。

程延说：“陛下没有别的病，就是枣吃多了。”

苻生大怒，说：“你不是圣人，怎么知道我吃枣了！”随后就把程延杀了。

晋穆帝升平元年（357）

二月，苻生梦见大鱼吃蒲草，另外长安城里也有谣谚说：“东海大鱼化为龙，男皆为王女为公。”

于是苻生就杀掉了太师、录尚书事、广宁公鱼遵以及他的七个儿子、十个孙子。

金紫光禄大夫牛夷害怕祸及自己，请求到荆州任职。

苻生不答应，任命他为中军将军，召见时戏弄说：“老牛生性迟缓稳重，善驾车辕，虽然没长骏马的蹄子，但走起路来能负重百石。”

牛夷说：“虽然驾着大车，但没有走过险峻的道路。愿意试拉重车，便可知道我的功用了。”

苻生笑着说：“多么痛快啊！你嫌所负载的轻吗？朕将用鱼遵的爵位安置你。”

牛夷十分害怕，回去后就自杀了。

苻生喝酒不分昼夜，有时一连数月不临朝处理政事。进上的奏章不审阅，常常搁置不理，有时在醉酒后处理政事。周围的人因此就常干奸诈之事，赏罚失去标准。

苻生有时到申时或酉时才出来临朝视政，乘着醉意杀了许多人。他自己由于少了一只眼睛，就忌讳说“残、缺、偏、只、少、无、不全”一类词，因误说了这些字眼而被杀死的人，不计其数。

他喜欢活着剥掉牛、羊、驴、马的皮，用热水褪活鸡、活猪、活鹅、活鸭的毛，把它们放到大殿前面，几十个为一群。有时则剥掉人的脸皮，让他们唱歌跳舞，他来观看，以此作乐。

他曾经问周围的人说：“自从我统治天下以来，你们在外边听到些什么？”

有人对他说：“圣明君主主宰天下，赏赐得当，刑罚严明，天下人只有歌颂太平盛世了。”

苻生愤怒地说：“你向我献媚！”于是就把他拉出去杀了。

改天他又问这个问题。

有人对他说：“陛下的刑罚稍微过分了一点儿。”

苻生又愤怒地说：“你诽谤我！”这人也被杀了。

有功的旧臣和亲戚，被诛杀殆尽，群臣们保全一天，如同度过十年。

东海王苻坚，一直被时人称誉，和过去姚襄的参军薛谮（zàn）、权翼关系很好。

薛谮、权翼秘密地劝苻坚说：“主上猜忌残忍，行为暴虐，宫廷内外对他已经离心，如今适宜于主持秦国祭祀的人，不是殿下是谁？愿您及早谋划，不要让大权落入他姓人手中！”

苻坚去问尚书吕婆楼，吕婆楼说：“我已经是屠刀下的人了，不足以办成大事。我的私宅里有一位叫王猛的人，他的谋略世间少见，殿下应该请他出来，并向他请教。”

苻坚根据吕婆楼的意见召来王猛，二人一见如故。谈论到国家当前的大事，苻坚十分高兴，自认为如同刘备遇到了诸葛亮。

六月，太史令康权对前秦国主苻生进言说：“昨天晚上同时出现了三个月亮，彗星进入太微星座，又连着井宿。自从五月上旬以来，天气沉阴密布，又不下雨，一直到今天。将要出现臣下图谋主上的灾祸了。”

苻生十分愤怒，认为这是妖言，把他摔死。

特进兼御史中丞梁平老等人对苻坚说：“主上丧失道德，上下怨声载道，人心各异，燕、晋二朝，伺机而动，恐怕灾祸出现之日，宗族、国家都要灭亡。这是殿下的大事，应该及早图谋！”

苻坚内心同意，但又畏惧苻生的勇捷凶猛，没敢作声。

苻生夜里对服侍他的婢女说：“苻坚、苻法兄弟也不可信赖，明天就应当把他们除掉。”

婢女把这一消息告诉了苻坚以及他的哥哥清河王苻法。苻法、梁平老以及特进光禄大夫强汪率领勇士数百人潜入云龙门，苻坚和吕婆楼率领手下三百人击鼓跟进，守卫王宫的将士们全都丢掉武器归顺了苻坚。

苻生这时还醉倒大睡，苻坚的士兵来到后，苻生惊慌地问周围人说：“这是些什么人？”

周围的人回答：“强盗！”

苻生说：“为什么不叩拜？”

苻坚的士兵全都笑了。

苻生又大声说：“为什么不赶快叩拜，不拜者杀头！”

苻坚的士兵把苻生带到别的房间，废黜他为越王，不久就把他杀了，定谥号为厉王。

苻坚把王位让给苻法，苻法说：“你是嫡传嗣子，而且贤明，应该立为王。”

苻坚说：“哥哥年长，应该立为王。”

苻坚的母亲苟氏哭泣着对群臣说：“朝政事关重大，我儿子自知不能胜任。以后大家如有悔恨，过失在诸君身上。”

群臣全都叩头请求立苻坚为王。于是苻坚就去掉了皇帝的称号，称为大秦天王，在太极殿即位，杀掉了苻生的宠臣中书监董荣、左仆射赵韶等二十多人。

王猛灭燕

晋海西公太和五年（370）

正月，前秦王苻坚任命王猛为司徒、录尚书事，封为平阳郡侯。

王猛固执地辞让，说："如今燕、晋尚未平定，战车正在行驶，刚刚攻下了一城，我就接受了三公这样的奖赏，如果攻克了燕、晋二敌，那将再怎样奖赏呢？"

苻坚说："朕假如不暂时有所让步，何以显示出你谦虚风范的光彩？我已诏令有关部门暂且就保持你现在的职位，至于赐封爵位，是酬劳战功，你就勉为其难服从朕的决定吧！"

三月，苻坚任命吏部尚书权翼为尚书右仆射。

四月，苻坚又任命王猛为司徒，录尚书事。王猛坚决推辞，这才作罢。

苻坚派王猛督领镇南将军杨安等十名将领的步、骑兵六万人讨伐前燕。

六月十二日，前秦王苻坚在霸上为王猛送行，说："如今把关东的重任委托给你，你应当先攻破壶关，平定上党，长驱直入夺取邺城，此所谓'迅雷不及掩耳'。我要亲自督率数以万计的兵众，紧随你星夜出发，车船运粮，水陆并进，你不必再有后顾之忧。”

王猛说：“臣仰仗您的声威，遵照您的成熟的计划，涤荡残胡，如风扫落叶，愿不必麻烦您的车乘亲自披尘出征，只愿您能尽快命令有关部门预先安排好鲜卑的官府。”

苻坚听后十分高兴。

七月，前秦王猛攻打壶关，杨安攻打晋阳。

八月，前燕国主慕容暐命令太傅上庸王慕容评统率宫廷内外的精兵三十万人以抵抗前秦。

慕容暐对前秦的进犯深以为忧，召来散骑侍郎李凤、黄门侍郎梁琛、中书侍郎乐嵩问道：“秦国的兵力到底有多少？如今大军已经出发，秦国能够交战吗？”

李凤说：“秦国国小兵弱，不是国王军队的对手；王猛是一般的人，又无法与太傅相比，不值得忧虑。”

梁琛、乐嵩说：“胜败在于谋略，不在兵力多寡。秦国远道而来进犯，怎么肯不交战呢？再说我们应当用谋略以求胜，怎么能希望他仅仅不交战就行了呢！”

慕容暐不高兴。

王猛攻克壶关，抓获了上党太守南安王慕容越，所经过的郡县，全都闻风归附投降。前燕人十分震惊。

九月，前秦杨安攻打晋阳，晋阳兵多粮足，久攻不下。王猛留下屯骑校尉苟长戍守壶关，自己带兵帮助杨安攻打晋阳。他们挖了地道，让虎牙将军张蚝率领勇士数百人潜入城中，大声呼喊着冲破了关卡，接秦兵入城。

初十，王猛、杨安进入晋阳城，抓获了前燕并州刺史东海王慕容庄。太傅慕容评惧怕王猛，不敢继续前进，驻扎在潞川。

十月初十，王猛留下将军武都人毛当戍守晋阳，自己进军潞川，与慕容评相对峙。

二十一日，王猛派将军徐成去侦察前燕军队的布阵要略，要求他日到中天时返回，而他到了黄昏时分才回来。王猛大怒，要把他杀掉。

建武将军邓羌向王猛请求说：“如今敌众我寡，明天一早将要开战。徐成是大将，应该姑且宽恕他。”

王猛说：“如果不杀掉徐成，军法就无法确立。”

邓羌坚持请求说：“徐成是我邓羌本郡的将领，虽然说延误了期限应该斩首，但邓羌愿意和徐成一起效力决战以赎罪。”

王猛不同意。

邓羌大怒，回到军营，急促地敲响战鼓，率领着士兵，将要攻打王猛。

王猛询问邓羌这样做的缘故，邓羌说：“我们接受诏令讨伐远敌，现在却有近敌一味地要自相残杀，我想要先把他除掉！”

王猛赞扬邓羌仗义而又勇敢，派人去告诉他说：“将军别这样干了，我现在赦免徐成。”

徐成获免以后，邓羌到王猛那里谢罪。

王猛拉着他的手说：“我这是考验将军罢了，将军对本郡的将领尚且如此，何况是对国家呢，我不再忧虑敌人了！”

前燕太傅慕容评认为王猛孤军深入，想用持久对峙的办法来制服他。慕容评为人贪婪鄙俗，命令封山禁泉，自己则贩柴卖水，从中渔利，积攒的钱帛堆积如山，士卒们都怨恨愤慨，没有人心怀斗志。

王猛听说后笑着说：“慕容评真是个奴才，就是有亿兆兵众也不值得害怕，何况只有数十万呢！我今天在这儿打败他是肯定的了。”

于是，他就派游击将军郭庆率领五千骑兵，趁夜顺着小路出现在慕容评军营的后面，焚烧了他的轻重装备，火光在邺城中都能看到。

前燕国主慕容暐十分害怕，派侍中兰伊责备慕容评说：“你是高祖慕容廆（wěi）的儿子，应当为宗庙国家担忧，为什么不安抚战士反而贩柴卖水，只执迷于钱财呢？府库里的积蓄，朕与你共享，哪里有什么贫穷可忧虑？如果敌人最终进占，家国全都灭亡，你拥有钱帛又想往哪里放呢？”于是命令把他的钱帛全部发给军中士兵，而且督促他出战。

慕容评十分害怕，派使者去和王猛请战。

二十三日，王猛在渭源布开战阵并告诫士兵们说：“我王猛接受了国家的厚恩，肩负朝廷内外的重任，如今与诸君深入敌境，应当竭尽全力，殊死战斗，有进无退，共立大功，以报效国家。凯旋后接受贤明君主的封爵，在父母面前举杯庆祝，不也是很美妙的事情吗！”

兵众全都踊跃争先，破釜弃粮，高声呼喊着竞相前进。

王猛望见前燕的兵力众多，对邓羌说：“今天的战事，非将军不能攻破强大的敌人，成败的关键，在此一举，将军为此尽力吧！”

邓羌说：“如果能委任我为司隶校尉的话，您不必为此担心。”

王猛说：“这不是我所能做到的。我一定任命你为安定太守、万户侯。”

邓羌不高兴，退走了。

不一会儿，双方军队交战，王猛召唤邓羌，邓羌沉默不答应。

王猛策马跑到邓羌身边，答应了委任他为司隶校尉的要求，于是邓羌就在军帐中畅怀大饮，然后与张蚝、徐成等跨上战马，挥舞战矛，奔向前燕军阵。四番出入，旁若无人，杀伤数百人。

到中午时分，前燕军大败，被俘获斩首的有五万多人，前秦军乘胜追击，前燕被斩杀和投降的又有十万多人。慕容评只身匹马逃回邺城。

前秦的军队长驱东进，二十六日，包围了前燕都城邺城。

王猛上疏称："臣在甲子（二十三日）那天，痛歼敌人。顺承陛下仁爱的心志，使六州之内的官吏百姓，在不知不觉中就改换了君主，除非执着迷误，违背命令的人，对官吏百姓一无伤害。"

前秦王苻坚回复王猛说："将军此次出战时间没超过三月，而首恶元凶已被攻克，功绩震古烁今。朕现在亲自率领六军，星夜启程，火速赶赴。将军可以让士兵休整一下，等朕赶到以后，再攻取邺城。"

十一月，前秦王苻坚留下李威辅佐太子守卫长安，让阳平公苻融镇守洛阳，自己率领十万精锐士兵奔赴邺城，七天后抵达了安阳，宴请祖父、父亲时的故旧相识。

王猛悄悄地来到安阳谒见苻坚，苻坚说："过去周亚夫不迎接汉文帝，如今将军面对敌人而抛下部队，为什么呢？"

王猛说："周亚夫不迎接汉文帝是为了求取名声，我私下里很看不起他。而且我承奉陛下的声威，攻击行将灭亡的敌虏，就像釜中抓鱼，哪里值得多虑！太子年幼留守，君王乘远行，万一有不测，后悔莫及！陛下忘记了臣在霸上所说的话了吗？"

当初，前燕宜都王慕容桓率领一万多兵众驻扎在沙亭，作为太傅慕容评的后继部队，听说慕容评失败后，他带兵移驻内黄。苻坚派邓羌攻打信都。

初六，慕容桓率领五千鲜卑人逃奔龙城。初七，前燕散骑侍郎余蔚率领五百多扶余、高句丽及上党的人质，趁夜打开邺城北门让前秦的军队进入，前燕国主慕容暐与上庸王慕容评、乐安王慕容臧、定襄王慕容渊、左卫将军孟高、殿中将军艾朗等逃奔龙城。初十，前秦王苻坚进入邺城的王宫。

前燕国主慕容暐逃出邺城的时候，尚有一千多骑兵侍卫，等到出城以后，他们全都逃散，只有十多个骑兵跟随。前秦王苻坚让游击将军郭庆追击他们。当时道路艰难，孟高搀扶侍奉慕容暐，还要跑前跑后地保护乐安王慕容臧和定襄王慕容渊，辛劳非常。途中遇上强盗，只得边打边走。

几天以后，他们走到福禄，靠着坟墓休息时，突然来了二十多个强盗，全都手持弓箭，孟高挥刀与他们搏斗，杀死杀伤了数人。

孟高疲劳至极，自觉得必死无疑，于是就冲上前去抱住一个强盗，把他打倒在地，大喊道："男儿完了！"

其他强盗从旁边向孟高射击，射死了他。艾朗看到孟高独自搏斗，也返回来冲向强盗，一并被射死了。

慕容暐失去了马匹，只好步行，郭庆在高阳追上了他，部将巨武正要把他捆绑起来，慕容暐说："你是哪里的小人，胆敢捆绑天子！"

巨武说："我接受诏令追击盗贼，管你什么天子？"然后押着他到了前秦王苻坚那里。

苻坚责问慕容暐为什么不投降而逃跑，慕容暐回答说："狐狸要死在自己的洞穴，我想归葬于先人的墓地罢了。"

苻坚为他感到悲哀，释放了他，命令他返回王宫，率领文武大臣出来投降。慕容暐向苻坚称颂孟高、艾朗的忠诚，苻坚命令对他们加以厚葬，提升他们的儿子为郎中。

各州州牧、太守以及六夷首领全都向前秦投降，前秦共得到一百五十七郡，二百四十六万户，九百九十九万人。

苻坚将前燕的宫女、珍宝分别赏赐给众将士，下达大赦诏令称："朕以寡薄之德，辱承尊命，不能以道义安抚远方的民众，以怀柔征服天下，以至于使战车屡屡出征，有害于百姓，虽然这是百姓的过错，然而也是朕的罪行。现在大赦天下，与百姓一起从头开始。"

苻坚任命王猛为使持节、都督关东六州诸军事、车骑大将军、开府仪同三司、冀州牧，镇守邺城，晋升爵位为清河郡侯，将慕容评宅第中的东西全都赐给了他。赐封杨安博平县侯爵位。任命邓羌为使持节、征虏将军、定安太守，赐封真定郡侯爵位。任命郭庆为持节、都督幽州诸军事、幽州刺史，镇守蓟城，赐封襄城侯爵位。对其余将士的赐封奖赏各有等差。

苻坚任命韦钟为魏郡太守，彭豹为阳平太守，其余州县的牧、守、令、长，全都根据过去的人选加以任命。

苻坚任命前燕的常山太守申绍为散骑侍郎，让他和散骑侍郎韦儒一起作为绣衣使者，巡视关东州郡，观察风俗民情，劝勉农耕蚕桑，赈济抚恤贫困，收殓安葬死者，表彰节义行为，前燕的政令有不利于百姓的，全都加以修改、废除。

十二月，前秦王苻坚把慕容暐以及前燕的王后、妃嫔、王公、百官连同四万多户鲜卑人，一起迁移到了长安。

淝水之战

晋孝武帝太元八年（383）

七月，前秦王苻坚下达诏令，开始大举入侵东晋。百姓中每十个成年人选派一人充军，良家子弟中年龄在二十岁以下，有才能勇气的人，全都授官羽林郎。

苻坚说："晋朝任命司马昌明为尚书左仆射，谢安为吏部尚书，桓冲为侍中。以此形势来看，凯旋的时间不会太远，可以先行起身于家，出任官职。"

良家子弟应征的有三万多骑兵，苻坚任命秦州主簿赵盛之为少年都统。

这时，满朝大臣都不想让苻坚出征，唯独慕容垂、姚苌及良家子弟对此加以劝勉。

阳平公苻融向苻坚进言说："鲜卑、羌族的虏臣[1]，是我们的仇敌，经常盼

[1] 鲜卑虏臣指慕容垂。太和四年（369），前燕慕容垂大败东晋桓温，却被慕容评忌恨排挤，于是投奔前秦。太元九年（384），慕容垂起兵反叛前秦，建立后燕。羌族虏臣指姚苌。升平元年（357），姚氏率领的羌族部众被前秦打败，姚苌投降前秦。太元九年（384），姚苌建立后秦，起兵反叛前秦。太元十年（385），姚苌杀死苻坚。

望着风云变化以实现他们的心愿。如今陛下相信并采纳了他们的话，轻率地进行大规模行动，臣恐怕既不能成就战功，随之还会产生后患，悔之不及！”

苻坚没有听从。

八月初二，苻坚派遣阳平公苻融督帅张蚝、慕容垂等人的步、骑兵二十五万人作为前锋，任命兖州刺史姚苌为龙骧将军，督益、梁州诸军事。

苻坚对姚苌说：“过去我靠龙骧将军的官位建立了大业，未曾轻易地把这个官位授予别人，你努力干吧！”

左将军窦冲说：“君王无戏言，这话是不祥之兆！”

听完，苻坚沉默不语。

慕容楷、慕容绍向慕容垂进言说：“主上的骄纵傲慢已经非常严重，叔父建立中兴大业，就在此行！”

慕容垂说：“对，除了你们，谁能和我一起成就大业呢？”

初八，苻坚发兵长安，将士共有六十多万，骑兵二十七万，旌旗战鼓遥遥相望，绵延千里。

九月，苻坚抵达项城。凉州的军队刚刚到达咸阳，蜀、汉的军队正顺流而下，幽州、冀州的军队到了彭城，东西万里，水陆并进，运输军粮的船只多达万艘。阳平公苻融等人的部队三十万人，先期抵达颍口。

东晋下达诏令，任命尚书仆射谢石为征虏将军、征讨大都督，任命徐兖二州刺史谢玄为前锋都督，与辅国将军谢琰、西中郎将桓伊等人的兵众八万人抵抗前秦，让龙骧将军胡彬带领五千水军援助寿阳。

这时前秦的军队已经非常强盛，东晋京城里的人震惊恐惧。

谢玄入朝，向他的叔叔谢安询问应对之策，谢安一副平静的样子，回答说：

“已经另有打算了。”紧接着就闭口无言。

谢玄不敢再问，就让张玄重新请求指令。

于是谢安就命令驾车出游山间别墅，亲戚朋友云集，与谢玄在别墅玩围棋赌博。

谢安的棋术一直不如谢玄，这天，谢玄由于内心恐惧，在有利的形势下投子打劫，反而还不能获胜。于是谢安就登山漫游，到晚上才回来。

桓冲对国家的根基大业深以为忧，派精锐部队三千人入城保卫京师。

谢安固执地阻拦他，说：“朝廷的处理办法已经决定，士兵武器都不缺乏，应该留在西藩之地以做防备。”

桓冲对藩府参佐叹息道：“谢安有身居朝廷的气量，但不熟悉带兵打仗的方法。如今大敌临头，还尽情游玩，高谈阔论不止，只派遣未经战事的年轻人前去抵抗；再加上数量不足，力量软弱，天下的结局可以知道了。我们将要受外族的统治了！”

十月，前秦阳平公苻融等攻打寿阳，很快就攻克了寿阳，擒获了平虏将军徐元喜等人。苻融任命他的参军郭褒为淮南太守。

慕容垂则攻下了郧城。

胡彬听说寿阳被攻陷，便后退守卫硖石，接着苻融又进军攻打硖石。前秦卫将军梁成等率领五万兵众驻扎在洛涧，沿淮河布防以遏制东面的部队。

谢石、谢玄等在距离洛涧二十五里的地方驻军，由于惧怕梁成而不敢前进。

胡彬的粮食耗尽，秘密地派遣使者向谢石等报告说：“如今贼寇强盛而我的粮食已经耗尽，恐怕不能再见到大军了！”

前秦人擒获了胡彬，把他送交给阳平公苻融。

苻融便急速派使者向前秦王苻坚报告说：“现在贼寇力量不足，容易擒获，只是怕他们逃走，应该迅速率兵前来。”

于是苻坚就把大部队留在项城，带领八千轻装骑兵，日夜兼程赶赴寿阳与苻融会合。

苻坚派尚书朱序前去劝说谢石等人，认为：“形势强弱悬殊，不如迅速投降。”

朱序私下里却对谢石等人说：“如果前秦国的百万兵众全部抵达，确实难以与他们抗衡。如今乘着各路军队尚未会集，应该迅速攻击他们。如果能打败他们的前锋部队，那他们就已经丧失了士气，最终就可以攻破他们。”

谢石听说苻坚在寿阳，十分害怕，想用不交战的办法来拖垮前秦的军队。谢琰劝说谢石听从朱序的话。

十一月，谢玄派广陵相刘牢之率领五千精兵开赴洛涧，在离洛涧十里的地方，梁成扼守山涧部署兵阵以等待刘牢之。

刘牢之径直向前渡河，攻击梁成，大败梁成，斩杀了梁成以及弋阳太守王，又分派部队断绝了他们归途上的渡口。前秦的步、骑兵全都崩溃，争先恐后地逃向淮水，死亡的士兵有一万五千人，抓获了前秦扬州刺史王显等人，全部收缴了他们的武器军粮。

于是，谢石等各路军队，从水路、陆路相继进发。

前秦王苻坚与阳平公苻融登上寿阳城观望，只见东晋的军队布阵严整，又望见了八公山上的草木，也以为都是东晋的士兵。

苻坚转头对苻融说：“这也是强敌，怎么能说他软弱呢？”

他茫然若失，脸上开始有了恐惧的神色。

前秦的军队紧逼淝水而布阵，东晋的军队无法渡过。

谢玄派使者对阳平公苻融说：“您孤军深入，然而却紧逼淝水部署军阵，这是长久相持的策略，不是想迅速交战的办法。如果能移动兵阵稍微后撤，让晋朝的军队得以渡河，以决胜负，不也是很好的事情吗？”

前秦众将领都说：“我众敌寡，不如遏制他们，使他们不能上岸，这样可以万无一失。”

苻坚说：“只带领兵众稍微后撤一点儿，让他们渡河渡到一半，我们再出动铁甲骑兵奋起攻杀，没有不胜的道理！”

苻融也认为可以，于是就挥舞战旗，指挥兵众后退。

此时，朱序在军阵后面高声呼喊：“秦军失败了！”

兵众们听到后就狂奔乱逃，前秦的军队一退便不可收拾。谢玄、谢琰、桓伊等率领军队趁机渡过河攻击他们。

苻融驰马巡视军阵，想来率领退逃的兵众，结果战马倒地，苻融被东晋的士兵杀掉，于是前秦的军队就崩溃了。

谢玄等乘胜追击，一直追到青冈，前秦的军队大败，自相践踏而死的人，遮蔽山野堵塞山川。逃跑的人听到刮风的声音和鹤的鸣叫声，都以为是东晋的军队将要来到，

昼夜不敢停歇，慌不择路，风餐露宿，冻饿交加，死亡的人十有七八。朱序乘机与张天锡、徐元喜都来投奔东晋。

晋军缴获了前秦王苻坚所乘坐的装饰着云母的车乘，又攻取了寿阳，抓获了前秦的淮南太守郭褒。

苻坚中了流箭，单人匹马逃到淮河以北，十分饥饿，有的百姓送来了盛在壶里的水泡饭、猪骨头，苻坚吃了下去，赏赐给他们十匹布帛，十斤绵。

这些人推辞说：“陛下厌倦困苦，安于享乐，自取危难。我是陛下的儿子，陛下是我的父亲，哪里有儿子给父亲饭吃还求取报偿的呢？”

赏赐的那些东西他们连看也没看就离开了。

苻坚对他的夫人张氏说：“我如今再以什么面目去治理天下呢！”说着便潸然泪下。

谢安接到了驿站传递的书信，知道前秦的军队已经失败，当时他正与客人下围棋，拿着信放到了床上，毫无高兴的样子，继续下棋。

客人问他是什么事，他慢条斯理地回答说：“小孩子们已经最终攻破了寇贼。”

下完棋以后，他返回屋里，过门槛时，高兴得竟然连屐齿被折断都没有发觉。

王恭叛乱

晋安帝隆安元年（397）

正月初一，晋安帝司马德宗行加冕礼，改年号为隆安，任命左仆射王珣为尚书令；领军将军王国宝为左仆射，兼管官员任免升降，仍兼任后将军、丹杨尹。

会稽王司马道子把东宫太子的兵马全部分配给王国宝，让他带领这些部队。

四月，东晋仆射王国宝、建威将军王绪等人依附于会稽王，收受贿赂，穷奢极欲，无法无天已达到了极点。他们厌恶王恭[1]、殷仲堪[2]，劝会稽王削减他们二人的兵权。

朝廷内外流言四起，人心动荡不安。

王恭等人各自都在整理兵甲，训练部队，上奏章请求北上讨伐。会稽王对

[1] 王恭（？—398），晋孝武帝宠臣。太元十五年（390），晋孝武帝任命王恭为都督兖、青、幽、并、冀五州诸军事，兖青二州刺史，镇守京口。

[2] 殷仲堪（？—399），晋孝武帝宠臣。太元十七年（392），晋孝武帝任命殷仲堪为都督荆、益、宁三州诸军事，荆州刺史，镇守江陵。

他们怀有疑心，下诏以盛夏出兵妨碍农业生产为由，命令他们解除战备状态。

王恭派人去见殷仲堪，商议声讨王国宝等人的事情。

南郡公桓玄也因为未能当上大官，郁郁不得志，打算趁此机会借助殷仲堪的兵马势力制造混乱，就对殷仲堪说："王国宝与你们几个人向来都是死对头，只怕消灭你们的时间来得不快。现在他既然已经执掌了大权，并且与王绪内外呼应，他们所想要改变的事，没有一件达不到目的。

"王恭处在国舅的位置上，王国宝不一定敢加害他，但你是先帝提拔起来的，超越常规地独领一方。人们都认为你虽然头脑清楚，有才干，却不是封疆大吏的人才。他们如果征召你回朝做中书令，任命殷觊为荆州刺史，你将如何应付？"

殷仲堪说："我也忧虑很长时间了，你认为怎么办才好呢？"

桓玄说："王恭为人正直，嫉恶如仇，你应该暗地里和他联合起来，约定时间，仿效战国赵鞅发动晋阳之兵马，以清除君侧之恶人的办法，东西两面一齐起兵。桓玄我虽然不成材，也愿意率领荆州、楚州两地的英雄豪杰，手拿武器充任前锋。这是齐桓公、晋文公似的功勋啊！"

殷仲堪心中以为他说得很对，于是向外联络雍州刺史郗恢，内部又与自己的堂兄南蛮校尉殷觊、南郡相江绩等人一起谋划。

殷觊说："作为国家的大臣，应当各自坚守自己的职责，朝廷里的是非对错，怎么能是做地方官员的人可以干预的？所说仿效晋阳出兵一事，我不敢听闻参与。"

殷仲堪坚决邀请他出来一块干，殷觊大怒说："我前进一步不会同意，退后一步不会反对。"

江绩也竭力地分析认为不可。殷觊恐怕江绩说得太激烈，招来祸患，便坐在那里从中调解。

江绩说：“大丈夫怎么能用死来威胁呢？我江仲元活了六十岁，只是没有找到值得我去死的地方罢了！”

殷仲堪忌惮江绩的坚定正直，因此任命杨佺期代替江绩为南郡相。朝廷得知了这个消息后，征召江绩回朝廷担任御史中丞。殷觊借口自己食用寒食散之后药性发作，辞去了职位。

殷仲堪去看望他，对殷觊说：“堂兄的病实在值得忧虑。”

殷觊说：“我的病至多不过是我个人身死，你的病发作却会招致灭门大祸呀。你应当深深地爱惜保护自己，不要挂念我。”

雍州刺史郗恢也不愿意一起干。殷仲堪犹疑不决。

正巧王恭派来的信使来到，殷仲堪应允了王恭的约定，王恭非常高兴。

初七，王恭便上奏章陈述了王国宝的罪状，同时发动部队前去讨伐。

当初，晋孝武帝司马曜重任左仆射王珣。后来，孝武帝突然驾崩，王珣没来得及接受先帝的委托做顾命大臣，现在失去权势，只好一言不发。

初十，王恭的奏章送到朝中，朝廷内外十分紧张，戒备森严。

会稽王问王珣道：“王恭、殷仲堪两股地方势力发动叛乱，你知道这件事吗？”

王珣说：“朝廷内部政治事务的好坏得失，我都不曾参与，王恭、殷仲堪两个人所发动的反叛，我怎么能知道呢？”

王国宝异常惶恐惧怕，不知如何是好，派了几百人到竹里去守卫，因为夜间遇到风雨大作，各自散去回家了。

王绪给王国宝出主意，让他假借会稽王的命令，召集王珣、车胤前来，将他们杀掉，先除掉有声望的人，然后以此要挟安帝和会稽王调兵讨伐两个藩臣。王国宝同意了王绪的建议。

王珣、车胤来到之后，王国宝又不敢杀害，只好再向王珣询问解决的方法。

王珣说："王恭、殷仲堪与您素来没有什么深仇大恨，他们所要争的不过是一些权势利益罢了。"

王国宝说："莫非要把我当成曹爽吗？"

王珣说："你这是什么话呀？您哪里有曹爽那么重的罪过，王恭又哪里是宣帝司马懿那样的人呢？"

王国宝又向车胤问计，车胤说："过去，桓温围困寿阳，很长时间才攻克。现在朝廷如果派兵去攻，王恭便一定会坚守。倘若京口还没有攻下，长江上游的殷仲堪又带兵突然乘虚而来，您准备怎样对付他呢？"

王国宝更加恐惧，于是上了一道奏章请求解除一切官职，前往宫门等待朝廷定罪。奏章刚送上去，他又后悔了，因此谎称安帝已经下诏恢复他原来的官职。

会稽王司马道子为人愚昧懦弱，只求暂时平息此事，便把一切罪过完全推到王国宝身上，并派遣骠骑谘议参军谯王司马尚之前去逮捕王国宝，交到廷尉那里去问罪。

十七日，安帝下诏，命令王国宝自杀，把王绪绑赴街市斩首，并派使者前去面见王恭，对自己的过失表示深深的歉意。

于是王恭带兵回京口。

王国宝的哥哥侍中王恺、骠骑司马王愉一起恳请辞职。会稽王因为王恺、王愉与王国宝不是同母所生，彼此的关系又历来不和，就都不予追究。

殷仲堪虽然已经答应王恭一起声讨王国宝，但仍然犹豫，不敢带兵东下。听说王国宝等已死，才开始上疏朝廷，调动大兵，派遣杨佺期去驻守巴陵。会稽王写信阻止，殷仲堪才回师。

王恭第一次叛乱至此平息。

会稽王的长子司马元显十六岁，聪明能干，此时在朝中担任侍中。他提醒司马道子说，王恭、殷仲堪到头来一定会成为祸患，请在暗地做好准备。

于是司马道子任命司马元显为征虏将军，把自己的卫队以及徐州的军政要员全部交给司马元显管辖。

晋安帝隆安二年（398）

二月，会稽王忌恨王恭、殷仲堪对他形成的威逼，因为谯王司马尚之和他的弟弟司马休之有雄才大略，便把他们二人当作心腹。

谯王劝会稽王说："现在的局面是，在外方镇守的封疆大吏势力强盛，在朝中的宰相，权力反倒很微弱，您应该在外地的要职上安排心腹之人，以便为自己设置屏障和卫护势力。"

会稽王依从了他的计策，任命其司马王愉为江州刺史，都督江州及豫州之四郡军事，以此作为自己的呼应和援手。他从早到晚地与司马尚之谋划商量，等待四方出现什么空隙和机会。

七月，桓玄请求任广州刺史。会稽王非常忌惮桓玄，本来不打算让他长期居住在荆州，便根据他的请求，任命桓玄为督交广二州军事、广州刺史。桓玄接受了这个任命却不去就任。

豫州刺史庾楷因为会稽王割除了他所统辖的四个郡交给江州刺史王愉掌管，便上奏疏说："江州地处内地，而西府历阳却在北方与贼寇相连接，不应该让王愉分管四郡。"

朝廷不批准他的意见。

庾楷大怒，派遣他的儿子庾鸿去向王恭游说道："谯王司马尚之兄弟又独揽了朝廷的机要权柄，超过了王国宝。他们打算借助朝廷的威权来削弱地方上的实力，回想以前所发生过的事，他们将制造的祸乱，实在无法预测。现在趁他们的阴谋还没有计划完成，应该尽早地想办法对付他们。”

王恭也觉得是这样，把这意见转告了殷仲堪和桓玄。殷仲堪、桓玄同意王恭的意见，并且推举王恭作为盟主，约定日期，一起率领大军前往京师剿除奸佞。

这时，东晋朝廷内外疑虑纷纷，交通阻塞，水陆关卡林立，形势危急而严峻。

殷仲堪用斜纹的绢绸给王恭写了一封书信，藏在箭杆之中，然后装上箭头，涂上油漆，托庾楷转交给王恭，王恭打开信，因为绢的角上抽丝，不再能确切地辨出是殷仲堪的亲笔手书，怀疑此信是庾楷伪造的，况且想到去年讨伐王国宝时，殷仲堪曾经违反期约，按兵不发，这次也一定会同去年一样，因此便先行向都城大举进兵。

司马刘牢之劝谏他说：“将军您是皇帝的舅父，会稽王是皇帝的叔父。会稽王现在又正在当朝，掌握着国家的大政，他过去曾经因为您而杀了他非常宠爱的王国宝和王绪，后来又把王廞（xīn）写给他的指控您的书信送给了您。畏惧您的表象已经很多。

“他最近所作的人事任命，虽然不能说是公允恰当，但也不是什么太大的过失。把庾楷所辖的四个郡割让给王愉统领，对于将军又有什么损害呢？晋阳的兵甲战事，怎么可以一次又一次地不断发动呢？”

王恭拒不听从，向朝廷呈上奏书，请求发兵讨伐王愉和司马尚之兄弟。

司马道子派人向庾楷游说道：“过去我和你，恩情如同骨肉，在帷帐中尽情欢饮，结带密谈，可以说是再亲近也没有的了。你今天抛弃了过去的好朋友，结交了新的援手，难道你忘记王恭过去欺凌、侮辱你的耻辱了吗？如果你打算委屈自己甘愿做他的臣属，那么等到王恭一旦真的达到了目的，他一定会认为你是一个反复无常的小人，怎么能深深地亲近、相信你？那时候，恐怕你性命都还不容易保全，更何况富贵呢？”

庾楷大怒说：“王恭过去到京师参加先帝的葬礼，相王忧愁恐惧，无计可施，我知道事情的紧急，才带了兵马前来，使得王恭不敢当时发作。去年的事情，我也是随时等候命令行动。我侍奉相王，没有一点儿对不起他的地方。相王无法抗拒王恭，反而诛杀了王国宝与王绪，从那时以来，谁还敢再去为相王尽心尽力呢？我庾楷是实在不能把全家交给别人来屠杀呀！”

这时，庾楷已经响应了王恭发出的讨伐奸佞的檄文，正在征召兵马。庾楷的复信送给司马道子之后，朝廷上下一片忧虑恐惧，京城内外戒严。

会稽王的长子司马元显向父亲进言说：“上次我们没有讨伐王恭，因此才有了今天这场灾难。今天如果还像上一次那样满足他们的要求，您太宰的杀身之祸可要到了。”

会稽王此时已经慌得不知所措，把事情全部交给司马元显办理，自己每天只是痛饮美酒而已。

司马元显聪颖机警，颇晓得一些文章义理，志向气度果敢敏锐，也能把天下的安危当作自己的责任。依附于他的人，都称赞司马元显英明勇武，很有明帝的风度。

殷仲堪听说王恭已经向京师大举进兵，自己因为去年拖延了出兵的期约，也马上集结部队，尽快出发。殷仲堪素来对带兵打仗很不熟悉，把指挥军事行动的权力，完全委托给了南郡相杨佺期兄弟，派遣杨佺期统率五千水军做前锋，然后派桓玄做第二队，最后由殷仲堪自己统率兵士两万人，紧跟他们而顺流东下。

杨佺期自己认为从他的祖先东汉太尉杨震一直到他的父亲杨亮，九代都以才能仁德而著名，始终以自己的门第为骄傲，以为这是东晋的所有世家都赶不上的。有的人拿他同东晋尚书左仆射王相比，杨佺期还异常愤恨。

但是因为他们家族逃亡到江南的时间较晚，所以婚姻与仕途都不得意。杨佺期和他的哥哥杨广、弟弟杨思平、堂弟杨孜敬等人性格都很粗犷豪迈，经常受到别人的排挤打压。杨佺期对此常常衔恨切齿，慷慨激昂，正打算找一个机会痛快施展，实现自己的抱负，因此他也非常赞成殷仲堪的计划。

八月，杨佺期、桓玄突然来到溢口，王愉根本没有防备，惊慌失措，匆匆逃往临川。桓玄派遣小股部队去追赶他，并把他生擒回来。

九月初二，东晋朝廷授予会稽王司马道子黄钺，任命会稽王长子司马元显为征讨都督，又派遣卫将军王珣、右将军谢琰带兵讨伐王恭，派遣谯王司马尚之带兵讨伐庾楷。

初十，谯王司马尚之在牛渚将庾楷打得大败，庾楷单人匹马投奔桓玄。会稽王任命谯王为豫州刺史，谯王的弟弟司马恢之为骠骑司马、丹杨尹，司马允之为吴国内史，司马休之为襄城太守，并让他们各自拥有部队，来作为自己的援手。

十六日，桓玄在白石将朝廷的部队打得大败。桓玄与杨佺期开进到了横江。司马尚之退兵逃走，司马恢之所统领的水军全军覆没。

十七日，会稽王搬到中堂去住，司马元显驻守石头城。

二十日，王珣行进到京师北郊，谢琰则在宣阳门屯下重兵以防意外。

王恭历来仗恃自己的才能和地位傲视凌辱同僚，逼杀王国宝之后，他更自以为他的声威没人敢违逆。他既依仗刘牢之作为自己的爪牙，又只把他当作自己私人的部将那样对待，刘牢之对自己的才能很自负，感到深深的羞辱和气愤。

司马元显知道这种情况，便派遣庐江太守高素去游说，唆使刘牢之背叛王恭，并且答应他事成之后便把王恭的职位、封号全部转授给他。

高素又把会稽王的书信交给了刘牢之，向他陈说了祸福利害。

刘牢之对他的儿子刘敬宣说：“王恭过去蒙受先帝的大恩大德，今天又是皇上的舅舅，但是他不能作为羽翼拥戴王室，反而多次向京师发兵，我真不能想象王恭的野心有多大。

“他的计划一旦实现，他还能继续处在皇上和相王的手下吗？我打算遵奉朝廷的威仪与旨意，用顺乎民心的举动来讨伐叛逆，你看如何？”

刘敬宣说：“现在的朝廷虽然没有周成王、周康王当政时那么完美，但是也没有周幽王、周厉王那样的昏庸残暴。而王恭却依仗军队的威势，粗暴地蔑视、凌辱王室。

“父亲您与他在感情上既不是骨肉关系，在道义上也不是君臣关系，虽然一起共事一段时间，脾气秉性爱好也并不很和谐、投机。你今天去讨伐他，于情义没有什么干系。”

王恭的参军何澹之知道了他的打算和计划，把这些告诉了王恭。

王恭因为知道何澹之历来与刘牢之有矛盾，所以没有相信何澹之的话。

于是，他备办下酒席，宴请刘牢之，当着众人的面，拜刘牢之为义兄，又把自己的精锐部队和一切好的装备，全部配备给刘牢之，让他率领帐下督颜延作为前锋。

刘牢之来到竹里，便斩了颜延宣布投降朝廷。他派他的儿子刘敬宣和他的女婿东莞太守高雅之回击王恭。王恭此时正在城外阅兵示威，刘敬宣驱使骑兵拦腰进攻他的队伍，王恭的军队全部溃败。

王恭想要回城，高雅之已关闭了城门。王恭单人匹马逃奔曲阿。他平时不怎么习惯骑马，以致把大腿内侧磨破了。

殷确是王恭过去的下属，他用船载着王恭，打算前去投奔桓玄，刚到长塘湖，却被人告密，把他抓住，押送京师，在倪塘斩首。

王恭临死时，还在从容不迫地梳理着自己的胡须，神色像平时那样自然。

他对监督施刑的人说："我自己的昏庸就在于我轻率地相信别人，才到了今天这个地步。不过追究我的本意，我哪里是不忠于朝廷啊？但愿百代以后的人们能知道有过我王恭这个人。"

他和他的儿子兄弟、同伙全部被处死。东晋朝廷任命刘牢之为都督兖州、青州、冀州、幽州、并州、徐州、扬州晋陵诸军事，替代了王恭。

不久，杨佺期、桓玄来到石头城，殷仲堪也来到芜湖。

司马元显从竹里飞马回到京师，派遣丹杨尹王恺等征发京邑的百姓几万人据守石头城，以抵抗杨佺期、桓玄的进攻。杨佺期、桓玄等人向朝廷呈上奏章为王恭申辩讲理，请求诛杀刘牢之。刘牢之则统率北府属下的军队迅速赶到京师，驻扎在新亭。

杨佺期、桓玄一看这种情况，大惊失色，只好把部队撤退到蔡州。

朝廷并不了解西部殷仲堪部队的虚实，看到殷仲堪等人拥有几万人，遍布京郊的山野，感到内忧外患，互为交逼。

左卫将军桓脩是桓冲的儿子。他向司马道子进言道："西部这支军队可以做说服工作使他们分化瓦解，我知道他们内部的情况。殷仲堪、桓玄以下的人们，全都是依赖王恭，王恭既已被杀，西部这支部队一定会感到沮丧恐慌。现在如果答应用很大的好处来引诱桓玄和杨佺期，他们二人一定会心中暗喜。这样，桓玄可以制住殷仲堪，杨佺期也可能叛降过来，殷仲堪自然可以拿下。"

司马道子采纳了他的意见，任命桓玄为江州刺史；召郗恢回朝任尚书；任命杨佺期代替郗恢任都督梁、雍、秦三州诸军事，雍州刺史；任命桓脩为荆州刺史，暂时兼管左卫将军所属文武官员并到那里去镇守，命令刘牢之派一千人护送桓脩。

朝廷又贬黜殷仲堪为广州刺史，派殷仲堪的叔父太常殷茂去宣读诏书，敕令殷仲堪马上撤回部队。

十月，殷仲堪接到朝廷的诏书，勃然大怒，催促桓玄、杨佺期继续向京师进军。

桓玄等对朝廷的任命感到高兴，打算接受，正在犹豫不决。

殷仲堪听说了这种情况，匆忙地从芜湖向南撤退，并且派人去告诉蔡州的军士说：“你们这些人如果还不各自散伙回家，等我回到江陵，把你们的家眷全部杀掉。”

杨佺期的部将刘系首先率领两千人撤走。桓玄等人非常害怕，也狼狈地向西撤军。他们追赶殷仲堪，直到寻阳方才赶上。此时，殷仲堪已经失去了职务，只能依靠桓玄等人做自己的声援，桓玄等人也正要倚重于殷仲堪的军队。因此，他们虽然在心中暗自互相猜疑，但在形势的逼迫下又不得不联合起来，于是交换儿子兄弟做人质。

二十三日，他们在寻阳正式缔结盟约，决定一致拒绝接受朝廷的任命和指挥，并且联名上了一道奏章为王恭申辩说理，请求诛杀刘牢之以及谯王司马尚之，又质问殷仲堪没有罪过，为什么独独被降职贬黜。

朝廷非常惧怕，宫廷内外一片骚乱。于是，朝廷又罢免了桓脩的官职，把荆州又还给殷仲堪管辖，并对他特别下诏，好言相慰，希望以此求得和解。殷仲堪等人这才接受诏书。

御史中丞江绩弹劾桓脩等人专门为自己的利益打算，使朝廷受到蒙蔽而采取了错误的措施。朝廷下诏，免去桓脩的所有官衔。

王恭第二次叛乱至此平息。

刘裕称帝

晋安帝义熙十四年（418）

六月，太尉刘裕接受了相国、宋公、九锡之命。

十月，晋安帝司马德宗下诏封刘裕为宋王，采邑增加十个郡。刘裕辞让，没有接受。

十二月，刘裕因为谶书上说“昌明之后还有两个皇帝”，于是派中书侍郎王韶之与安帝左右亲信密谋毒死安帝，另立琅邪王司马德文。

琅邪王常在安帝身边，饮食睡眠都不离开。王韶之窥伺多时，没有机会下手。

正巧，琅邪王患病，出宫休养。十七日，王韶之用衣裳拧成绳索，在东堂勒死安帝。

于是刘裕声称奉安帝的遗诏，拥立琅邪王即皇帝位，是为晋恭帝。

晋恭帝元熙元年（419）

正月初三，恭帝召刘裕回朝，入宫觐见。恭帝封他为宋王，刘裕谢绝。

七月，刘裕才接受了晋爵为宋王的诏命。

宋武帝永初元年（420）

正月，宋王刘裕希望晋恭帝司马德文能以禅让的形式把帝位传给自己，却难于启齿，于是，他召集手下朝臣饮酒欢宴。

在筵席上，刘裕若无其事地说："当年桓玄篡位，晋国大权旁落。是我首先提倡大义，复兴皇帝宗室，南征北讨，平定了天下，可谓大功告成，业绩卓著，于是，承蒙皇上恩赐而有九锡之尊。

"如今我也快老了，地位又如此尊崇，无以复加，天下的事最忌讳装得太满而盈溢出来，那样就不可以得到长久的安宁了，现在我要将爵位奉还皇上，回到京师颐养天年。"

群臣不理解他的真正用意，只是一味盛赞他的功德。

这日天色已晚，群臣散去。中书令傅亮走出宫门，方才悟出刘裕一席话的真实用意，但是宫门已经关闭，傅亮便叩门请求见刘裕，刘裕即令开门召见他。

傅亮入宫，只说："我应该暂且返回京师。"

刘裕明白他的用意，也不再多说别的，直接问："你需要多少人护送？"

傅亮回答说："数十人就足够了。"随即与刘裕辞别。

傅亮出宫时已是半夜时分，只见彗星划过夜空，傅亮拍腿叹曰："我过去常常不信天象，今天看来天象开始应验了。"

傅亮来到京师建康，当时正值初夏四月，恭帝征召刘裕入京辅弼。

刘裕留下儿子刘义康作为都督豫、司、雍、并四州诸军事、豫州刺史，坐镇寿阳。刘义康年纪还很小，于是刘裕任用相国参军刘湛为长史，帮助决策和处理府、州日常军政事务。

刘湛自幼就有做宰辅的远大志向，常常以管仲、诸葛亮自比，他博览书史，却不喜作文章，不爱空发议论，因此刘裕特别器重他的才干。

六月初九，刘裕来到建康。

傅亮用委婉的语言暗示晋恭帝将帝位禅让给刘裕，并且草拟了退位诏书呈给晋恭帝，让他亲自抄写一遍。

恭帝欣然提笔，并对左右侍臣说：“桓玄之乱的时候，晋朝已失掉天下，后来幸赖刘公才得以延续将近二十年；今日禅位给他，是我甘心所为。”于是，将傅亮呈来的草稿抄写在红纸上作为正式诏书。

十一日，恭帝让位，回到了琅邪王旧邸，百官叩拜辞别，秘书监徐广痛哭流涕，不胜哀恸。

十四日，刘裕在南郊设坛，即帝位，是为宋武帝。典礼结束后，武帝乘皇帝的车驾从石头城进入建康宫。

宋武帝封晋恭帝为零陵王，对待晋室的优崇之礼，一律仿照晋初优待魏室的先例；随即又在故秣陵县为晋恭帝兴建王宫，派遣冠军将军刘遵考率兵保卫。

当初，武帝曾把一瓦罐毒酒交给前琅邪郎中令张伟，让他毒死改封为零陵王的司马德文。

张伟叹息说：“毒杀君王而求活命，不如一死。”在路上自饮毒酒而亡。

太常褚秀之、侍中褚淡之，二人都是零陵王的王妃褚灵秀的哥哥。零陵王的妻妾中每有人生下男孩，刘裕便命褚秀之兄弟趁便扼杀。

零陵王逊位后，深恐自己也不免毒手，就与褚妃同住一室，在床前煮饭烧汤，饮食等所需用的都由褚妃亲手操办。所以武帝的人一时没有机会下手。

九月，武帝命令褚淡之与其兄右卫将军褚叔度前往探视他们的妹妹褚妃。褚妃出来到另一间房子与二兄相见。

伏兵翻墙而入，把毒药递给零陵王。

零陵王不肯饮服，说：“佛教的教义，自杀而死的，再世投胎时，将不能得到人身。”

士卒一拥而上，用被蒙住零陵王的头，将他闷死。

武帝率领文武百官亲临朝堂哭泣哀悼三天。

义康被废

宋文帝元嘉六年（429）

正月，刘宋扬州刺史王弘上疏要求辞去扬州刺史和录尚书事等职，并请求宋文帝刘义隆把这两项要职委任给彭城王刘义康。文帝下达一份褒奖诏书，但没有批准。

二十日，文帝下诏任命刘义康为侍中，都督扬、南徐、兖三州诸军事，司徒，录尚书事，领南徐州刺史。

王弘与刘义康二人的官署，都设置属官卫，二人共同辅佐朝廷政务。王弘体弱多病，况且又早下决心远离权势，因此每件事都推给刘义康处理。

刘义康于是一个人总管内外事务。

宋文帝元嘉七年（430）

十二月，彭城王刘义康与王弘共同担任录尚书事，刘义康仍感到怏怏不快，打算代替王弘兼任扬州刺史，在言辞中毫不隐瞒。又因为王弘的弟弟王昙首在朝中担任要职，深得文帝的倚重和信赖，就愈加不满。

这时王弘年老多病，多次请求辞职回乡，王昙首主动要求担任吴郡太守，文帝都一概不许。

刘义康对别人说："王弘患病长期卧床，难道能在床上治理天下吗？"

王昙首劝王弘把府中文武官员的一半分给刘义康管理。文帝下诏同意拨给刘义康两千人，刘义康这才高兴。

宋文帝元嘉八年（431）

领军将军殷景仁一向与刘湛关系密切。

六月，殷景仁提醒文帝说，当今不少贤才去世，建议文帝征召刘湛为太子詹事，加官给事中，共同参与朝政。

宋文帝元嘉九年（432）

五月二十九日，王弘去世。

六月初五，南徐州刺史刘义康改任扬州刺史。

七月二十八日，朝廷任命领军将军殷景仁为尚书仆射，太子詹事刘湛为领军将军。

宋文帝元嘉十二年（435）

领军将军刘湛与仆射殷景仁一向私交很好。刘湛入朝做官，实际上是由殷景仁推荐的。刘湛任职以后，却认为殷景仁的职位本来不比自己高，而现在竟位居自己之上，于是愤愤不平。

当时刘、殷二人都被文帝宠信，刘湛认为殷景仁专门负责内部事务，恐怕会离间自己与皇上的关系，逐渐萌生了猜忌之心。刘湛深知皇帝信任并依靠殷景仁，难以夺宠。

刘义康掌握朝中大权，刘湛曾经担任过刘义康的上佐，于是他尽力结交刘义康，打算用刘义康的影响改变皇上的意图，罢黜殷景仁，以独揽朝政。

四月，文帝加授殷景仁中书令、中护军等官职，可以在私宅办公，刘湛也加授太子詹事。

刘湛因此更加恼怒，怂恿刘义康在文帝面前诋毁殷景仁，而文帝却更加信任殷景仁。

殷景仁对亲朋旧友叹息道：“我把他引荐入朝，进了朝廷就咬人！”

于是，殷景仁称病要求辞职，一再上疏，文帝没有批准，让他在家安心养病。

刘湛建议刘义康乘殷景仁外出时，派人假扮强盗杀掉他。即使皇上知道了真相，也可以想办法解释，总不至于因殷景仁的缘故伤害了与刘义康的手足之情。

文帝略知他们的阴谋，就把殷景仁的私宅中护军府迁到西掖门外，使它靠近皇宫禁院。因此，刘湛的阴谋无法施行。

宋文帝元嘉十七年（440）

司徒刘义康独揽朝政大权。文帝多年患病，稍微操劳，旧病就复发，多次病危。刘义康对文帝尽心侍奉，药物非经自己亲口尝过，绝不让文帝服用，有时一连几夜都不睡觉。朝廷内外的大小事务，他都一个人决定施行。

因为生性就喜爱办理公务，所以阅读公文，处理诉讼等政务，他都处理得无不精密妥善。因此文帝把很多大事都委派给他。刘义康只要有奏请，立即就被批准。州刺史以下官员的人选，文帝都授权刘义康选拔任用。至于赦免和诛杀这类大事，有时刘义康就以录尚书事的身份裁决。因而，刘义康的势力倾动远近，朝野上下的各方人士，都集中在他周围。

每天早晨，刘义康府第前面常有车数百辆，刘义康对来访客人亲自接待，从不懈怠。朝中有才干的士大夫都被他延聘到府中来，府中没有才能的，或冒犯他的幕僚，都被贬斥到朝廷机构任职。

他自以为，兄弟之间是至亲手足，因此他也不严格用君臣的礼节约束自己的行为，常常任性行事，从不考虑他的行为是否会触犯禁忌。他在府中私养僮仆六千多人，未曾上奏朝廷。各地进贡的物品，都把上品呈献给刘义康，而把次等的呈献文帝。

有一年冬天文帝吃柑，叹息柑的外形和味道太差。

刘义康说："今年的柑也有好的！"

于是，他派人到府中去取，取来的柑比进贡文帝的直径大三寸。

领军将军刘湛与仆射殷景仁结怨很深。刘湛打算倚靠刘义康的势力，排挤殷景仁。

当时刘义康的势力十分强盛，刘湛更加推崇他的权势，使刘义康对文帝不能再保持臣属的礼节，文帝的内心很不平静。

刘湛刚刚进朝廷做官时，文帝对他十分优待。刘湛特别擅长谈论经邦治国的道理，熟悉前代的历史掌故，每每说起来，条分缕析，使人忘记疲劳。每次进宫朝见，一到云龙门，车夫就解开车马，刘湛的左右侍从及仪仗队伍也都各自散去，不到傍晚不出来，都习以为常了。

等到后来，刘湛煽动和唆使刘义康恣意妄为，文帝对他心怀不满，但对他礼遇却仍不改变。

文帝曾对他的亲信说："当年刘湛从西方回来，我与他谈话，常看时间早晚，唯恐他离去；最近他入宫，我也常看时间早晚，苦于他不快走。"

四月，殷景仁秘密报告文帝说："相王刘义康权势太重，并非国家久远的考虑，应该对他稍加抑制！"

文帝心里暗暗同意。

司徒左长史刘斌是刘湛的同族，大将军从事中郎王履是王谧的孙子，他们和主簿刘敬文，祭酒、鲁郡人孔胤秀，都因为阴险谄媚，排挤别人，而深得刘义康的宠信。

他们看到文帝多病，都说："皇上一旦晏驾，应该拥护年长的人为君主。"

文帝一度病重，命刘义康起草托孤诏书。刘义康回到府中，痛哭流涕地告诉刘湛和殷景仁。

刘湛说："治理国家，不胜艰难，岂是年幼君主所能胜任的？"

刘义康、殷景仁都没有搭腔，而孔胤秀等人擅自前往尚书议曹，索取当年晋成帝去世，改立他的弟弟晋康帝的旧档案，刘义康并不知道这件事。

等到文帝愈后，略微听到这些情况。

刘斌等人却加紧活动，秘密策划，打算让刘义康最后登上帝位。于是，他们结成死党，窥视朝廷和宫中的变化，凡是与自己不同心的，就千方百计地陷害他。同时，他们又百般搜集殷景仁的材料，或者捏造事实提供给刘湛。

从此以后，文帝与刘义康之间离心离德。

刘义康打算任用刘斌为丹杨尹，说话中间向文帝报告刘斌家境贫寒，还没有说完，文帝就说："可以让他去当吴郡太守。"

后来，会稽太守羊玄保请求调回京师，刘义康又打算让刘斌接替他，就上奏文帝说：“羊玄保请求调回，不知用谁去管会稽的事？”

文帝当时还没有考虑妥当，仓促之间回答说：“我已任用了王鸿！”

从去年秋天开始，文帝就不再临幸刘义康的相府。

文帝认为司徒、彭城王刘义康的猜忌怨恨已经明显，势必酿成祸乱。

十月，文帝命令逮捕刘湛交给廷尉，并且下诏公布刘湛的罪行，在狱中就地处决，同时斩杀了刘湛的儿子刘黯、刘亮、刘俨以及刘湛的党羽刘斌、刘敬文、孔胤秀等八人，下令将尚书库部郎何默子等五人，流放到广州。

这天，文帝命令刘义康进宫值班，随即把他软禁在中书省。晚上，分别逮捕了刘湛等人。青州刺史杜骥统兵在金銮殿防备意外情况发生。最后，文帝派人把刘湛等人的罪状传达给刘义康。

刘义康上疏请求辞职，文帝下诏命刘义康为江州刺史，仍然保留侍中、大将军职，出京镇守豫章。

当初，殷景仁卧病五年，虽然不与文帝相见，但是密信往来，每天有十几次，朝廷大事小事，文帝都征求他的意见，行踪十分隐秘，竟没有一个人发现蛛丝马迹。

逮捕刘湛那天，殷景仁命令家人打扫衣冠，左右家人都不明白他的用意。夜里，文帝前往华林园延贤堂，召见殷景仁。殷景仁仍然声称患有脚病，用小椅子抬进宫就座。文帝把诛杀讨伐刘湛党羽的所有事情，全都委任殷景仁处理。

彭城王刘义康被软禁在中书省十多天，觐见文帝并辞行，来到码头。

文帝看到他时，悲伤痛哭，没有一句话。

文帝派僧人慧琳去看望他，刘义康说：“您看我还有回到京师的可能吗？”

慧琳说："真遗憾你不多读几百卷书！"

当初，吴兴太守谢述是谢裕的弟弟，多年辅佐刘义康，屡次规劝，不幸早死。

刘义康将要南下豫章，叹息说："当初只有谢述劝我急流勇退，刘湛劝我不断进取，后来刘湛活着，谢述却死了，我身败名裂也是理所应当的了。"

文帝也说："谢述如果活着，刘义康也不会落到这个地步。"

计除暴君

宋明帝泰豫元年（472）

四月十七日，宋明帝刘彧病危，任命江州刺史、桂阳王刘休范为司空，又命尚书右仆射褚渊为护军将军，加授中领军刘勔为右仆射。下诏指定褚渊、刘勔和尚书令袁粲、荆州刺史蔡兴宗、郢州刺史沈攸之同时接受托孤遗命。

褚渊与萧道成的关系一向十分亲密，就把萧道成推荐给明帝。明帝再下诏，任命萧道成为右卫将军，兼卫尉，与袁粲等共同掌管朝廷大事。

当晚，明帝去世。

十八日，太子刘昱即皇帝位，是为宋顺帝。此时顺帝年仅十岁，袁粲、褚渊主持朝政。

宋顺帝昇明元年（477）

当初，顺帝当皇太子时，常常亲自动手，油漆帐竿，能爬到距地面一丈多的高处。他喜怒无常，侍从官员无法劝阻。明帝屡次让他的母亲陈太妃痛打他。

顺帝即帝位后，对内害怕皇太后、皇太妃，对外害怕各位大臣，不敢放纵。可是，自从行过加冠礼后，宫内宫外对他逐渐失去控制，于是顺帝不断出宫游逛。

等到京口事变[1]平息，顺帝骄纵横暴尤为严重，没有一天不出宫，不是晚上出去，凌晨回来，就是凌晨出去，晚上回来。随从人员手持短刀长矛，路上的行人，不管是男是女，不管是狗、马、牛、驴，只要碰上，立即诛杀，无一幸免。

百姓忧愁恐惧，店铺及行商全都停止经营，家家户户白天闭门，路上行人几乎绝迹。顺帝钳、锥、凿、锯不离左右，只要稍看不顺眼，他便顺手抓起凶器，当场杀人剖腹。一天不杀人，他就闷闷不乐。宫廷侍从和朝廷官员担忧惶恐，饮食作息都不能安稳。

有一次，顺帝直接闯入领军府[2]，当时天气炎热，萧道成正裸身躺在那里睡觉。顺帝把萧道成叫醒，让他站在室内，在他肚子上画一个箭靶，自己拉满了弓，就要发射。

萧道成收起手板说："老臣无罪。"

左右侍卫王天恩说："萧道成肚子大，是一个好箭靶，一箭射死，以后就再也找不到这样的箭靶来射了。不如改用圆骨箭头，多射几次。"

顺帝就改用圆骨箭头，一箭射去，正中萧道成的肚脐。

他把弓扔掉，一边大笑一边说："这手艺如何？"

顺帝对萧道成的威名十分畏惧忌恨，曾亲自磨短矛，说："明天就杀萧道成。"

---

[1] 京口事变，建平王刘景素发起的叛乱。元徽四年（476）七月初一，刘景素占据京口举兵叛乱。朝廷大军在萧道成等人的指挥下征讨，刘景素兵败身死。

[2] 领军府，中领军将军的官署。元徽二年（474）五月，桂阳王刘休范反叛朝廷，萧道成带兵平叛有功，升任中领军将军，掌握禁卫军。

陈太妃骂他说："萧道成对国家有大功，如果杀了他，谁还为你尽力！"

顺帝这才住手。

萧道成因此忧愁恐惧，与尚书令袁粲、中书监褚渊密谋废黜顺帝，另立新君。

袁粲说："主上年纪还小，轻微的过失，容易改正。伊尹、霍光的往事，在这末世已难实行。即使成功，最后仍无安身之地。"

褚渊沉默不语。

领军功曹纪僧真对萧道成说："现在，皇上凶残疯狂，无人可以自保，天下百姓的盼望，不在袁粲、褚渊，明公您怎么能坐待被剿灭？存亡的关键，请深思熟虑。"

萧道成便同意起事。

有人劝萧道成回广陵起兵。

萧道成的大儿子萧赜正任晋熙王刘燮的长史，兼行郢州事，萧道成打算命萧赜率郢州军顺长江东下，在京口会师。

萧道成派他的亲信刘僧副，秘密通告堂兄、代理青冀二州刺史的刘善明说："很多人劝我北上据守广陵，恐怕不是长远的打算。现在秋风将起，你如果能跟垣荣祖联合，稍稍挑动胡虏，我的各种计划当可实施。"同时也告诉东海太守垣荣祖。

刘善明说："宋国将亡，无论愚蠢人和明智人，都看得一清二楚。北虏如果有什么行动，反而会成为你的祸患。你的智慧韬略和英勇武功高过当世，只有一个办法，那就是安静地等待时机，再趁机猛烈出击，大业自然告成，不可以远离根本之地，自找灾祸。"

垣荣祖也说："领府距离宫城不过一百步，如果你全家出逃，别人怎么会不知道？如果单枪匹马，轻装前往，广陵官员万一关闭城门，拒绝接纳，下一步将逃向哪里？你只要举脚下床，马上就会有人敲宫城的城门，向朝廷告发，你的大事就糟糕了。”

纪僧真说：“主上虽然凶暴丧失天道，可是刘家王朝几世建立的政权还算坚固。你百口之家，同时向北出逃，绝不可能。即使进入广陵，天子居住深宫之中，发号施令，指控你是叛逆，你有什么办法躲避？这不是万全之策。”

萧道成的族弟、镇军长史萧顺之，以及萧道成的次子、骠骑从事中郎萧嶷，都认为：“皇上喜爱单独出来乱窜，在这方面下手，比较容易成功。外州起兵，很少能够成功，反而徒比别人先受灾祸。”

萧道成这才取消原计划。

越骑校尉王敬则主动暗中结交萧道成，一到夜里，王敬则就换上平民衣服，匍匐路旁，替萧道成侦察刘昱的行踪。

萧道成命王敬则秘密结交顺帝左右亲信，让在宫城内殿中任职的杨玉夫、杨万年、陈奉伯等二十五人窥探机会。

七月初六夜晚，顺帝身穿便装，走到领军府门口。

左右侍从说：“府里的人全都睡熟，我们为什么不跳墙进去？”

顺帝说：“今天晚上，我要到别的地方玩个痛快，明晚再来。”

这些话员外郎桓康等在领军府大门后全都听到了。

七月初七，顺帝乘坐露天无篷车，跟左右侍从前往台冈赌跳[1]，然后前往青园尼姑庵。夜晚，来到新安寺偷狗，偷来狗找到昙度道人，煮吃狗肉。吃过狗肉，

[1]赌跳：以跳跃的高低比赛胜负。

醉醺醺地回仁寿殿睡觉。

弄臣杨玉夫一向得到顺帝的宠信，而今天，顺帝忽然对杨玉夫大为痛恨，一看见他就咬牙切齿，说：“明天就杀了你这小子，挖出肝肺！”

这天深夜，顺帝命杨玉夫观察织女渡河，说：“看见织女渡河时，马上叫醒我；看不见，就杀了你。”

当时，顺帝出宫进宫，没有一定时间，宫中各阁门，夜间都不敢关闭，负责宫廷保卫的官员，惧怕跟皇帝见面，都不敢出门。禁卫军士卒更是躲得远远的，内外一片紊乱，互不相关，没有人管理。

当天夜晚，王敬则出营等候消息，杨玉夫等到顺帝呼呼大睡时，与杨万年合伙取下他的防身佩刀，砍下他的人头，然后假传圣旨，命外厢演奏音乐。陈奉伯把顺帝的人头藏在袍袖里面，跟往常一样，神色自若，宣称奉顺帝派遣，打开承明门出宫，把人头交给王敬则。

王敬则飞马奔向领军府，敲门大喊，萧道成恐怕是顺帝的诡计，不敢开门。王敬则把人头从墙上扔进去，萧道成令人洗净血迹辨识，果然不错，这才全副武装，骑马而出，王敬则、桓康等都随从其后，直往宫城，到了承明门，宣称皇帝御驾回宫。

王敬则恐怕守门官兵从门洞往外察看，用刀柄堵住门洞，同时咆哮催促。门打开，他们进入宫城。

从前，每逢夜晚，顺帝闯出闯进，都急躁凶暴，守门卫士震恐，从不敢抬头。所以，今晚之事，没有一人怀疑。

萧道成进入仁寿殿，殿中官员惊慌恐惧，但紧接着听到顺帝已死的消息，都高呼万岁。

孝文迁都

齐武帝永明十一年（493）

五月，北魏孝文帝拓跋宏因为都城平城气候寒冷，夏季六月时还在下雪，而且经常狂风大作、飞沙漫天，所以，准备迁都到洛阳。但他又担心文武官员们不同意，于是，提议大规模进攻南齐，打算以这种名义胁迫大家。

在明堂南厢东边的偏殿斋戒之后，让太常卿王谌占卜，得到“革卦”。

孝文帝说：“‘商汤王和周武王进行变革，是适应上天之命，顺应百姓之心的。’没有比这更吉祥的了。”

文武官员没有人敢说什么。

尚书、任城王拓跋澄说：“陛下继承几代累积下来的大业，并使之发扬光大，拥有了中原土地，而如今却要讨伐还没有臣服的对象，在这时得到了商汤王和周武王变革的象辞，恐怕这并不全是吉利。”

孝文帝立刻严厉地说：“繇辞说：‘大人物实施老虎一样的变革’，你为什么要说这不吉利呢？”

拓跋澄说：“陛下作为飞龙兴起已经很久了，怎么到今天又实施如同老虎一样的变革？”

孝文帝立刻发怒说："国家，是我的国家，任城王打算要阻止大家吗？"

拓跋澄说："国家虽然是陛下所有，而我是国家的臣属，怎么可以明知危险而不说出来呢？"

孝文帝过了很长时间才缓和了气色，说："每个人都该说出自己的看法，这又有什么关系？"

孝文帝回到皇宫，立刻召见拓跋澄，劈头就说："刚才关于'革卦'的事，现在要进一步和你讨论一下。在明堂上，我之所以大发脾气，是因为害怕大家争先恐后地发言，破坏了我一个大的决策，所以，我就声色俱厉，以此吓唬那些文武官员罢了。我想，你会了解朕的用心。"

然后，他命令左右侍从退下，对拓跋澄说："今天我所要做的这件事，确实是很不容易的。我们国家是在北方疆土上建立起来的，后来又迁都到平城。但是，平城只是用武力开疆拓土的地方，而不宜进行治理教化。现在，我打算进行改变风俗习惯的重大变革，这条路走起来确实困难，朕只是想利用大军南下征伐的声势，将都城迁到中原，你认为怎么样？"

拓跋澄说："陛下您打算把都城迁到中原，用以扩大疆土，征服四海，这一想法也正是以前周王朝和汉王朝兴盛不衰的原因。"

孝文帝说："北方人习惯留恋于旧有的生活方式，那时，他们一定会惊恐骚动起来，怎么办？"

拓跋澄回答说："不平凡的事，原来就不是平凡的人所能做得了的。陛下的决断，是出自您圣明的内心，他们又能有什么办法呢？"

孝文帝说："任城王，你真是我的张良呀！"

八月十一日，孝文帝亲自率领三十多万步兵、骑兵，从平城出发，大规模向南征伐。

孝文帝从平城出发，直到抵达洛阳，天一直下雨，没有停过。

九月二十八日，诏令各路大军继续向南进发。

二十九日，孝文帝身穿战服，手持马鞭，骑马出发。文武官员赶紧拦住马头，不断叩拜。

孝文帝说："作战计划已经决定，各路大军将要继续前进，你们还想要说什么呢？"

尚书李冲等人说："我们现在的行动，全国上下都不愿意，只有陛下一个人想实现它。臣不知道陛下一个人走，将要到什么地方去。我们有一心报国效忠皇上的心愿，却无法表达出来，只好冒死向陛下请求。"

孝文帝勃然大怒，说："我现在正要征服外邦，希望统一天下，治理国家，可你们这些文弱书生，却多次怀疑这一重大决策。杀人用的斧钺有它们使用的地方，你们不要再多说什么！"说完，又纵马要走。

这时，安定王拓跋休等人一齐来好言劝谏，流泪阻止。

孝文帝又告诉大家说："这一次，我们出动军队的规模不小，出动而没有什么成就，我们将来拿什么让后人看？朕世世代代居住在幽朔，一直想要南迁到中原。如果我们不再向南征伐，那么，我们就应该把京都迁到这里，你们认为这样做怎么样？同意迁都的人站在左边，不同意迁都的人站在右边。"

南安王拓跋桢靠近孝文帝说："'干成大事业的人，并不向众人征询意见。'如今，陛下如果放弃向南征伐的计划，将都城迁到洛阳，这正是我们所希望的，是老百姓的幸运。"文武百官都高呼万岁。

当时，鲜卑人虽然不愿意向南迁移，但是又害怕再向南征伐，所以，也就没有人敢说些什么。北魏的迁都大计，于是确定了下来。

李冲对孝文帝说："陛下将要迁都洛阳，可是，皇家祖庙和皇宫、府宅都要重新建造，我们不能只骑在马上走来走去，等待它们建成。希望陛下暂时回到代都，等到文武百官把这一切事情做好之后，陛下再备齐仪仗，在宁静祥和的銮铃声中莅临新的都城。”

孝文帝说：“朕正要到各个州郡巡查，现在正好可以利用这个机会，先到邺城，暂作停留，明年一开春就返回，而不应该先回北方。”

于是，他派遣任城王拓跋澄返回平城，向留守在那里的官员们宣布迁都的情况，并且对拓跋澄说：“如今才是‘革卦’上真正的‘革’，你要把事情办好。”

由于文武官员的意见并不一致，孝文帝就对卫尉卿、镇南将军于烈说：“你是怎么想的呢？”

于烈回答说：“陛下圣明的谋略，是为了国家长远的利益，这不是愚昧、肤浅的人所能预测得到的。但如果推测大家的心意，愿意迁都的人和依恋故土的人，正好各占一半。”

孝文帝说：“你既然没有公开说自己反对，那就是表示认同了，我深感到你不说话的好处。”

于是，他派于烈回到平城镇守，说：“留守在朝廷里的一切事情，全都托付给你了。”

十月初一，孝文帝前往金墉城，召回穆亮，命令他和尚书李冲、将作大匠董尔一起负责营建新都洛阳。

十八日，孝文帝下令北魏境内解除戒严，在滑台城东边兴筑祭台，向随行的祖宗牌位禀告迁都的想法，又下令实行大赦，兴筑滑台宫。

任城王拓跋澄回到平城，大家刚刚听到要迁都时，没有不感到震惊的。于是，拓跋澄引经据典，慢慢地解释开导，让大家明白这样做的好处，最后，大家终于接受了。

拓跋澄回到滑台向孝文帝汇报了这一情况，孝文帝高兴地说：“没有任城王，朕的事就办不成。”

二十八日，孝文帝派安定王拓跋休率领侍从官员，到平城迎接眷属。

齐明帝建武元年（494）

三月二十七日，孝文帝到了平城，让诸大臣再次议论迁都的利害关系，各位臣子们都表述了自己对此问题的看法。

燕州刺史穆罴说：“如今天下四方没有安定，所以不宜迁都。况且到时军中缺少战马，这样如何能克敌取胜呢？”

孝文帝回答说：“养马的地方在平城地区，何愁没有马呢？如今的都城代京地处恒山的北边，九州之外，并不是理想的帝王之都。”

尚书于果接着说道：“我并不是认为代京这块地方就比洛阳好，但是自从道武皇帝以来，就一直居住在这里，老百姓已经安居于此，一旦让他们往南边搬迁，恐怕会产生不满情绪。”

平阳公拓跋丕说：“迁都是一件大事，应当通过卜筮来决定。”

孝文帝说：“古代的周公、召公是圣贤之人，所以才能卜问宅居。如今没有他们这样的圣贤了，卜筮又有什么用处呢？况且古人曾言：‘卜筮为了决疑，没有犹疑，何必占卜？’过去，黄帝灼龟甲卜吉凶，龟甲烧焦了，黄帝的臣子天老说是‘吉’，黄帝听从了。至美至善的完人知晓未发生的事情，的确是通过龟兆而审悉的。

“但是，统治天下做王称帝的人以四海为家，南北不定，哪有常常居留一地而不动的呢？朕的远祖，世世代代居住在北方荒凉之地，到平文皇帝之时方才建都于东木根山。其后，昭成皇帝又营建了盛东而迁居。道武皇帝之时，又迁都于平城。朕很幸运，遇上了能平定天下、施行教化的时运，为什么就不能迁都呢？”

群臣不敢再表示反对意见了。

二十八日，孝文帝驾临朝堂，主持部署了迁往新都洛阳和留在平城的人事、机构安排事项。

孝文汉化

齐明帝建武元年（494）

北魏孝文帝拓跋宏对尚书令陆睿说：“北方人常说：‘北方风俗朴质、粗犷，怎么会变得知书识礼、文质彬彬呢？’朕听了之后，感到异常失望。现在好读书、有学识的人很多，难道他们都是圣人吗？完全在于好学与不好学。

“朕整顿百官，大兴礼乐，全部心意在于移风易俗。朕身为天子，何必一定要去中原地区居住呢？还不是为了使你们的子孙后代渐渐习染当地好的风俗习惯，能多闻多见，增加见识。如果永远住在恒山之北，再遇上一个不喜欢诗书礼乐的国君的话，那就难免会变得孤陋寡闻。”

陆睿回答道：“确实如圣上所说。金日磾如果不到汉朝去做官，怎么能够知名于世呢？”

孝文帝听了陆睿的话，心里十分喜悦。

孝文帝想改革旧的风俗习惯，十二月初二，发布诏令，禁止士大夫与民众穿胡服，鲜卑族人大多不乐意。

通直散骑常侍刘芳是刘缵的族弟，他同给事黄门侍郎、太原人郭祚，均以工于文学受到孝文帝的亲接礼遇，经常招他们二人一起讲论义理及密议政事。大臣贵戚们都认为孝文帝疏远了自己，心中怏怏不乐，不平之色溢于言表。

孝文帝让给事黄门侍郎陆凯私下里对这些人说：“皇上只是想通过这二人多知道些古代的事情，了解前代的法式罢了，并非是亲近他们而疏远你们。”

由此，这些人的情绪才渐渐宽解了些。

齐明帝建武二年（495）

四月二十二日，孝文帝到达鲁城，并且亲自去孔子庙祭祀。二十三日，封孔子后代四人、颜渊后代两人官职，并且选择孔子的嫡系后代长子一人封为崇圣侯，奉掌祭祀孔子之务，又命令兖州修缮孔子的墓，重建碑铭。

五月二十六日，北魏皇太子在太庙举行了加冠之礼。

孝文帝想要改变北方风俗，为此而特意召见文武群臣，问他们：“各位爱臣希望朕远追商、周呢，还是想让朕连汉、晋都比不上呢？”

咸阳王拓跋禧回答说：“群臣们都盼愿陛下能超过前王。”

孝文帝接着又问道：“那么应当改变风俗习惯呢，还是因循守旧呢？”

拔跋禧再回答：“愿意移风易俗，圣政日新。”

孝文帝又问：“只是愿意自身实行呢，还是希望传之于子孙后代呢？”

拔跋禧回答说：“愿意传之于百世万年。”

于是，孝文帝说道：“那么，朕一定下令开始进行，你们一定不得有违。”

拓跋禧回答：“上令而下从，有谁敢违抗呢？”

孝文帝又说：“‘名不正，言不顺，则礼乐不能兴。’现今朕想要禁止使用鲜卑语，全部改用汉语。年龄在三十岁以上的人，由于习性已久，可以宽容他们不能一下子就改换过来。但是，年龄在三十岁以下的人，凡在朝廷中任职者，不能允许他们仍然还讲过去的语言，如果有谁故意不改，就一定要降免其官职。所以，各位应当严加自戒。对此，各位王公卿士同意不同意呢？”

拓跋禧回答：“无不遵从圣旨。”

孝文帝接着讲道：“朕曾经与李冲谈过这件事，李冲说：‘四方之人，言语不同，故不知应该以谁的为是；做皇帝的人说的，就是标准。’李冲此话，其罪行应当处死。”

因此孝文帝看着李冲又说道：“你有负于社稷，应当命令御史把你牵下去。”

李冲摘下帽子磕头谢罪。

孝文帝又指责出巡时留守洛阳的官员们：“昨天，朕望见妇女们还穿着夹领小袖衣服，你们为什么不遵行朕前头的诏令呢？”

这些官员们都磕头谢罪不已。

孝文帝继续讲道：“如果朕讲得不对，你们可以当庭争辩，为什么上朝则顺从朕旨，退朝后就不听从呢？”

六月初二，孝文帝下令：“在朝廷中不得讲鲜卑语，违背者免去所任官职。”

十六日，孝文帝发布诏令，搜求民间藏书，凡是朝廷秘阁中所无而又有益于时用的书，献者加以优厚的赏赐。

二十日，北魏改用长尺、大斗，其度量法度依照《汉书》中的记载制定。

十一月初五，孝文帝到达委粟山，测定祭天的圜丘。

十四日，孝文帝召集群儒商议祭天之礼。

秘书令李彪建议说：“古代鲁国人如果有事要祈告上帝，必定先在学宫中祈祷，所以请提前一日祭告于太庙。”

孝文帝采纳了他的建议。十九日，孝文帝祭天于圜丘，大赦天下。

十二月初一，孝文帝在光极堂接见群臣，宣布在官员中实行九品之制，即将开始大选群臣。

光禄勋于烈的儿子于登依照旧例请求升官，于烈上表孝文帝说："如今正值圣明之朝，做臣子的理应清廉谦让，但是我儿子于登却援引旧例而要求晋升，这是我平素对他教训不严的结果，所以乞求朝廷罢黜我的官职。"

孝文帝说："这是有识之言，没有料到于烈能做到这样。"

于是，孝文帝召见了于登，对他说："朕将要广施教化于天下，因为你父亲有谦逊之美德、正直之品格，所以特晋升你为太子翊军校尉。并且加任于烈为散骑常侍，封为聊城县子。"

孝文帝又对群臣说："一个国家从来都有一件事情让人感到可叹，就是臣子们不肯公开地谈论得失是非。作为一国之君，怕的是不能采纳谏言；作为臣子，怕的是不能尽忠竭力。从今以后朕推举一人，如有不妥之处，你们可以直言其失；如果有才能之士而朕不能发现，你们也应当加以举荐。这样，能举荐人才者有赏，知而不言者有罪，你们应当明白这一点。"

三十日，孝文帝在光极堂召见群臣百官，给他们颁赐冠服，以易去胡服。

早先北魏人不使用钱币，从孝文帝开始才命令铸造太和五铢钱。到本年，已经铸造得大体齐备，因此孝文帝诏令公私方面一律开始使用钱币。

齐明帝建武三年（496）

正月，孝文帝发布诏令，认为："北方人称'土'为'拓'，称'后'为'跋'。魏朝的祖先是黄帝的后代，以土德而称帝，所以姓拓跋。土，乃黄中之色，万物之元，所以应该改姓为‘元’。诸位功臣旧族中凡从代京迁来的，其姓氏有的重复，要一律改变。”

于是，开始改拔拔氏为长孙氏、达奚氏为奚氏、乙旃氏为叔孙氏、丘穆陵氏为穆氏、步六孤氏为陆氏、贺赖氏为贺氏、独孤氏为刘氏、贺楼氏为楼氏、勿忸于氏为于氏、尉迟氏为尉氏，其余所改姓氏，不可胜数。

河阴之变

梁武帝大通二年（528）

二月，北魏胡太后再次当政以来，宠信之徒横行专权，政事松弛，朝廷的威信树立不起来，盗贼纷起，边界一天天缩小。

北魏孝明帝元诩渐渐长大，胡太后本人也认为自己的所作所为不够谨慎，担心左右会向孝明帝汇报，于是，凡孝明帝平时所宠信的人，太后便借某种事由除掉他们，竭力堵塞孝明帝视听，不让他知道外面发生的事情。

于是，胡太后和孝明帝母子二人之间，隔阂越来越深。

当时，车骑将军、仪同三司及并、肆、汾、广、恒、云六州讨虏大都督尔朱荣，兵势强盛，朝廷很是害怕。

并州刺史元天穆跟尔朱荣关系很密切，尔朱荣对他就像对待哥哥一样。

尔朱荣经常跟元天穆及部下都督贺拔岳密谋，打算发兵进入洛阳，对内诛杀奸佞之人，对外肃清各地匪盗，元天穆和贺拔岳二人都劝尔朱荣这样做。

于是，尔朱荣便向朝廷上书说："山东群盗的活动正猖獗，冀州、定州已经失陷敌手，官军屡战屡败，我请求派遣三千精锐骑兵向东增援相州。"

胡太后对此很是怀疑，便回答尔朱荣说："莫折念生已斩首，萧宝寅被活捉，万俟奴已请求投降，这样，关、陇地区的贼盗已经平定。费穆大破群蛮，绛蜀地区也逐渐平定。再者，北海王元颢已率军两万出镇相州，因此你不必再出兵增援了。"

尔朱荣又上书朝廷说："贼兵的势力虽然衰落，但官军却屡次失败，军心畏惧，所以恐怕官军实际上很难起作用。如果不另想策略的话，则不能确保万无一失。以微臣愚见，蠕蠕国国王阿那环受我魏朝厚恩，不应忘记报答，因此，应该让他发兵东至下口以攻击贼兵的背后，令北海王元颢的部队严加戒备以攻击贼兵的正面。

"我的部队虽然很少，也要尽全力命他们从井陉以北，滏口以西，分路占据险要地区，从侧面攻击贼兵。葛荣虽然吞并了杜洛周的部队，但威信还未树立，部下并非一族，可以使他们分崩离析。"

于是，尔朱荣便命令部队征召义勇之人充军，向北守卫马邑城，向东占据了井陉。

徐纥劝胡太后派人持铁券离间尔朱荣的部下，尔朱荣听说后，很忌恨徐纥。

孝明帝也很厌恶郑俨、徐纥等人，碍于胡太后，不能把他们除掉。

于是，孝明帝秘密下诏书命尔朱荣发兵至京城，想以此来胁迫胡太后。

郑俨、徐纥担心灾祸会降临到自己头上，便暗中与胡太后策划阴谋毒死孝明帝。

二十五日，孝明帝突然去世。

二十六日，胡太后立皇女为皇帝[1]，大赦天下。不久她又下诏书宣称："潘

[1]大通二年（528）正月初七，北魏孝明帝的潘嫔生了一个女儿，胡太后诈称是皇子。

充华实际上生的是女儿。原来的临洮王元宝晖的后代元钊，是孝文帝的嫡系后代，应该做皇帝。文武百官各晋二级官位，宿卫晋三级官位。”

二十七日，元钊即位。元钊这时才刚刚三岁，胡太后想长久地独揽大权，看中了元钊年纪小才立他为帝。

尔朱荣听说这事之后，非常恼怒，对元天穆说：“皇上去世了。他已十九岁了，天下还仍把他看作是小皇帝，何况现在立一个还不会说话的幼儿来统治天下，想求得国家长治久安，怎么可能呢？我打算率骑兵奔赴国都哀悼皇帝，除掉奸佞之人，重新立一位年纪大一点儿的皇帝，你们看怎么样？”

元天穆说：“这真是伊尹、霍光再生啊！”

于是，尔朱荣上书朝廷，声称：“大行皇帝离开人世，天下都认为是被毒酒害死的。哪儿有皇帝生病，竟然不召医生看视，贵戚大臣都不服侍左右的道理？这怎能不让天下之人感到奇怪、诧异呢？又立皇女为皇位继承人，妄自实行大赦，宽恕罪犯，对上欺骗天地，对下迷惑朝野之人。接着又选立孩童为帝，实际上让奸臣佞子把持朝政，毁坏国家纲纪，这与掩目捕雀、塞耳盗铃有何区别？

“现在各地盗匪猖獗，邻国之敌暗中窥伺，朝廷却打算让一个还不会说话的孩子来镇抚安定天下，不是太难了吗？希望朝廷允许我回到京城，参与商讨国家大计，向侍卫之臣询问皇帝驾崩的原因，访查侍卫们不知道的真实情况，将徐纥、郑俨之徒交给法官查办，以洗掉世间的耻辱，消除远近各地的怨恨之情，然后重新选择一位皇族成员继承皇位。”

尔朱荣的堂弟尔朱世隆，当时任直官，胡太后派他到晋阳慰问安抚尔朱荣。

尔朱荣打算留下尔朱世隆，尔朱世隆说道：“朝廷现在怀疑兄长您，所以才派我来您这里，现在您却要留下我，这就会使得朝廷能够预先做好防备，不是好计策呀。”

于是，尔朱荣便让尔朱世隆回去了。

尔朱荣跟元天穆商议，认为彭城武宣王元勰有功勋，他的儿子长乐王元子攸平素声望很高，打算立元子攸为帝。尔朱荣又派侄子尔朱天光及亲信奚毅、仆人王相来到洛阳，与尔朱世隆秘密商议。尔朱天光见到元子攸后，向他详细地讲了尔朱荣的想法，元子攸答应了。

尔朱天光等人回到晋阳，尔朱荣仍犹疑不定，于是便用铜为皇室的子孙们每人都铸铜像，以此占卜谁能做皇帝，结果只有长乐王元子攸的铜像铸成了。

尔朱荣这才起兵从晋阳出发，尔朱世隆逃出京城，在上党与尔朱荣相会。

胡太后听说后，非常恐惧，将王公大臣全部召入宫中商议对策。皇族宗室和大臣们都很痛恨胡太后平日的所作所为，因此没有人发言。

只有徐纥说："尔朱荣这个小胡人，竟敢起兵冒犯朝廷，禁卫军足以将他制服。只要守住险要地区以逸待劳，尔朱荣的孤军千里而来，兵马疲惫不堪，一定能够打败他。"

胡太后认为徐纥说得很对，于是，任命黄门侍郎李神轨为大都督，率兵迎击尔朱荣，副将郑季明、郑先护率兵守卫河桥，武卫将军费穆驻扎在小平津。

尔朱荣的军队到达河内后，尔朱荣又派王相秘密进到洛阳城，迎接长乐王元子攸。

四月初九，元子攸与他的哥哥彭城王元劭、弟弟霸城公元子正偷偷从高渚渡过黄河，初十，在河阳跟尔朱荣见了面，将士们都高呼万岁。

十一日，尔朱荣等渡过黄河。元子攸即皇帝位，是为北魏孝庄帝，任命元劭为无上王，元子正为始平王，任命尔朱荣为侍中、都督中外诸军事、大将军、尚书令、领军将军、领左右，并封为太原王。

郑先护平素与孝庄帝的关系很密切，听说他已即位做了皇帝，便与郑季明一起打开城门将尔朱荣的部队接进城中。

李神轨来到河桥后，听说北中城已失守，便立即逃回了洛阳城；费穆丢下士兵自己先投降了尔朱荣。徐纥假传圣旨夜里打开宫殿大门，牵出了十四养在骅骝厩中的御马，向东逃奔了兖州。郑俨也逃回了老家。胡太后将孝明帝的后宫嫔妇们召集在一起，命令她们都出家为尼，太后自己也削了发。

尔朱荣召令文武百官迎接圣驾。

十二日，文武百官捧着皇帝的印玺、绶带，准备了车辇，从河桥迎回孝庄帝。

十三日，尔朱荣派骑兵抓获了胡太后和小皇帝元钊，将他们送到了河阴，胡太后对尔朱荣讲了许多求情的话，尔朱荣拂袖而起，命人将胡太后和元钊沉入了黄河之中。

费穆暗中劝尔朱荣说："您兵马不足万人，现在远道而至洛阳，前面没有遇到任何抵抗，既没有什么战胜之威，平素人们心中对您又不畏服。

"京城军队众多，文武百官势力强盛，如果知道了您的虚实的话，便会对您有所轻视。若不狠狠地实行诛杀、惩治，另外培植亲信，恐怕您回到北方之时，还未过太行山，内乱便会发生。"

尔朱荣内心认为费穆的话很对，于是便对亲信慕容绍宗说："洛阳人口众多，骄侈成习，如不加以整饬，终究难以控制。我打算趁文武百官出迎之际，全部杀掉他们，你看怎样？"

慕容绍宗说道："太后荒淫无道，奸佞小人专权，将天下搞得混乱不堪，所以您才起义兵以整肃朝廷。现在却无故杀戮许多官员，不分忠臣奸臣，恐怕会使天下人大失所望，这不是上策。”

尔朱荣不听，于是请孝庄帝沿黄河向西来到淘渚这个地方，尔朱荣率百官来到皇帝行宫的西北，说是要祭天。文武百官集中起来后，尔朱荣布置骑兵四面包围了他们，指责文武百官说，天下动乱，孝明帝突然死去，都是由于他们这些朝廷大臣贪赃枉法，肆虐无忌，不能匡辅社稷所造成的，因此命令部队诛杀他们。从丞相高阳王元雍、司空元钦、仪同三司义阳王元略以下，被杀的达两千多人。

有一百多名朝廷官员后来才到，尔朱荣又让骑兵们包围了他们，对这些官员下令说：“如果谁能作一篇元氏禅让皇位于尔朱氏的文告，就可以免死。”侍御史赵元则站出来响应，于是便让他起草禅让文告。尔朱荣又命令他的士兵们高呼：“元氏既灭，尔朱氏兴。”士兵们一齐山呼万岁。

尔朱荣又派数十人持刀来到行宫，孝庄帝与无上王元劭、始平王元子正一起来到帐外。尔朱荣先派并州人郭罗刹、西部高车人叱列杀鬼侍立在孝庄帝两侧，假装说是保护皇帝，将孝庄帝拖入帐中，其余的人便杀了元劭和元子正。

接着尔朱荣又派数十人将孝庄帝迁到了河桥，置于他的帐下。

孝庄帝忧伤愤慨但却无计可施，派人向尔朱荣传达旨意说：“帝王迭兴，盛衰无常。现在天下纷乱，将军奋而起兵，所向无敌，这是天意，不是靠人的力量所能达到的。我原来投奔于你，只是希望能够活下来罢了，哪敢妄想登上皇位？将军你逼我做皇帝，我才到了现在这个地步。如果上天有意安排你做皇帝的话，将军你应选好时机登上皇位。如果你推辞而不做，想保存大魏的社稷，那么您也应该另选一位亲信而又贤明的人做皇帝，您对他加以辅佐。”

当时，都督高欢劝尔朱荣称帝，尔朱荣的部下大多赞同，尔朱荣犹疑未决。

贺拔岳进言道："将军您首先发起义兵，志在铲除奸逆，大功还未告成，便急着有这种打算，恐怕只能很快招来灾祸，我看不出有什么好处。"

于是尔朱荣便自己用黄金铸像，共铸了四次，均未成功。

功曹参军燕郡人刘灵助善于占卜，尔朱荣对他很信任。刘灵助认为无论从天时来看，还是从人事上看，都不可以称帝。

尔朱荣说道："如果我做皇帝不吉利的话，便应当迎请元天穆做皇帝。"

刘灵助说："元天穆也不吉利，只有长乐王元子攸符合天意。"

尔朱荣这时也精神恍惚，支持不住了，过了很长时间才清醒过来，深感惭愧悔恨地说："错到这个地步，我只有以死来向朝廷谢罪了。"

夜里四更时，他又迎请孝庄帝回到军营，朝着皇帝的马头叩头请求死罪。

尔朱荣所率领的胡人骑兵因杀朝廷大臣太多，不敢进入洛阳城，便想将国都迁到北方。尔朱荣犹疑了很长时间，武卫将军泛礼坚决反对迁都。

十四日，尔朱荣护送孝庄帝进入洛阳城。孝庄帝登上太极殿，下诏大赦天下，改年号为建义。跟从太原王尔朱荣的将士，全部晋升为五级官阶，在京城中的文官晋升二级官阶，武官晋升三级，百姓免除租役三年。

当时文武百官已荡然无存，即使活下来的也大都逃窜藏匿起来，不再露面，只有散骑常侍山伟一人拜见皇帝，接受赦免。

洛阳城中的官员百姓都很害怕，人人都另有所虑，有的说尔朱荣要纵兵大肆掠取，有的说尔朱荣要迁都晋阳。于是，富贵人家放弃了住宅，贫困人家携带包裹，都纷纷逃奔他乡，城中人口还剩下不到十分之一二，守备空虚，政府各部门都空无一人。

于是尔朱荣向孝庄帝上书说："大兵往来接触，很难整齐统一。朝廷中的王和大臣，横遭杀戮的很多，我现在即使粉身碎骨也不足以抵消所犯的罪责，所以我请求圣上追封那些死去的大臣，以稍微弥补一下我的罪责。请求追封无上王为无上皇帝，其余在河阴被杀的人，凡原先是分封王的，追封三司，三品官员封赠令、仆，五品官员封赠刺史，七品官员以下至布衣封赠郡守、镇将。死者如果没有后代听任另择继承人，立即授予封爵。另外，再派使者慰问城内的百姓。”

孝庄帝下诏同意这样做。

于是，朝廷官员这才渐渐地出头露面，人心才稍微安定下来。

北魏分裂

梁武帝中大通五年（533）

正月，北魏侍中斛斯椿听到乔宁、张子期的死讯，心里无法安宁[1]。他与南阳王元宝炬、武卫将军元毗、王思政一道秘密劝说北魏孝武帝元修除掉丞相高欢。

舍人元士弼又告诉孝武帝，说高欢对皇帝颁下的诏书不恭不敬，孝武帝因此不大愉快。

斛斯椿劝说孝武帝设置了负责皇宫守卫的内都督部曲，又在皇帝居住的朱华阁里增添了值勤侍卫的人数，在这些侍卫下面，还有定额以外的侍卫几百人。充当卫士的都是从各地精选出的骁勇善战的人。

孝武帝几次外出巡游，斛斯椿亲自部署，在卫士以外另外排列队伍。因此，有关朝政、军机方面的大事，孝武帝只与斛斯椿商议决定。

由于关中大行台贺拔岳手中掌握重兵，孝武帝就与他秘密联系，又派遣侍

[1] 中大通四年（532），北魏尔朱氏集团与高欢集团为争夺朝政控制权，在韩陵交战。尔朱氏手下的斛斯椿、乔宁、张子期等人，先后投靠高欢。乔宁和张子期被高欢以对天子不够忠心、对主公不讲信义为由杀掉了。斛斯椿则担心自己数次投奔他人，迟早也被高欢所杀。

中贺拔胜担任统管三荆等七州军事的都督，想倚仗贺拔胜兄弟的力量与高欢抗衡，高欢心里更加不高兴。

当初，贺拔岳派遣行台郎冯景到晋阳。

高欢听说贺拔岳的使者来了，非常高兴，说道："贺拔公岂不是想念我了？"然后与冯景歃血为盟，约定与贺拔岳结为兄弟。

冯景回去后，对贺拔岳说："高欢奸诈有余，真诚不足，不可信任。"

府司马宇文泰自告奋勇，请求出使晋阳，以便观察高欢的为人到底如何。

高欢见了宇文泰，对他的相貌感到惊奇，说道："这个年轻人的仪表看起来不同寻常。"因此要留下宇文泰。

宇文泰坚决要求回去复命。高欢让宇文泰走了之后又觉得后悔，急忙派人骑驿马追赶，一直追到潼关还没有追上，只好返回。

宇文泰回到长安后，对贺拔岳说："高欢之所以还没有篡夺帝位，正是因为忌惮你们兄弟，而侯莫陈悦[1]等人，并不是他所猜忌的对象。您只要悄悄地进行准备，算计高欢是不难的。现在费也头部族善于射箭的骑兵不下一万人，夏州刺史解拔弥俄突的精兵有三千多人，灵州刺史曹泥、河西流民纥豆陵伊利等人各自都拥有一帮人马，还不知道自己要归属哪一方。

"您要是带着军队逼近陇地，扼守该地的要害之处，用威势来震慑他们，同时再用恩惠对他们进行安抚，就可以收服他们的兵马来壮大我军的力量。此外，西边亲睦氐、羌部落，北边抚慰沙漠塞外之民，然后挥师返回长安，辅助魏国皇室，这是足以跟齐桓公、晋文公的功业相比的举动呀。"

贺拔岳听了非常高兴，又派遣宇文泰到洛阳向孝武帝请示有关事宜，秘密

[1]侯莫陈悦（？—534），复姓侯莫陈，秦州刺史，被贺拔岳视为亲信。

陈述有关情况。

孝文帝也很欢喜，加封宇文泰为武卫将军，叫他回去向贺拔岳汇报。

八月，孝武帝任命贺拔岳为都督雍、华等二十州诸军事及雍州刺史，又割破自己心口前的皮肉，取出一些鲜血，派遣使者赐送给贺拔岳。

于是贺拔岳带领兵马向西挺进，以牧马的名义驻扎在平凉。

斛拔弥俄突、纥豆陵伊利以及费也头的万俟受洛干、铁勒斛律沙门等人都依附于贺拔岳，只有曹泥还依附于高欢。秦、南秦、河、渭四州的刺史一同会集在平凉，接受贺拔岳的指挥调度。

贺拔岳因为夏州地处边境，地位重要，想要寻找一位出色的刺史来镇守，大家都推举宇文泰。

贺拔岳说道："宇文左丞是我的左右手，怎么可以离开我！"

他反复考虑了好几天，最终还是上书孝武帝，请求任用宇文泰为夏州刺史。

十二月，高欢对贺拔岳和侯莫陈悦的强大感到害怕。

右丞翟嵩对高欢说："我能够离间他们，使他们相互屠杀灭亡。"

于是，高欢就派他去办理。

梁武帝中大通六年（534）

二月，贺拔岳将要讨伐曹泥，派了都督武川人赵贵到夏州先与宇文泰商量。

宇文泰说："曹泥掌握的是一座孤城，距离又远，不足以成为我们忧虑的对象。侯莫陈悦贪心而又不讲信义，应该先收拾他。"

贺拔岳没有听从宇文泰的建议，而是召请侯莫陈悦在高平与自己会合，共同讨伐曹泥。

侯莫陈悦听了翟嵩的话以后，就图谋除掉贺拔岳。到了河曲，侯莫陈悦引诱贺拔岳到他的军营去坐，一同谈论军事。谈着谈着，侯莫陈悦假装说自己肚子疼，站起身来，他的女婿元洪景拔出腰刀杀了贺拔岳。

贺拔岳身边的人都纷纷逃散，侯莫陈悦派人告诉他们说："我奉了朝廷密旨，只取贺拔岳一个人的性命，各位都不要害怕。"

大家都认为侯莫陈悦的话是真的，不敢轻举妄动。但是侯莫陈悦自己的心里还犹豫不决，不敢安抚招纳贺拔岳的部属，于是就回到陇地，驻扎在水洛城。

贺拔岳离散的部属回到平凉，赵贵来到侯莫陈悦处请求由他安葬贺拔岳的遗体，侯莫陈悦答应了他。

贺拔岳的部下们都还没有归属，各位将领商议，派都督杜朔周作为使者赶往夏州请宇文泰来。

宇文泰与手下的轻骑兵一起快速地赶赴平凉。

高欢派侯景去招纳安抚贺拔岳的兵马，宇文泰走到安定的时候遇见了他，对他说："贺拔岳虽然已经去世，但我宇文泰还活着，你想要干什么！"

侯景大惊失色，回答说："我不过是一支箭，人家把我射到哪儿我就到哪儿。"于是他便返回了。

宇文泰到达平凉之后，非常悲痛地哭吊贺拔岳，将士们都又悲又喜。

孝武帝听到贺拔岳的死讯，派遣武卫将军元毗去慰问贺拔岳的军队，把他们召回洛阳，并且宣召侯莫陈悦。

元毗到了平凉，部队里面已经拥戴宇文泰作为首领，而侯莫陈悦已经归附了高欢，因此不愿意接受孝武帝的宣召。

宇文泰通过元毗给孝武帝递送了表章，说："大臣贺拔岳突然死于非命，都督寇洛等人要我暂且掌握这儿的军事权力。我已经接到您宣召贺拔岳的军队进京城的诏书，但是现在高欢的兵马已经到了五原河以东地区，侯莫陈悦还在水洛。

“我手下的士兵大多数是西部人，留恋自己的家乡，如果硬逼着叫他们赶赴京城，侯莫陈悦在后面追击，高欢在前面拦截，恐怕会产生国家遭殃百姓被杀的后果，受到的损失更大。请您允许我们稍微停一停缓一缓，慢慢地进行诱导，渐渐地将他们带到东部地区。”

孝武帝就任命宇文泰为大都督，统率贺拔岳的部队。

四月，宇文泰率领军队向陇地进发，留下兄长的儿子宇文导以都督的身份镇守原州。宇文泰军令严肃，一路上部队秋毫无犯，老百姓都非常高兴。出了木狭关之后，大雪厚达两尺，宇文泰还是带着队伍日夜兼程行军，准备给侯莫陈悦来个出其不意。

侯莫陈悦得到消息后，退到略阳进行防守，只留下一万人留守水洛。宇文泰一到，水洛的人马就投降了。

宇文泰派了几百名轻装骑兵赶往略阳，侯莫陈悦又撤退到上邽，要南秦州刺史李弼来和他一道抵御宇文泰。李弼知道侯莫陈悦必定失败，暗中派遣使者到宇文泰那儿，请求做他的内应。

侯莫陈悦又放弃了州城，向南撤退，占据山中险要的地方而自保。

李弼对侯莫陈悦的部属说：“侯莫陈公准备返回秦州，你们这些人为什么还不整理行装？”

李弼的妻子是侯莫陈悦的姨，大家都听信了李弼的话，争相赶往上邽。李弼抢先占据了城门来保证这一带的安定，随后带着全城人马投降了宇文泰，宇文泰马上任命李弼为秦州刺史。

当天晚上，侯莫陈悦派出队伍准备迎战，但是兵士们无心作战，人人自危，因而自行溃散了。侯莫陈悦生性喜欢猜疑别人，吃了败仗之后，不敢再相信周围的人，不让他们靠近自己，就和两位弟弟，还有儿子以及谋杀贺拔岳的人，一共七八个人，抛弃大队人马飞奔而去。

他们好几天盘旋往来，不知道应该去哪里。旁边的人劝他到灵州去依附曹泥，侯莫陈悦答应了，他自己骑上骡子，命令手下的人都徒步跟随，准备穿过山路赶到灵州。

宇文泰叫原州的都督贺拔颖在后面追赶，侯莫陈悦望见追上来的骑兵，便在荒野之中上吊自杀了。

夏州长史于谨对宇文泰说："您占据了关中险要而容易固守的地方，将士们骁勇善战，土地肥沃富饶。现在皇上在洛阳，身受一群凶恶之徒的胁迫。

"如果对他陈述您的诚心诚意，讲明时事对他的利害关系，请他将都城迁到关西地区，这样您就可以挟天子而令诸侯，秉承皇帝的命令来讨伐叛乱，建立齐桓公、晋文公那样的大业。这可是千载难逢的好机会呀！"

宇文泰认为他言之有理。

高欢听说宇文泰平定了秦、陇地区，就派遣使者用甜言蜜语和丰厚的礼品来结交宇文泰。

宇文泰没有接受，而是封好高欢的书信，派都督张轨去献给孝武帝。

斛斯椿问张轨："高欢的叛逆之心路人皆知，众望所归，唯有西边的宇文泰了，不知道宇文泰的才能与贺拔岳相比如何？"

张轨回答说："宇文公论文足以管理国家，论武能够平定叛乱。"

斛斯椿说道："果真像你说的那样，宇文泰真是可以依靠的对象。"

孝武帝任用宇文泰为侍中、骠骑大将军、开府仪同三司、关西大都督、略阳县公，可以按皇帝的旨意自行封官。

宇文泰就任命寇洛为泾州刺史，李弼为秦州刺史，前略阳太守张献为南岐州刺史。

侍中封隆之对高欢说："斛斯椿等人如今待在京城，必定构成灾祸混乱。"

由于封隆之与仆射孙腾曾争着做孝武帝的妹妹平原公主的驸马，公主跟了封隆之，孙腾便把他的话泄露给斛斯椿，斛斯椿又告诉了孝武帝。

封隆之害怕了，逃回了家乡，高欢将他叫到了晋阳。恰好孙腾由于带着兵器闯入皇宫禁地，擅自杀死了御史，因而惧罪而逃，也跑到了高欢那里。领军娄昭以生病作为托词跑回了晋阳。

孝武帝派斛斯椿兼任领军，另行安排都督以及河南、关西各地的刺史。华山王元鸷在徐州，高欢派大都督邸珍夺去了他的城门钥匙。

建州刺史韩贤、济州刺史蔡儁都是高欢的党羽。孝武帝通过撤销建州的办法免去了韩贤的职务，叫御史列举蔡儁的罪状，让汝阳王元叔昭取代了他。

高欢向孝武帝上书说："蔡儁功勋卓著，决不可以解除他的职位剥夺他的权力；汝阳王有着美好的德行，应当封他为大藩国的国王；我的弟弟高永宝现任定州刺史，应该避让开，进用有才能的人。"

孝武帝没有听他的话。

五月，孝武帝想要讨伐高欢所住的晋阳，初十，颁下诏书命令戒严，说"要亲自带兵讨伐梁"。他征调河南各州的兵马，在洛阳进行大规模的检阅仪式，部队的南端挨着洛水，北端靠近邙山，孝武帝身穿盔甲与斛斯椿一道亲临视察。

六月初六，孝武帝秘密写给高欢一封诏书，假称："宇文泰、贺拔胜颇有叛变篡位的意图，所以我假装说要讨伐南方，暗中进行准备，您也应该一同做出增援的样子。读后请将诏书烧掉。"

高欢则上书给孝武帝，说："荆州的贺拔胜、雍州的宇文泰将要实施叛逆的阴谋，我现在暗中带领三万兵马，从河东渡河，又派遣恒州刺史库狄干等人统领四万兵马从来违津渡河，领军将军娄昭等人统领五万兵马讨伐荆州，冀州刺史尉景等人统领七万山东兵、五万惯于冲锋陷阵的精锐骑兵讨伐江东地区，他们都已率领自己的部属，恭敬地聆听您的吩咐。"

孝武帝知道高欢已经觉察自己要制造事变，就亮出高欢的奏章，叫大臣们对它进行评议，想要制止高欢出兵。

高欢也召集并州的官佐属吏共同商议，然后又一次递上奏章，仍然说："我受到一群奸臣的挑拨离间，陛下因此一时对我产生了怀疑。我要是胆敢辜负陛下，就让上天将灾难降临到我的身上，断子绝孙。陛下如果相信我的赤胆忠心，免动干戈，我就希望您能考虑把一两位奸臣从您的身边赶出去。"

中军将军王思政对孝武帝说："高欢的心思昭然若揭，谁都知道。洛阳不是英雄用武的地方，宇文泰的心是向着皇室的，现在朝廷迁到他那儿去，将来再光复旧的都城，还怕不成功吗？"

孝武帝觉得他的话很正确，便派遣河东人散骑侍郎柳庆到高平会见宇文泰，一同讨论时事。

宇文泰请求去迎接孝武帝的车驾，柳庆完成使命后回到京城报告了情况。

孝武帝又悄悄地对柳庆说："我想到荆州去，你看怎么样？"

柳庆回答说："关中的地形占据优势，宇文泰的才能胆略可以依靠。荆州所处不是要害之地，南面又接近强敌梁国，依我愚见，没有可以去的理由。"

孝武帝又征求内都督宇文显和的意见，宇文显和也劝孝武帝去西边。

这时，孝武帝从各州、郡广泛征招兵马，河东人东郡太守裴侠率领他的部属到达洛阳。

王思政问他："如今大权在握的官员自作主张，皇室日趋卑微，应该怎么办？"

裴侠回答说："宇文泰被三军推崇，占据着以两万人就足以抵挡百万人的这块险固的地方。这正像人们所说的那样，自己手持着戈矛，哪肯将把柄授给别人？所以，虽然想去投靠他，但是恐怕无异于避开了沸水又走进了火坑。"

王思政又问道："那么怎样做才好呢？"

裴侠说道："算计高欢则有近忧，到西部去则有远虑，比较之下，还是暂且先去关西地区，然后再慢慢想一个合适的方案吧。"

王思政认为裴侠言之有理，于是把他推荐给孝武帝，孝武帝授予他左中郎将的职位。

孝武帝让宇文泰兼任尚书仆射，出任关西大行台，还答应将冯翊长公主许配给他做妻子。

他对宇文泰的帐内都督杨荐说："你回去告诉你们行台，让他派骑兵来迎接我！"又任命杨荐为直将军。

宇文泰任命以前的秦州刺史骆超为大都督，率领一千名轻装骑兵前往洛阳，又派遣杨荐与长史宇文侧一道到关外迎候孝武帝。

高欢召来他的弟弟定州刺史高琛，让他镇守晋阳，命令长史崔暹（xiān）辅佐他。

高欢带领部队向南方进发，并告诉他的部属们："因为尔朱氏自作主张不服从命令，所以我在海内伸张正义，拥戴皇上，真诚之心，贯通幽明，谁知由此而横遭斛斯椿的谗言谄害，我一片忠心，却被他们视为叛逆。现在我们向南方进军，不过是要杀掉斛斯椿而已。"

宇文泰也在各州、郡传布声讨文书，列举高欢的罪状，并且亲自带领大军前往高平，先头部队屯驻在弘农。

七月初九，北魏孝武帝亲自带领十万兵马屯驻在河桥地区，以斛斯椿为先锋，陈兵在邙山的北面。斛斯椿请求率领两千名精锐骑兵渡过黄河，乘敌军疲劳困乏处于不利状态的时候发动突然袭击，孝武帝开始同意他的计划。

但黄门侍郎杨宽劝告孝武帝说："高欢以臣子的身份讨伐君王，还有什么做不出的？现在把兵马借给别人，怕会发生其他的变故。斛斯椿渡河之后，万一有功的话，那就成了灭除了一个高欢，又生出一个高欢。"

于是孝武帝颁下诏书，命令斛斯椿停止行动。

斛斯椿叹息道："近来火星进入南斗，现在皇上相信他身边的人的离间陷害，不采用我的计谋，岂不是天意呀？"

宇文泰听了这话之后，对身边的部下说："高欢几天之中行军八九百里路，这是兵家所忌讳的事情，应当乘这个机会袭击他。而皇上以万乘之重，不能渡过河去与高欢决一死战，倒是靠着渡口一味防守。而且长河足有万里，防御起来困难，如果有一个地方让高欢的军队渡过，总的局势就完了。"

他立刻任命大都督赵贵为别道行台，从蒲反渡河，向并州进军，又派大都督李贤率领一千名精锐骑兵赶往洛阳。

二十六日，高欢指挥部队渡过了黄河。

孝武帝向各位大臣询问计策，有人说投奔南方梁朝，有的人说到南方依靠贺拔胜，有的人说去西部的关中地区，有的人说坚守洛口死战一场，计划定不下来。

元斌之与斛斯椿争权夺利，他丢下斛斯椿回来，欺骗孝武帝说："高欢的兵马已经到了！"

二十七日，孝武帝派遣使者召回斛斯椿，然后就率领南阳王元宝炬、清河王元亶、广阳王元湛带着五千名骑兵在水的西部宿营，寄居在南阳王舍下的出家人惠臻背着玉玺手持千牛刀跟随着。

大家都知道孝武帝将要出发到西部去，这一天夜间，逃亡的人超过一半，清河王元亶、广阳王元湛也逃了回去。

二十八日，孝武帝奔往西部的长安，李贤在崤县境内与孝武帝相遇。

宇文泰派赵贵、梁御率领两千名戴盔披甲的骑兵前去恭迎孝武帝。

孝武帝沿着黄河向西行进，对梁御说："这条河的水向东流，而朕却往西去，如果有一天我能够重见洛阳，亲自到皇陵宗庙祭祀，那可都是你们的功劳呀。"

说着，孝武帝和他身旁的人都流下了眼泪。

宇文泰备好了仪仗与卫队迎接孝武帝，在东阳驿进行了参拜。

宇文泰摘去帽子流着眼泪说道："我没能遏制住贼寇的侵犯迫害，致使皇上颠簸迁徙，这都是我的罪过。"

孝武帝说道："你的忠心与气节，远近闻名。朕因为缺乏足够的德行，而身居尊位，结果招致贼寇肆意横行，今天与你相见，实在是太惭愧了。我现在就把国家的重担托付给你，你好好勉力吧！"

将士们高呼万岁。

于是孝武帝进入长安，将雍州的官署作为宫殿，史称西魏，并任命宇文泰为大将军、雍州刺史兼尚书令，国家军政大事的安排都取决于他。

孝武帝还另外设置了两名尚书，分别掌管军机大事，让行台尚书毛遐、周惠达担任了这两个职务。此时，长安政权刚刚创立，两人积攒粮食储备起来，制造各种器械，精选士兵战马，整个魏朝都依靠他们。

宇文泰与冯翊长公主成婚，被封为驸马都尉。

十月，高欢到达洛阳，又派遣僧人道荣将一份奏折交给孝武帝，里面说道："陛下如果在远方恩赐给我们一份诏书，答应返回京城洛阳，我将率领、约束文武百官，清扫干净您居住的宫殿，恭候您的归来。如果您不定下一个返回的日子，那么七庙就不能没有主人，天下邦国必须有所归附。届时，我宁可辜负陛下，也不辜负国家。”

孝武帝对此也不作答复。

高欢就召集文武百官和元老，商议立谁做皇帝合适，此时清河王元亶已经在自己进出时按皇帝的规格严加戒备，断绝行人。

高欢对他感到厌恶，就借口说：“孝昌年间以来，宗庙的辈分次序开始混乱，永安年间孝武帝只把孝文帝尊为他的伯父，永熙年间孝武帝又将孝明帝的牌位移到了宗庙内的夹室之中，近来的皇帝基业丧失，在位的时间短，原因都在于继承帝位的人辈分不对。”

于是，高欢拥立清河王的嫡长子元善见为新的皇帝，并对元亶说道：“要拥立您的话，还不如拥立您的儿子。”

元亶为此而心中感到不安，骑上轻装的快马向南方出走，高欢追赶上去劝回了他。

十七日，元善见在洛阳城的东北部登上了皇位，是为孝静帝，史称东魏。

高欢认为洛阳的西面接近西魏、南面接近梁朝，就提议将国都迁往邺城，他的文书颁下刚刚三天迁都就开始进行了。

二十七日，东魏孝静帝从洛阳出发，四十万户人家狼狈地踏上了路途。朝廷征收了文武百官的马匹，尚书丞、郎以上官员，如果不是陪同跟随孝静帝的，都被命令骑驴。

东魏朝廷将司州改名为洛州，任命尚书令元弼为洛州刺史，镇守洛阳，又任命行台尚书司马子如为尚书左仆射，与右仆射高隆之、侍中高岳、孙腾一道留在邺城，共同主持朝中的政务。

十一月十二日，东魏孝静帝到达了邺城，居住在相州的官衙里面，把相州刺史改称为司州牧，魏郡太守改称为魏尹。

十二月，西魏孝武帝在宫中失礼乱伦，堂妹中不出嫁的就有三个人，都被封为公主。

平原公主明月与南阳王元宝炬是同母兄妹，跟随孝武帝来到关中。丞相宇文泰叫元氏的各位亲王抓住并杀掉了明月。孝武帝对此感到不高兴，有时弯弓射箭，有时用铁锥锤击桌子，由此又和宇文泰产生了隔阂。

十五日，孝武帝喝酒中毒身亡。宇文泰和大臣们一同商议应该拥立谁为新皇帝，大多数人推举广平王元赞。

兼任侍中的濮阳王元顺在另外一个房间流着眼泪对宇文泰说："高欢逼走了已故的皇上，拥立一位年幼的皇帝以便大权独揽，您应该反其道而行之。广平王还年幼，所以不如拥立一位年长的君王。"

于是，宇文泰就拥立兼任太宰的南阳王元宝炬为皇帝，是为西魏文帝。

高澄篡位

梁武帝太清元年（547）

七月初二，东魏孝静帝元善见为丞相高欢举行哀悼仪式，穿上了缌缞（sī cuī）丧服。丧礼依照汉代霍光去世时的规格而进行，追封高欢为相国、齐王，并备九锡之礼。

初三，孝静帝任命高欢的长子高澄为使持节、大丞相、都督中外诸军、录尚书事、大行台、勃海王。高澄启奏孝静帝，请求辞去封给他的爵位。

初七，孝静帝颁下诏书，令高欢次子高洋摄理军政大事，并派宦官敦促劝谕高澄，走马上任。

八月初七，高澄来到邺城朝拜孝静帝，坚决辞去大丞相的职务。孝静帝诏令他仍然担任大将军，其他职务还同以前任命的那样。

孝静帝容貌、仪表俊美，臂力过人，能把石狮子夹在胳膊下面飞身跳过宫墙，射箭百发百中。他还喜好文学，行止从容沉稳，性情高雅。当时的人都认为他有北魏孝文帝的风范，因此大将军高澄特别防范他。

以前，高欢自恨背上了驱逐君主的丑名[1]，所以侍奉孝静帝时执礼甚恭，事无大小都一定汇报给孝静帝，听旨而行，自己从不专权。每次侍宴，他都俯下身子向皇帝祝寿。孝静帝举办法会，乘坐銮驾去进香时，他手持香炉，徒步跟在后面，屏住气息，弯腰鞠躬，看皇上的眼色行事，所以他的下属在侍奉孝静帝时也没有人敢不恭敬。

大将军高澄执掌国家大权后，很快就骄傲自大起来，他让中书黄门郎崔季舒暗中窥探皇帝的举动，孝静帝所做的大大小小的事都让崔季舒知道了。

高澄写给崔季舒的信中说："那傻子比以前怎么样了，他呆傻的程度比以前稍好一点儿了没有？你应该用心去检查、核对一下。"

孝静帝曾在邺城的东边打猎，骑马逐兽如飞，监卫都督乌那罗受工伐跟在孝静帝的马后高声呼喊道："皇上不要让马跑起来，大将军要怪罪的！"

高澄曾经陪着孝静帝饮酒，他举起手中大酒杯向孝静帝劝酒说："臣高澄劝陛下喝一杯。"那样子好像他们是平起平坐一样。

孝静帝不胜愤怒，对高澄说："自古以来没有不灭亡的国家，朕还要这一生干什么？"

高澄恼羞成怒地说："什么朕、朕的，是长着狗脚的朕！"又让崔季舒打了孝静帝三拳，然后振衣而出。

第二天，高澄让崔季舒进宫去慰问孝静帝，孝静帝也表示歉意，并且赏赐给他一百匹绢。

孝静帝忍受不了这种侮辱，便借吟咏谢灵运的诗来抒发自己的情怀："韩亡

[1]之前，高欢与北魏孝武帝元修产生隔阂，孝武帝元修随宇文泰出走，高欢另立孝静帝元善见，北魏分裂为西魏和东魏。

子房奋，秦帝仲连耻，本自江海人，忠义动君子。”

常侍、侍讲荀济了解孝静帝的心思，便和祠部郎中元瑾、长秋卿刘思逸、华山王元大器、淮南王元宣洪、济北王元徽等人一起密谋杀掉高澄。

孝静帝降旨假意问荀济：“您打算在什么时间开讲？”于是便借口要在皇宫里修一座土山，挖了一条通向城北的地道。

地道挖到了千秋门时，守门的兵卒发觉地下有响动，便把这一情况告诉了高澄。

高澄带着兵士入宫，见到了孝静帝，没有叩拜便坐下来，问道：“陛下为什么要谋划反叛？我们父子有保存国家的功绩，有什么对不起陛下的地方呢？这一定是您身边侍卫人员和嫔妃们所搞的鬼。”说完便要杀掉胡夫人以及李嫔。

孝静帝板起面孔说道：“自古以来只听说过臣子反叛君王，没听说过君王反叛臣子。你自己要造反，又何必还要责怪我呢！我杀掉你江山社稷就会安定，不杀则国家就会很快灭亡。我对自己都没时间去爱惜，何况对这些嫔妃呢！如果你一定要反叛弑君的话，是早动手还是晚动手就在于你自己了！”

高澄听完这些话，便离开坐床向孝静帝叩头，痛哭流涕地向孝静帝道歉、请罪。于是，一起痛饮，直到深夜，高澄才离开皇宫。

隔了三天，高澄便把孝静帝囚禁在含章堂里。

八月二十八日，荀济等人被在街市上用大锅煮死。

梁武帝太清三年（549）

四月十九日，东魏晋升大将军、勃海王高澄为相国，并加封他为齐王，给予他特殊的礼遇。

二十二日，高澄来到邺城朝拜孝静帝，坚决推辞，但是孝静帝没有同意。

高澄召集手下的将领及其他辅佐官员秘密商议此事。

七月，东魏的大将军高澄来到邺城，要辞去孝静帝授予他的爵位和特殊待遇，并且请求立皇太子。

八月初二，东魏立皇子元长仁[1]为皇太子。

高澄抓获了南朝梁国徐州刺史兰钦的儿子兰京，让他充当服侍自己用餐的奴仆，兰钦请求用钱财赎兰京出去，但是高澄不答应。兰京自己多次提出请求，高澄就用木杖打他，对他说："你要是再求诉的话，就杀掉你！"

兰京与他的六个同伙密谋犯上作乱。

高澄待在邺城，住在北城东侧的柏堂，很宠幸琅邪公主元玉仪[2]，他为了使自己与公主之间的来往方便，经常把侍卫们派到外面。

八月初八，高澄与散骑常侍陈元康、吏部尚书侍中杨愔、黄门侍郎崔季舒一起打发走身边的人，密谋逼东魏皇帝禅让皇位给高澄，还议定了对文武百官的安排。

兰京送来食品，高澄叫他退下，对众人说："昨天夜里，我梦见这个奴才用刀砍我，应该赶快把他杀掉。"

兰京听到这句话，便将刀子放在盘子底下，假装说要送食物过来，高澄恼怒地说道："我没要食物，你为什么突然进来？"

兰京挥着刀说道："是来杀你！"

高澄扑过去，不料自己的脚受了伤，他就钻到了床下，兰京把床掀开杀掉了他。

---

[1]元长仁，东魏孝静帝元善见与高皇后之子，高澄的外甥。

[2]元玉仪，曾祖父为北魏献文帝拓跋弘，父亲是高阳文孝王元泰。河阴之变后，北魏皇室一蹶不振，元玉仪沦为东魏大臣孙腾的家妓，后来又被抛弃。太清元年（547），高澄在邺城巧遇元玉仪，把她纳为自己的宠姬，并且奏请孝静帝将她封为琅邪公主。

杨愔狼狈逃走，一只靴子还丢在房间里；崔季舒藏到了厕所里面；陈元康用自己的身体掩护高澄，在和兰京争夺刀子时被砍伤，肠子流了出来。

高洋正在城东的双堂，听到这一消息，面不改色，立即指挥部队到出事地点讨伐这群叛贼，把他们杀死并将尸体切成了肉块。

梁简文帝大宝元年（550）

三月十一日，东魏晋升丞相高洋为齐王。

五月，孝静帝派太尉、彭城王元韶等人捧着玉玺印绶，把皇位禅让给高洋。

初十，高洋在邺城南郊即皇帝位，史称北齐。

十一日，北齐封孝静帝为中山王，让他可以不用行臣下之礼。同时追尊父亲高欢为献武皇帝，庙号太祖，后来又改称为高祖；追尊哥哥高澄为文襄皇帝，庙号世宗。

侯景叛魏

梁武帝中大同元年（546）

东魏司徒、河南大将军、大行台侯景，右脚比左脚短，所以并不擅长骑马射箭，但是他足智多谋。

高敖曹、彭乐等将领都是当时最勇猛的，侯景常常很轻视他们，对人说："这些人就像受惊的猪一样横冲直撞，流窜侵扰，能撞到哪里去呢？"

侯景曾对丞相高欢说："我愿意率领三万人马，横扫天下，应当渡过长江把萧衍那老头子绑来，让他做太平寺的寺主。"高欢派他带领十万兵马，全权管理黄河以南地区，对他的依靠、任用，就好像他是自己的半个身体一样。

侯景一贯轻视高欢之子高澄，他曾对司马子如说："高王[1]在世的时候，我不敢存有异心。如果高王去世了，我不能与那个鲜卑小子共事！"司马子如赶快捂住了侯景的嘴。

到了高欢已病入膏肓的时候，高澄便假借高欢的名义写了一封书信召

[1]高王，指高欢。大同五年（539），东魏孝静帝封高欢为渤海王。

侯景前来。

以前，侯景曾与高欢有过约定，他对高欢说："现在我在远处掌握着军队，人们很容易从中搞鬼。以后凡是您赐给我的书信都请您加一个小黑点。"

高欢同意了侯景的要求。

现在，侯景拿到了高欢的书信后，信上却没有黑点，便推托没有去。后来他又听说高欢的病情已经很严重了，就采纳了他的行台郎王伟的计谋，聚集军队，巩固自己的势力。

高欢问高澄："我虽然病了，可你的脸上却有另外的忧虑，这是为什么？"

没等到高澄回答，高欢又说："莫不是担心侯景要反叛？"

高澄回答说："是的。"

高欢又说："侯景专制河南已有十四年了，他一直飞扬跋扈，有夺取天下的志向。只有我能驾驭他，你很难驾驭他。现在，天下还没有安定，如果我死了，你不要马上发丧。

"库狄干这位鲜卑老人，斛律金这位敕勒老人，他们俩都是性格耿直、强劲有力的人，终不会对你负心的。可朱浑道元、刘丰生他们俩远道前来投奔我，也一定没有背离我们的心意。潘相乐原来是个道人，心地和善厚道，你们兄弟几个人会得到他的帮助的。

"韩轨有点耿直愚鲁，你们应宽容待他。彭乐的内心很难推测，应该提防他。所有人中，能够与侯景对抗的，只有慕容绍宗一人。我故意不让他得到富贵，就是要把他留下给你。"

高欢接着又说："段孝先这个人忠实、正直、坦白、仁慈、厚道，既有勇又有谋，在所有内外亲属中，只有这个人，军机大事要和他一起商量。"

高欢又说道："邙山战役时，我没有采纳陈元康的忠告，给你留下了隐患，我死不瞑目。"

梁武帝太清元年（547）

正月初八，高欢去世。高澄封锁了消息，秘而不宣，只有行台左丞陈元康知道。

侯景想到自己与高家有隔阂，心里感到惴惴不安。十三日，侯景依据河南反叛了东魏，归属了西魏。

高澄派遣了司空韩轨督率各路军队去讨伐侯景。

三月，西魏任命侯景为太傅、河南道行台、上谷公。

侯景又派遣他的行台郎中丁和前来梁朝，在上表中讲道："我与高澄之间有隔阂，请允许我率领函谷关以东，瑕丘以西，豫州、广州、郢州、荆州、襄州、兖州、南兖州、济州、东豫州、洛州、阳州、北荆州、北扬州等十三个州来归附。

"而青州、徐州等几个州，我只要随便写封信过去就能来归降。况且黄河以南，都是我管辖的范围，行动起来易如反掌。青州、徐州一旦平定，就可以随后慢慢攻取燕赵之地了。"

梁武帝召集大臣们来朝廷商议此事。

尚书仆射谢举等人都说："近年来，我们与魏友好往来，边境地区一直平安无事，现在若要收留其叛逆之臣，我们私下都认为不太合适。"

梁武帝回答说："尽管如此，如果得到侯景的话，塞北就可以到手了，机会难得，怎么能胶柱鼓瑟而不知变通呢？"

于是，梁武帝任命侯景为大将军，封他为河南王，让他担任都督河南、北诸军事及大行台之职，并特意授权他可以如后汉的邓禹那样秉承皇帝的旨意发号施令。

三月初九，梁武帝派司州刺史羊鸦仁督率兖州刺史桓和、仁州刺史湛海珍等人，带领三万人马向悬瓠（hù）方向靠近，运送粮食以接应侯景。

五月，高澄派遣武卫将军元柱等人率领几万大军日夜兼程去袭击侯景，在颍川北面与侯景相遇，结果元柱等人遭到惨败。侯景因为羊鸦仁等人的军队还没有赶到，便退守颍川。

韩轨等人率军把侯景包围在颍川。侯景感到害怕，便割让东荆、北兖州、鲁阳、长社四城贿赂西魏，以便取得其援救。

西魏尚书左仆射于谨说："侯景在少年时就习武练兵，为人奸诈，难以揣测，所以不如封以他高官厚禄，看看他的变化再说，先不要派兵去援救他。"

荆州刺史王思政却认为："如果不抓住时机进取，后悔就来不及了。"于是，便派荆州的一万多名步兵和骑兵经鲁阳关向阳翟进发。

西魏丞相宇文泰知道情况之后便封侯景为大将军兼尚书令，并派遣太尉李弼、仪同三司赵贵率领一万人马赶赴颍川去为侯景解围。

侯景怕梁武帝责怪他向西魏求援一事，便派中兵参军柳昕向梁武帝送去一封信，上面说道："陛下您派出的军队还没有来到，而我这里生死攸关，情况十分危急，便向关中求援，以便挽救自己所面临的危机。我既不能安处于高澄手下，又怎么会被宇文泰所容纳？但是手遭毒蛇咬伤而连手腕去掉，这是万不得已之事，本意是为国着想，希望您不要怪罪我！

"我得到了关中的帮助，所以不能马上就背弃他们，现在我把四个州的地方当作引敌人上钩的诱饵，已经让宇文泰派了军队进入颍川，帮助我守卫这里。从豫州以东到齐海以西的地区，都在我的控制范围之内。我现在已经拥有的土地，都归于梁朝所有，至于悬瓠、项城、徐州、南兖这些地方，只需要派人去加以接管就可以了。希望陛下您迅速向边境下发命令，让他们各置重兵，与我呼应，相互之间不要发生差脱误会！”

梁武帝回答说：“大夫离开国境，还有自作主张的权限呢，何况你始创奇谋，将建大业，理应根据事情的发展而行事，随机应变。你一片诚意，心系朝廷，何须多加解释呢？”

东魏的韩轨等人包围了颍川，得知西魏的李弼、赵贵等人将要领兵到来，带领军队撤回了邺城。侯景想趁机抓获李弼和赵贵二人，夺取他们的军队。

赵贵对侯景产生了怀疑，不去颍川与侯景相会。赵贵想把侯景诱入军营而趁机拘捕他，李弼制止了赵贵这一做法。

这时，羊鸦仁派长史邓鸿率领军队到了汝水，李弼便率领军队回到了长安。王思政带兵占据了颍川。侯景假称要攻取州郡，带领军队出颍川城，驻扎于悬瓠。

侯景又向西魏乞求援兵。丞相宇文泰让同轨郡的防主韦法保以及都督贺兰愿德等人率领军队前去帮助他。

大行台左丞王悦对宇文泰说：“侯景同高欢之间，开始是亲密的乡党关系，最终变成了君臣关系，侯景位居上将，权倾朝廷。而今高欢刚刚死去，侯景便很快外叛，这是因为他的图谋很大，终不甘居人下的缘故。况且他对高氏都能背信弃义，又怎么会为本朝尽忠尽节呢？现在您扩大他的势力，派兵去援助他，我私下担心这样会让后人耻笑的。”

于是，宇文泰便派人召侯景入朝。

侯景暗中打算反叛西魏，但计划没有实现，便优抚韦法保等人，希望他们能替自己效力，表面上做出亲密无间的样子。侯景每每来往于各个军队之间，带的侍从极少，对于西魏军队中的各个著名将领，他都亲自去拜访他们。

同轨防长史裴宽对韦法保说：“侯景为人奸诈狡猾，一定不肯应宇文丞相之召而入关，他肯定要通过您向朝廷讲情，恐怕不可以相信他。如果埋伏兵士斩了他，这也是一时的功劳啊。如果你不这样，我们就应该深深地提防他，不能轻信他的欺骗和引诱，以致为自己留下悔恨。”

韦法保非常赞同裴宽的话，但是不敢杀掉侯景，只是自己加强了防卫罢了。后来，他找了个借口便回自己的镇所去了。

王思政也觉得侯景在欺骗他，就秘密把贺兰愿德等人召回来，分别部署了各路军队，占领了侯景所管辖的七个州，十二个镇。

侯景果然推辞而不肯入朝，他在给宇文泰的信中说：“我耻于同高澄并行，又怎么能同大弟您比肩呢！”

宇文泰收到了这封信后，便派行台郎中赵士宪将以前派去的救援侯景的各路军队全部召回。

于是，侯景便决心投降梁朝。西魏将领任约带领所属的一千多名将士投降了侯景。

八月，有人告诉东魏大将军高澄：“侯景有北归之意。”

这时正好侯景的将领蔡道遵回到了东魏，讲道：“侯景有所悔过。”

侯景的母亲和妻子儿女都住在邺城，高澄便写信告诉侯景，说他的全家人都安然无恙，如果他肯回到东魏，便许诺让他终身担任豫州刺史，并还他宠妻爱子，对于他手下的文武官员，更是既往不咎。

侯景指使手下人王伟给高澄回信说：“现在，我已经带领梁和西魏的军队，举旗北伐，兵卒们士气高涨。克复中原的事业，我自己就能完成，哪里还需要您的恩赐呢？

“从前王陵归附了刘邦，母亲被项羽抓去，他仍不肯回去；刘邦的父亲被项羽囚禁了，项羽威胁要杀掉其父，刘邦却坦然地向项羽讨要煮他父亲的肉汤喝。父母尚且如此，何况是妻子儿女，那就更不介意了！

“如果说杀掉我的妻子和孩子对你有利的话，我想阻止你也是阻止不了的，如果杀掉他们对我毫无损害，那么您杀戮了他们也是徒然，反正我的家室全在您手中，如何处置，与我有什么相关啊？”

梁武之死

梁武帝太清二年（548）

二月，东魏大将军高澄多次派人送交国书，请求与梁朝通和、友好。

十七日，梁武帝萧衍派遣使者去慰问高澄，吊唁高欢。

叛魏投梁的侯景向梁武帝奏说："我与高氏父子之间的嫌隙和仇恨已经很深，我仰仗您的威灵，期待着报仇雪耻。现在陛下又与高氏修好讲和，让我何处安身呢？请求您让我再次与高澄交战，来显示梁朝的皇威！"

武帝写信回答侯景说："我与你之间君臣大义已定，怎会有你打了胜仗就接纳你，打了败仗就抛弃你的道理呢？现在，高澄派遣使者来求和，我也想停止干戈。应该进还是应该退，国家有正常的制度，你只管清静自居就行了，无须费心去考虑这些！"

侯景又向武帝启奏说："我现在已储备了粮草，聚集了士兵，喂饱了战马，藏好了武器，不日便可收复北方。我不能出师无名，所以希望陛下您能为我做主。现在陛下把我弃之在外，南北双方又开始互相沟通，只怕微臣的性命，将难免死在高澄之手。"

武帝又写信给侯景说："我是大国之君，怎么可以失信于人呢？我想你深深知道我的这番心意，不必再启奏了。”

五月，武帝派遣建康令谢挺、散骑常侍徐陵等人为使，到东魏去访问，恢复从前的友好关系。

六月，武帝依然没有采纳侯景的意见，与东魏友好往来，和睦相处，这以后，侯景写给武帝的奏折态度就渐渐不恭起来。后来他又听说徐陵等人出使东魏，心里反叛的念头就更强烈了。

临贺王萧正德，无论到哪里都贪婪残暴，不遵守法令，多次受到武帝的怪罪。因为这些萧正德心里对武帝十分愤恨。他暗中豢养一批肯为他效忠的敢死之人，储存粮食，积攒财物，希望国家发生意外事变。

侯景知道萧正德的心意。萧正德在北方时与徐思玉是知己，于是侯景便派徐思玉给萧正德送去了一封书信。

信上说：“现在天子年纪已大。奸臣乱国，依我看梁朝没有多少日子就会出现灾祸，遭到失败。大王你实属是君位的继承人，中途却被废黜，四海之人都归心于您。侯景虽不聪敏，实在想亲自为您效劳，希望大王您答应百姓的要求，上天可鉴我的诚心！”

萧正德喜形于色地说：“侯公的心愿，正好与我相同，这真是天授我也！”

于是，萧正德给侯景回信说：“朝廷中的事，正如你所讲的那样，我有这个打算已很久了。今天，我在朝廷里面，你在朝廷外面，我们相互呼应，一定会成功！事不宜迟，现在正是好时机。”

鄱阳王萧范秘密启奏武帝，告诉他侯景要密谋反叛。

当时，武帝把有关边境方面的事全都委托给了朱异，边境有什么动静都直通朱异。朱异认为萧范所说的一定没有道理。

于是武帝给萧范回信说：“侯景孤单一人，境况危险才寄身于我们。这好像是刚出生的婴儿要仰仗人的乳汁来哺育一样。由此看来，他怎么能反叛呢？”

萧范再次向武帝陈述说：“如果不早些把他消灭就会给百姓带来灾祸。”

武帝回答说：“朝廷对这件事自有处置，你不必再过多忧虑此事了。”

萧范又请求梁武帝动用合肥的军队去讨伐侯景，梁武帝没有同意。

朱异对萧范的使者说：“鄱阳王竟不允许朝廷养一个食客？”

从此以后，萧范给武帝的奏表，朱异便不再为他呈递了。

侯景邀羊鸦仁一同反叛梁朝，羊鸦仁拘捕了侯景派来劝他反叛的信使，并把这件事报告了朝廷。

朱异说：“侯景的反叛军队只有几百人，能有什么作为？”

武帝命令把侯景的信使送到建康的监狱里，不久，又释放了他。

侯景更加肆无忌惮，向武帝启奏说：“如果我的事是事实，我应该受到国家法律的制裁。如果我能承蒙你的关照和详察，请您杀掉羊鸦仁！”

侯景又启奏说：“高澄为人十分狡猾，怎么可以完全相信他的话！陛下听信了他的谎言，力求与他和好，我在私下里对这件事也感到可笑。我怎敢冒粉身碎骨的危险，投身我的仇人高澄呢？

“请求您将长江西部的一块地区，划归我控制。如果您不答应我这一要求，我就统率兵马，来到长江之上，杀向闽、越地区。这样，不仅朝廷蒙受耻辱，也会使三公大臣们顾不上吃饭。”

武帝让朱异代替他向侯景的信使回答说：“比如一个贫寒的家庭，蓄养了十个 、五个食客，还会让他们满意；我只有一个客人，就招致了你这些愤慨的话，这也是我的过失啊！”

之后，武帝对侯景的赏赐更多了，赏给了他许多鲜艳华美的彩帛及钱币，信使往来不断，道路相望。

八月初十，侯景在寿阳反叛。他以杀掉中领军朱异、少府卿徐驎、太子右卫率陆验、制局监周石珍为借口反叛了梁朝。

朱异等人由于为人奸诈、善于花言巧语阿谀奉承，骄奢淫逸而又贪婪，欺骗梁武帝、玩弄权术，被当时的人所痛恨，因此侯景以此为借口起兵叛乱。

侯景向西进攻马头，派遣他的将领宋子仙向东去攻打木栅，并捉住了戍主曹等人。

武帝听说这件事以后，笑着说："这些人能干出什么？我折断一根木棍就能鞭打他。"武帝下令悬赏，能杀掉侯景的人，封为三千户公并授予州刺史之职。

十六日，武帝下诏，任命合州刺史鄱阳王萧范为南道都督，北徐州刺史封山侯萧正表为北道都督，司州刺史柳仲礼为西道都督，通直散骑常侍裴之高为东道都督，侍中开府仪同三司、邵陵王萧纶持节监督各路军队以讨伐侯景。

侯景听说官军前来讨伐他，便向王伟询问策略。

王伟说："邵陵王的军队如果到来，他们人多，我们人少，一定会被他的军队所围困。我们不如放弃淮南，专心一意向东进军，统率轻装骑兵直袭建康。临贺王萧正德在建康内部反叛，大王你在建康城外发动攻势，天下不难平定！军队贵在行动迅速，您应该马上上路。"

侯景带领军队来到了长江边上，防卫长江的官员相继把侯景反叛的近况启奏给了武帝。

武帝向都官尚书羊侃询问讨伐侯景的计策。

羊侃请求："派两千人马快速占据采石，并命令邵陵王袭击、夺取寿阳，让侯景不能前进，退又失去巢穴。这些乌合之众，自然也就土崩瓦解了。"

朱异却说："侯景一定没有渡过长江的打算。"于是，武帝没有采纳羊侃的建议。

羊侃说："现在梁朝就要败亡了。"

二十一日，武帝任命临贺王萧正德为平北将军、都督京师诸军事，把军队驻扎在丹杨郡。萧正德派遣了几十艘大船，欺骗别人说这些船是用来运芦苇的，而暗中却用来载侯景的军队过江。

太子萧纲见情况紧急，便身穿戎装进入皇宫见武帝，领受武帝的指示。

武帝对他说："这些事是你自己的事，又何必问我呢？朝廷内外的军政事务，我全都交给你了。"

于是太子进驻中书省，指挥布置军事事务。人们惶惶不安，没有人敢应募出征。

朝廷还不知道萧正德已暗中投降了侯景这一情况，仍命令萧正德驻兵把守朱雀门，命宁国公萧大临驻守新亭，大府卿韦黯率兵驻守六个城门、修缮皇宫的城墙，为敌人的进攻做好准备。

二十四日，萧正德率领他的人马在张侯桥迎接侯景。他们在马上相互作揖。进入宣阳门后，萧正德面向后宫叩拜，哽咽流泪，跟随侯景一起渡过秦淮河。侯景部队的士兵都穿青色战袍，萧正德部队的士兵都穿红色战袍，战袍里子是青绿色的。与侯景部队会合后，萧正德就命令他的士兵全部将战袍衬里朝外反过来穿。

侯景乘胜进军来到城楼下面，城里的人十分恐惧。西丰公萧大春放弃了石头城，逃奔京口；谢禧、元贞等人放弃了白下逃走；津主彭文粲等人率石头城军民投降了侯景，侯景便派遣他的仪同三司于子悦来守卫石头城。

二十五日，侯景让士兵列队围绕在台城周围。

十一月，临贺王萧正德在仪贤堂即皇帝位，下诏："从普通年间以来，奸佞小人扰乱了朝政，皇上长期患病，国家危难将至。河南王侯景，离开自己的封邑来到朝廷，扶持我继承了皇位，今实行大赦，改年号为'正平'。"

萧正德立自己的长子萧见理为皇太子，任命侯景为丞相，把自己的女儿嫁给了侯景，并将家中财宝全部拿出来，资助军需。

侯景刚到建康时，以为很快就能攻克建康，所以当初他的军队号令严格，仪容整齐，士兵们不敢侵扰、凌暴百姓。等到多次攻打建康城都没有攻克时，人心开始离散、沮丧。

侯景担心救援建康的军队从四面八方会集到这里，迟早会有溃退的一天。另外，由于石头城备用粮仓的粮食已经吃完了，军队缺乏食物。

于是，侯景便纵容他的士兵去掠夺百姓的米粮以及金银、丝织品和百姓的儿女。从这以后，大米的价格一升涨到七八万钱，以致造成人吃人的情况，被饿死的人达到十分之五六。

梁武帝太清三年（549）

当初，台城关闭城门的时候，公卿们将粮食问题记挂在自己的心上，男的、女的、尊贵的、低贱的都出来背米，一共得到四十万斛粮食，同时还收集了各个府第储藏的钱和帛达五十万亿，它们全都集中在德阳堂。但是他们并没有储备柴禾、牲口草料以及鱼和盐。

到了此时，只好拆除尚书省的建筑做木柴，拿掉垫席，磨碎了以后喂马，垫席用光了，又把米饭喂马。士兵们没有肉吃之后，有的人开始煮甲衣上的皮革，烤老鼠，捕捉鸟雀来吃。皇室的厨房里有一种干的海苔，味道又酸又咸，不得已拿出来分给战士。士兵们在皇宫与各省的办公地点之间杀马，煮的马肉中还夹杂着人肉，吃的人无不得病。

侯景的部队也很饥饿，四处搜寻掠夺没有取得什么收获。东府城里有不少大米，可以供应部队整整一年，可是去那里的路被援军切断了。在这种情况下，侯景又听说荆州的部队将要赶到，心里非常害怕。

王伟对他说："现在看来，台城不可能迅速攻克，对方的援军力量日益强大，而我们的部队缺少粮食，如果我们假装向他们求和的话，可以缓解他们逼近的势头，东城的大米，足够让我们吃一年，趁着求和的时候，把大米运进石头城，援军一定不敢行动，然后我们使将士与战马都得到休息，修理好有关器械，看到对方懈怠下来再攻击他们，一下子就可以夺取台城。"

侯景接受了他的建议，派遣手下的将领任约、于子悦来到台城下面，恭敬地递上文书求和，请皇上允许他去恢复原先镇守的失地。

皇太子考虑到城里已穷困不堪，就将此事禀报给梁武帝，请他答应侯景的要求。

武帝愤怒地说道："跟侯景和好，还不如死！"

皇太子再三请求说："侯景围困逼迫我们已经很久，我们的援军又相互推诿不投入战斗，应该暂且答应与侯景媾和，以后再做其他打算。"

武帝犹豫了很久才说："你自己考虑吧，不要让千载以下的人讥笑。"

于是，皇太子派人告诉侯景，说皇上已答应他的请求。

侯景乞求朝廷割让长江西面的四个州给他，又表示得让宣城王萧大器出来相送，然后他才渡过长江。

中领军傅岐态度坚决地争辩说："哪有叛贼兴兵包围宫殿，而我们转过头来跟他们媾和的道理？侯景现在的这一行动是想让援军撤走而已。戎狄侯景人面兽心，绝对不能相信。况且宣城王是皇上的直系后裔，地位重要，国家的命运维系在他的身上，怎么可以叫他去当人质！”

于是武帝便任命萧大器的弟弟，石城公萧大款为侍中，派他去侯景那里做人质。

他又命令各路援军一律不得再前进，同时还颁下这样的诏书：“善于用兵的人不必以刀兵定胜负，止与戈两字合成为‘武’。我可以再任命侯景为大丞相，统管江西四个州诸军事，仍照旧担任豫州牧、河南王之职。”

十三日，武帝在西华门外设立神坛，派遣仆射王克、上甲侯萧韶、吏部郎萧瑳与于子悦、任约、王伟一同登上神坛订立盟约。太子詹事柳津来到西华门外，侯景则来到栅门外，遥遥相对，双方再屠宰牲畜，口中含血，订立盟誓。

盟约订立以后，侯景却长时间地不解除原来的包围，集中精力专门修缮铠甲与兵器，还找借口说：“没有船只，不能立即出发。”

又说：“害怕那些屯驻在秦淮河南岸的援军追击我们。”

他叫石城公返回台城，要宣城王出来相送，提的要求越来越多，丝毫没有离去的意思。皇太子明知他说的都是假话，却还是不停地笼络他。

侯景将东府的大米运进石头城。

事情办完之后，王伟听说来自荆州的部队已经撤退，援军的人数虽然多，但是相互不统一，于是就劝侯景道：“大王您以臣子的身份发动兵变，包围皇宫，逼迫污辱妃嫔，毁坏弄脏宗庙，犯下的罪行之多，就是拔掉大王您的头发来数也不够。今天弄到这种地步，您还想平平安安地待在一个地方？背弃盟约而取得胜利这类事情，自古以来就很多，希望您暂且观察事态的发展。”

萧正德也对侯景说：“大功眼看就要告成，怎么可以放弃呢？”

于是侯景上书武帝，陈述武帝的过失。

武帝阅读着这份文书，又羞惭又愤怒。

三月初一，他下令在太极殿前设立祭坛，禀告天地，以侯景违背盟约为由，举起烽火擂鼓呐喊，准备与侯景继续战斗。

当初，城门关闭的时候，城里有男男女女十几万人，披盔戴甲的将士有两万多人。被围困的时间一长，大多数人身体浮肿，气喘吁吁，十个人中有八九个死亡，登上城墙的不满四千人，他们都瘦弱不堪。城里的道路到处横躺着尸体，无法掩埋，腐烂后的尸体流出的汁液积满了沟渠。

侯景挖开皇宫石门前的玄武湖，引出里面的湖水灌城，开始从各处攻城，昼夜不停。

邵陵王的嫡长子萧坚屯驻在太阳门，终日不是赌博就是饮酒，不体恤手下官吏与将士的疾苦，他的书佐董勋、熊昙朗恨透了他。

十二日，下半夜临近拂晓的时候，董勋、熊昙朗从台城的西北楼引导侯景的人马攀登上来。

永安侯萧确奋力拼搏，不能打退敌人，就推开宫中的小门启禀武帝道：“台城已经陷落了。”

侯景派遣王伟来到文德殿拜见武帝，武帝下令揭起帘幕，打开房门带王伟进来。

王伟跪拜之后，将侯景的文书呈交给武帝，声称：“我们受到一些奸佞的蒙蔽，带领人马进入朝堂，惊动了皇上，现在特地到宫中等候降罪。”

武帝问道：“侯景在什么地方？你可以把他叫来。”

侯景来太极殿的东堂觐见梁武帝，随身带了五百多顶盔戴甲的武士保护自己。侯景在大殿下面跪拜，以额触地，典仪带着他走到三公坐的榻前。

武帝神色不变，问侯景道：“你在军队里的时间很长，真是劳苦功高呀！”

侯景不敢抬头正视武帝，汗水流了一脸。

武帝又问道：“你是哪个州的人，敢到这里来，你的妻儿还在北方吗？”

对这些问题侯景都不能回答。

任约在旁边代替侯景回答说：“臣下侯景的妻儿都被高家屠杀光了，只有我单身一人投靠了陛下您。”

武帝又问道：“当初你渡江过来的时候有多少人？”

侯景说道：“一千人。”

武帝再问道：“包围台城时共有多少人？”

回答说：“十万人。”

武帝问：“现在共有多少人？”

回答：“四海之内没有不属于我的人。”

武帝低下头去不再说话。

侯景离开之后，对他的厢公王僧贵说道：“我经常跨上马鞍与敌人对阵，面临刀丛箭雨，心绪平稳如常，一点儿也不害怕；今天见到萧公，心里竟然不由自主地恐慌起来，这岂不是天子的威严难以触犯吗？我不能再见他们了。”

于是，他把两宫的侍卫都撤掉，放纵将士把皇帝及后妃使用的车辆、服装还有宫女都抢得一干二净。又将朝上王侯们捉了送到永福省，派王伟守卫武德殿，于子悦屯驻在太极殿的东堂。

侯景接着又伪造武帝的诏书，下令大赦天下，还加封自己为都督中外诸军、录尚书事。

当初，临贺王萧正德与侯景约定：平定台城的那一天，不得保全皇上与太子。

等到城门打开时，萧正德率领人马挥着刀准备进去，侯景先派手下的士兵把守大门，所以萧正德最终没能达到目的。

侯景让萧正德改任侍中、大司马，文武百官都恢复了原来的职务。

四月，武帝虽然表面上被侯景控制，但是他的心里却非常不平。

侯景想让宋子仙出任司空，武帝说道："三公是要调和阴阳的，怎么可以任用宋子仙这种人？"

侯景又请求让他的两位同党出任便殿主帅，梁武帝没有同意。

侯景不能强迫武帝，心里非常害怕他。

皇太子进来，流着眼泪劝告武帝，武帝说道："谁让你来的？如果国家的神灵还在，还可以恢复；如果不是这样，何必流泪？"

侯景派手下的士兵到几个省里值勤，有的人赶着驴马，带着弓刀，在宫廷中出出进进。

武帝感到奇怪，询问这是怎么回事，直将军周石珍回答说："这是侯丞相的卫兵。"

武帝听了非常愤怒，斥责周石珍道："是侯景，为什么管他叫丞相？"旁边的人都很害怕。

从此以后武帝所提出的要求大多数都不能满足，饮料与膳食也被减少，在忧虑与气愤交加的情况下他病倒了。

五月初二，武帝躺在净居殿，嘴里发苦，要喝蜂蜜却没人拿来，发出了两声"嗬！嗬！"的声音，便死去了，享年八十六岁。

隋唐五代

极简资治通鉴

杨隋代周

陈宣帝太建十二年（580）

五月初十夜，北周天元皇帝宇文赟（yūn）[1]乘坐车驾，临幸天兴宫，十一日，因病返回。

小御正刘昉（fǎng）一向以狡黠谄媚得到天元皇帝的宠爱，与御正大夫颜之仪一起受到天元皇帝的信任。天元皇帝召见刘昉、颜之仪到卧室，想向他们托付后事，但因病发音困难，不能再说话。

刘昉见静帝宇文阐年纪幼小，而扬州总管杨坚是杨皇后的父亲，声名显赫，于是和领内史郑译、御饰大夫柳裘、内史大夫韦謩（mó）、御正下士人皇甫绩商议，邀请杨坚辅政。

这一天，天元皇帝去世。刘昉、郑译又假传诏命，让杨坚总管朝野内外的军队。北周负责保卫京师和皇宫的禁卫军各部队都接到了天元皇帝的诏命，于是就都接受杨坚的指挥。

[1] 宇文赟（559—580），北周宣帝，太建十一年（579）禅位于北周静帝宇文阐，自称天元皇帝，仍旧掌控朝权。

杨坚恐怕宗室诸王在地方发动叛乱，就以千金公主将要远嫁突厥为借口，征召赵王宇文招、陈王宇文纯、越王宇文盛、代王宇文达、滕王宇文逌（yōu）五王入朝。

二十三日，北周为去世的天元皇帝发丧。静帝住进天台，停止使用正阳宫[1]。

二十六日，静帝下诏书任命汉王宇文赞为上柱国、右大丞相，只不过是尊以虚名，实际上没有任何权力；同时任命杨坚为假黄钺、左大丞相，秦王宇文贽为上柱国，还下令朝中百官都必须率领下属服从左大丞相杨坚的命令。

杨坚刚受命辅政时，就派邗国公杨惠对御正下大夫李德林说："朝廷赐令让我总管文武大权，治理国家的责任重大。我想与你一起谋划大事，你一定不要推辞。"

李德林回答说："我愿意追随您，虽死不辞。"

杨坚非常高兴。

当初，刘昉、郑译商议让杨坚出任大冢宰，郑译自己担任大司马，刘昉要求担任小冢宰。

杨坚私下问李德林："准备把我怎么安排？"

李德林说："您应该担任大丞相、假黄钺、都督中外诸军事。如果不这样做，就不能镇服众心。"

等到为天元皇帝办完丧事，杨坚就按照李德林所说的去做了，并把正阳宫作为丞相府。

[1] 北周天元皇帝禅位于北周静帝之后，将自己居住的地方称天台，静帝所住的地方称正阳宫，设置纳言、御正、诸卫等官职，都按照天台那样。现在天元皇帝去世，静帝便也搬到天台。

当时北周将帅大臣尚未归心于杨坚，杨坚把掌管宫廷宿卫的司武上士卢贲安排在自己的身边。

杨坚将要去正阳宫，朝中百官都不知道该怎么办。

杨坚一面密令卢贲部署宿卫禁兵，一面召见公卿大臣，对他们说："想求取富贵的人请追随我。"

公卿大臣们三三两两私下商议，有的表示愿意追随杨坚，有的则想留在朝廷。

这时，卢贲带着全副武装的宿卫禁兵来到，公卿大臣们谁也不敢再有离去的表示。

杨坚带着朝中百官出了宫廷东门崇阳门，来到正阳宫，但是守门的禁兵不放杨坚进去。卢贲上前对他们说明情况，可是这样禁兵还是不肯撤离。于是，卢贲双目圆睁，厉声喝令他们闪开，守门禁兵这才退下，杨坚得以进入正阳宫。

杨坚执政以后，革除了北周宣帝苛刻残暴的政令，为政务从宽大。他删改旧律，制定《刑书要制》，上奏静帝颁行天下。他又提倡节俭，并且身体力行，于是得到了朝野内外的称赞。

杨坚在夜里召见太史中大夫庾季才，问道："我平庸没有才能，却得到了辅佐幼主的重任。从天时和人事两方面来看，你以为会怎么样呢？"

庾季才回答说："天道精微奥妙，一时难以观察出来。我只从人事方面来预料，觉得符命征兆已定。我即使说天时和人事都对您不利，您难道还能够效法尧帝时代的许由，逃往箕山，洗耳于颍水，而让天下吗？"

杨坚沉默了一会儿，然后说："事情确实像你所说的那样。"

陈王宇文纯当时镇守齐州，杨坚派门正上士崔彭前去征召。崔彭带着两名随从骑兵到了齐州，就住在供使者休息的传舍，派人去叫陈王。

陈王来到后，崔彭请他让左右的侍卫随从退下，说有重要的话私下谈，然后乘机命令用枷锁了陈王，并对外大声宣布："陈王有罪，皇帝下诏征他入朝，随从侍卫都不许乱动。"

陈王的左右人员听后，都惊愕而散去。

六月，赵、陈、越、代、滕五王都到达长安。

当初，杨坚认为相州总管尉迟迥素来地位高，名望大，恐怕他有异心，于是，就派他的儿子魏安公尉迟惇持诏书召尉迟迥回京师参加天元皇帝的葬礼，又任命上柱国韦孝宽为相州总管。

尉迟迥深知杨坚将会篡夺政权，就密谋起兵讨伐。当时赵王宇文招应朝廷征召入朝，小儿子留在封地襄国。尉迟迥就尊奉他并以他的名义号令天下。

六月初十，杨坚调发北周在关中的军队，任命韦孝宽为行军元帅，郕（chéng）公梁士彦、乐安公元谐、化政公宇文忻、濮阳公宇文述、武乡公崔弘度、清河公杨素、陇西公李询等人为行军总管，统率军队讨伐尉迟迥。

雍州牧、毕刺王宇文贤，与赵、陈、越、代、滕五王密谋除掉杨坚。事情败露，杨坚杀了毕刺王和他的三个儿子，而将五王参与密谋的事掩盖了下来，没有追究问罪，然后任命秦王宇文贽为大冢宰，杞公宇文椿为大司徒。

二十四日，朝廷任命杨坚都督中外诸军事。

赵王宇文招密谋除掉杨坚，就邀请杨坚到他的府第，杨坚带着酒菜前往。

赵王把杨坚引到自己的寝室，他的儿子宇文员、宇文贯和妻弟鲁封等都在左右陪侍，佩刀而立。赵王又把兵器暗藏在帷幕与宴席之间，让壮士埋伏于寝室后面。

杨坚的左右侍卫都不让随从，只有杨坚的从祖堂弟、开府大将军杨弘与大将军元胄坐在寝室的门旁。杨弘与元胄都很有勇力，是杨坚的心腹将领。

酒吃到尽兴时，赵王用佩刀不断地刺瓜送入杨坚口中，想借机刺杀他。

元胄见状，上前对杨坚说道："相府有事，不可久留。"

赵王呵斥他说："我正在与丞相谈话，你想干什么？"喝令他退下。

元胄双目圆睁，怒气冲冲，提刀站在杨坚身旁。

赵王赏赐元胄酒喝，并且说："我难道会有恶意不成？你为何如此多疑，而加以戒备？"

赵王假装要呕吐，站起身想到后阁（gé）房去。元胄恐怕他一离开就会生变，于是多次扶他重新坐好。赵王又谎称喉咙干渴，命令元胄到厨房取水来，元胄不动。

正巧滕王宇文逌迟到，杨坚下台阶迎接他。

元胄乘机对杨坚耳语道："情况异常，请赶快离开这里！"

杨坚说："他没有掌握军队，又能有什么作为？"

元胄说："军队本来就是皇室的，他如果先发制人，到那时一切就全完了。我元胄并不怕死，只是怕死而无益。"

杨坚没有听从元胄的劝告，仍旧入座。

元胄听到寝室后面有士兵穿戴甲胄的声音，立即上前对杨坚说："相府公事繁忙，您怎么能如此畅饮停留？"于是扶杨坚下坐床，快步离去。

赵王想要追赶杨坚，元胄用身体堵在门口，宇文招出不去。等杨坚到了大门口，元胄才从后面赶上。赵王后悔自己没有及时下手，以至恨得弹指出血。

二十九日，杨坚诬陷赵王宇文招与越野王宇文盛谋反，杀了二人和他们的儿子，并重赏元胄，赏赐多得数不过来。

北周宗室诸王多次想乘机除掉杨坚，杨坚的都督李圆通经常保护他，因此得免于难。

韦孝宽府中长史李询秘密向杨坚报告说："梁士彦、宇文忻和崔弘度三位行军总管接受了尉迟迥馈赠的金钱，因此军中不安，人心异常。"

杨坚深为担忧，就与内史上大夫郑译商议派谁取代他们三人。

李德林说："您与这些将领本来都是国家重臣，地位平等，他们没有服从您的义务，现在您只是凭借挟天子以令诸侯的权威来控制和驾驭他们罢了。以前所派遣的，您疑心他们怀有异心；那么往后再派遣的，您又怎么能知道他们会向您推心置腹呢！

"再说，他们三人收取尉迟迥馈赠金钱的事，真假不明，现在如果马上派人替代他们领兵，他们可能会因害怕获罪而逃走；如果把他们都抓起来，那么前线的将帅自郧公韦孝宽以下，就会人人自危，莫不惊慌。

"况且临战易将，正是战国时期燕国、赵国被齐国、秦国打败的根本原因。依我看来，您只要派遣一位既是您的心腹，又通晓谋略，向来为众将领所信服的人，立刻到军中去，监视将领们的举动。纵使他们怀有异心，也肯定不敢轻举妄动；万一有异常举动，也必能将其制服 。"

杨坚大悟，说："如果不是你讲明这些道理，几乎要败坏大事。"

于是，杨坚命令少内史崔仲方前去监察诸军，并有权节制军事行动。

从此以后，杨坚凡是处理军务，都要与李德林商量。

八月，尉迟迥晚年衰朽昏聩，起兵后任命小御正崔达拏（ná）为大总管府长史。崔达拏是一介文士，没有计谋方略，举动处置多有失误，所以尉迟迥起兵才六十八天即告失败。

九月二十八日，北周任命随公杨坚的长子杨勇为洛州总管、东京小冢宰，统辖原北齐王朝所管辖的地区。

三十日，北周又任命左丞相杨坚为大丞相，废除左、右丞相的官职。

十月，杨坚诛杀陈王宇文纯和他的儿子。

十二月十三日，北周任命大丞相杨坚为相国，统辖百官总理国家政事，免去他都督中外诸军事、大冢宰的称号，晋爵位为王，以安陆等二十郡作为随王国，特许他在朝见天子时不称名，又赐他享有九锡仪礼。杨坚只接受了随王爵位和十郡的封地。

二十日，北周诛杀了代王宇文达、滕王宇文逌和他们的儿子。

陈宣帝太建十三年（581）

二月初四，隋王[1]杨坚接受相国、统辖百官的职务和九锡礼仪，并建立隋国台省、设置官吏。

初六，北周静帝诏令进封隋王妃独孤氏为王后，隋王世子杨勇为太子。

北周开府仪同三司庾季才劝说隋王杨坚应该在本月十四日顺应天命，接受皇位。太傅李穆、开府仪同大将军卢贲也向杨坚劝进。

十四日，北周静帝命令兼太傅、杞公宇文椿捧着册书，大宗伯赵煚（jiǒng）捧着皇帝的玺印，禅位于隋王杨坚。

隋文帝戴着远游冠，接受了册书、御玺，又改戴白纱帽，穿上黄袍，然后进入临光殿，再戴上冠冕，穿上衮服，按照皇帝每年正月初一朝见百官的元会礼仪登基称帝。

隋文帝杨坚下令大赦天下，改年号为开皇，并命令有关官员捧着册书前往南郊祭天，禀告上天隋已承天受命。

[1]《资治通鉴》从此处开始改“随”为“隋”。

杨广夺位

隋文帝开皇二十年（600）

隋朝太子杨勇有很多姬妾，他对昭训云氏[1]尤其宠爱。杨勇的妃子元氏[2]不得宠，突然得了心疾，两天就死了。独孤皇后[3]认为这里还有别的缘故，对杨勇很是责备。

此后，云昭训总揽东宫内的事务，她生了长宁王杨俨、平原王杨裕、安成王杨筠；高良娣生了安平王杨嶷、襄城王杨恪；王良媛生了高阳王杨该、建安王杨韶；成姬生了颍川王杨煚；其他的宫人生了杨孝实、杨孝范。

独孤皇后更加不高兴，经常派人来窥伺探查，找杨勇的过失和罪过。

---

[1]云氏，北齐官员云定兴之女，北周灭北齐之后，举家迁居长安。

[2]元氏，名珍，北魏宗室、西魏及北周官员元孝矩之女。隋文帝杨坚看重元孝矩的门第，立其女元氏为太子妃。

[3]独孤皇后（544—602），名伽罗，北周太保独孤信之女，祖辈是依附拓跋鲜卑政权的匈奴贵族。永定元年（557），嫁给隋文帝杨坚。

晋王杨广了解这件事后就更加伪装自己，他只和妃子萧氏[1]住在一起，对后宫所生子女都不去抚育，独孤皇后因此多次称赞杨广有德行。

朝廷中执掌朝政的重臣，杨广都尽心竭力地与他们结交。

隋文帝杨坚和独孤皇后每次派身边的人到杨广的住处，无论来人的地位高低，杨广必定和萧妃一起在门口迎接，为来人摆设盛宴，并厚赠礼品。于是，来往的奴婢仆人没有不称颂杨广为人仁爱贤孝的。

文帝与独孤皇后曾经驾临杨广的府第，杨广将他的美姬都藏到别的房间里，只留下年老貌丑之人，身着没有纹饰的衣服来服侍伺候。房间里的屏帐都改用朴素的幔帐，故意弄断琴瑟丝弦，不让拂去上面的灰尘。

文帝看到这种情况，以为杨广不爱好声色，返回皇宫后，告诉侍臣这一情况。他感到非常高兴，侍臣们也都向文帝祝贺。从此，文帝喜爱杨广超出别的儿子。

杨广容貌俊美，举止优雅，性情聪颖机敏，性格深沉持重，喜好学习，擅长作文章，对朝中之士恭敬结交，待人非常礼貌谦卑，因此他的声誉很盛，高于文帝其他的儿子。

杨广被任命为扬州总管，去朝见文帝，将要返回扬州，他进皇宫向独孤皇后辞行，跪在地上流泪，独孤皇后也潸然泪下。

杨广说："我性情见识愚笨低下，常常顾念平时兄弟之间的感情，不知什么地方得罪了皇太子，他常常满怀怒气，想对我诬陷杀害。我常常恐惧谗言出于亲人之口、酒具食器中被投入毒药的事情发生，因此我非常忧虑，念念在心，忧惧遭到危亡的命运。"

---

[1] 萧氏（567—647），梁武帝萧衍后代，西梁孝明帝萧岿之女。开皇二年（582）隋文帝杨坚为晋王杨广选妃于梁国，立萧氏为晋王妃。

独孤皇后气愤地说："他真是越来越让人无法忍受了。我给他娶了元氏的女儿，他竟然不以夫妇之礼对待元氏，却特别宠爱云氏，使她生下了这么多猪狗一般的儿子。先前，儿媳妇元氏被毒害而死，我也不能特别地追究此事。为什么他对你又生出如此念头？

"我还活着，他就如此！我死后，他就该残害你们了！我每每想到东宫皇太子竟然没有正室，在你们皇父百年之后，让你们兄弟几个跪拜问候云氏的儿子，这是多么痛苦的事啊！"

杨广又跪在地上，呜咽不止，独孤皇后也悲伤得不能自已。从此独孤皇后下决心要废掉杨勇而立杨广为太子。

杨广与安州总管宇文述素来要好，他想拉拢宇文述，于是奏请任命宇文述为寿州刺史。

杨广向宇文述请教计策，宇文述说："皇太子失去皇帝的喜爱已经很久了，杨勇的德行不为天下人所了解。大王以仁孝著称，才能盖世，您几次被任命为统率军队的将领，屡建大功；皇帝与皇后都对您非常钟爱，四海之内的声望，实际上已为大王所有。

"但是太子的废立是国家大事，而我处在你们父子骨肉之间，实在不好谋划。然而能使皇帝改变主意的人只有杨素，能与杨素商量筹划的人只有他弟弟杨约。我很了解杨约，请您派我去京师，与杨约相见，一起筹划这件事。"

杨广非常高兴，送给宇文述许多黄金珠宝，资助他入关进京。

杨约当时是大理少卿，杨素凡是要做什么事，都先和弟弟杨约商量后再做。

宇文述邀请杨约，陈设了许多玩物器皿，和他一起畅饮，一起赌博。每次宇文述都装作赌输了，把杨广所送的财物都输给了杨约。

杨约得到很多财物，就向宇文述略表谢意。

宇文述就说:“这些黄金珠宝是晋王杨广的赏赐，让我与你一起玩乐的。”

杨约大吃一惊，说:“为什么？”

宇文述就转达了杨广的意思，劝说杨约:“恪守常规固然是人臣的本分，但是违反常规以符合道义，也是明智之人的期望。自古的贤人君子，没有不关注世情以避免祸患的。你们兄弟功名盖世，执掌大权多年了，朝臣中被您家压制受辱的人数得清吗?

“还有，皇太子因想做的事而不能做到，常常切齿痛恨当政的大臣；您虽然主动地结好于皇上，但是要危害您的人本来就很多啊！皇上一旦弃群臣而去，您又靠谁来庇护呢？现在皇太子不为皇后所喜爱，皇上平素就有废黜皇太子的意思，这您是知道的。

“现在要是请皇上立晋王杨广为太子，那就全凭您哥哥的嘴了。要是真能在这时建立大功，晋王必定永远将这事铭记心中，这样您就可以去掉累卵之危，而地位像泰山一样的安全稳固了。”

杨约深以为然，就将此话告诉了杨素。

杨素听了，非常高兴，拍着手说:“我的智慧思虑远远达不到这儿，全仗你启发了我。”

杨约知道他的计策成功了，又对杨素说:“现在皇后的建议，皇帝无不采纳。应当趁机早早自动结交依靠皇后，就会长久地保住荣华富贵，并传给子孙后代。兄长若是迟疑，一旦情况发生变化，太子执掌朝政，恐怕灾祸很快就要临头了！”

杨素听从了杨约的话。

过了几天，杨素进入皇宫侍奉宴会，他婉转地说:“晋王杨广孝悌恭俭，像他父亲一样。”用此话来揣摩独孤皇后的意思。

独孤皇后流着泪说:“您的话说得对！我的儿子杨广非常孝敬友爱，每次听到皇上和我派宫内的使者去，必定亲自远迎；说到远离双亲，没有一次不落泪的。

“还有他的妻子也很令人怜爱，我派婢女去她那里，她常与婢女同寝共食，哪像杨勇和阿云面对面地对坐，整天沉溺于酒宴，亲近小人，猜疑防备骨肉至亲！所以我愈加爱怜他，常常怕杨勇将他暗害。”

杨素已经了解了皇后的意思，因此就竭力地说太子杨勇不成器。

于是，皇后就给杨素财物，让他辅佐文帝进行废立太子之事。

杨广又命令督王府军事段达私下贿赂东宫受宠信的官吏姬威，让他暗中观察太子的动静，密报给杨素。

于是朝廷内外到处是对杨勇的议论诽谤，天天可以听到杨勇的罪过。

段达趁机威胁姬威说：“东宫的过失，皇上都知道了。我已得到密诏，一定要废黜太子。你要是能告发杨勇的过失，就会大富大贵！”

姬威答应了，随即就上书告发杨勇。

九月，文帝已经多次听到对杨勇的诬陷诋毁，怀疑朝臣们都已经知道了，因此向朝臣们发问，希望听到太子的过失。

于是，杨素就公开地说：“我奉旨到京师，命令皇太子查核刘居士的余党。太子接到诏书，脸色大变，表情非常愤怒，他对我说：‘刘居士的余党都已伏法，让我到哪里去追究呢？你作为右仆射，责任不轻，你自己去查核此事吧，关我什么事？’又说：‘过去的禅让大事要是不顺利，先被杀的就是我。如今父亲做了天子，居然让我还不如几个弟弟，凡事都不能自作主张！’他就长叹说：‘我觉得太不自由了。’”

文帝说：“这个儿子，我很早就觉得不能够继承皇位了。皇后老劝我废黜他，我认为他是我做平民时生的，又是长子，希望他能够逐渐改正错误，我已克制忍耐到现在了。杨勇曾经指着皇后的侍女对人说：‘都是我的。’这话说得是多么地奇怪。

“他的妻子元妃刚死时，我很怀疑她是被毒死的，曾经责问过杨勇。他就怨恨地说：‘应当杀掉元孝矩。’这是想要害我而迁怒他人。长宁王刚出生时，我和皇后一起抱来抚养他，杨勇却心中另有想法，连连派人索要。况且云定兴的女儿，是云定兴在外面私合而生，想到她的出身来历，由何能说必定是他的子女呢？

“以前晋太子娶了屠户的女儿，他的儿子就喜欢屠宰之事。如今他们不是咱们这一类人，会乱了宗祠。我虽然德行不及尧舜，但终归不能把天下百姓交付给品行不端的儿子！我总担忧他会谋害我，对他就像防备大敌一样，现在我打算废掉他以安定天下。”

此时，左卫大将军、五原公元旻劝说文帝：“废立太子是大事，诏书若颁布实行了，后悔就来不及了。谗言说起来是无定准的，希望陛下再仔细调查这些事。”

文帝不听元旻的话，命令姬威把太子的罪恶都讲出来。

姬威回答道：“太子向来对我讲话极为骄横，还说：‘要是有劝我的人，就该杀掉他。杀百八十人，自然就永远清静了。’太子又营建楼台宫殿，一年四季都不停止。

“先前苏孝慈被解除左卫率官职的时候，太子愤怒得胡子都翘起来了，他挥着胳膊说：‘大丈夫终会有一天成功，不会忘记此事，一定要杀伐决断以求痛快！’

“另外，东宫内所索取的东西，尚书经常恪守制度不给，太子往往立即发怒，说：‘仆射以下的人，我可以杀一两个，让你们知道怠慢我的下场。’太子常说：‘皇父厌恶我有许多姬妾，高纬、陈叔宝难道是孽子吗？’太子曾令女巫占卜吉凶，他对我说：‘皇帝的忌期在开皇十八年，这个期限快到了。’”

文帝流着泪说：“谁不是父母所生，他竟然这样！我近来翻阅《齐书》，看到高欢纵容他的儿子，就非常气愤。怎么能仿效这种人呢？”

于是，他把杨勇和他的几个儿子都拘禁起来，并安排逮捕了他的部分党羽。

杨素舞文弄墨，巧言诋毁，给杨勇罗织罪名以构成下狱之罪。

十月初九，文帝派人召来杨勇。

杨勇见到使者，吃惊地说：“不是要杀我吧？”

文帝身着戎装，陈列军队，来到武德殿，召集来的百官立在殿东面，皇室宗亲立在殿西面，引着杨勇和他的几个儿子排列在武德殿的庭院里。文帝命令内史侍郎薛道衡宣读诏书，将杨勇和他封王、封公主的子女都废为庶人。

十一月初三，文帝立晋王杨广为皇太子。

玄武兵变

唐高祖武德九年（626）

六月，太子李建成、齐王李元吉与后宫的嫔妃日夜不停地向唐高祖李渊诬陷秦王李世民。高祖信以为真，便准备惩治李世民。

侍中陈叔达进谏说："秦王为全国立下了巨大的功劳，是不能够废黜的。况且，他性情刚烈，倘若加以折辱贬斥，恐怕经受不住内心的忧伤愤郁，一旦染上难以测知的疾病，陛下后悔还来得及吗？"

于是，高祖没有处罚李世民。

李元吉暗中请求杀掉李世民，高祖说："他立下了平定天下的功劳，而他犯罪的事实并不显著，用什么作借口呢？"

李元吉说："秦王刚刚平定东都洛阳的时候，观望形势，不肯返回，散发钱财布帛，以便树立个人的恩德，又违背陛下的命令，不是造反，又是什么？只应该赶紧将他杀掉，何必担心找不到借口？"

高祖没有回答他。

秦王府所属的官员人人忧虑，个个恐惧，不知所措。

行台考功郎中房玄龄对比部郎中长孙无忌说："现在仇怨已经造成，一旦祸患暗发，岂止是秦王府不可收拾，实际上便是国家的存亡都成问题。不如劝说秦王采取周公平定管叔与蔡叔的行动，以便安定皇室与国家。形势危急存亡的枢机，就在今天！"

长孙无忌说："我有这一想法已经很长时间了，只是不敢讲出口来。现在你说的这一席话，正好符合我的心愿。请让我为您禀告秦王。"

于是，长孙无忌进去告诉了李世民。

李世民传召房玄龄计议此事，房玄龄说："大王的功劳足以遮盖天地，应当继承皇帝的伟大勋业。现在大王心怀忧虑戒惧，正是上天在帮助大王啊。希望大王不要疑惑不定了。"

于是，房玄龄与秦王府属杜如晦共同劝说李世民诛杀李建成与李元吉。

由于秦王府拥有许多骁勇的将领，李建成与李元吉打算引诱他们为已所用，便暗中将一车金银器物赠送给左二副护军尉迟敬德，并且写就一封书信招引他说："希望得到您的屈驾眷顾，以便加深我们之间的布衣之交 。"

尉迟敬德推辞说："我是编蓬为户、破瓮作窗人家的小民，遇到隋朝末年战乱不息、百姓流亡的时局，长期沦落在抗拒朝廷的境地里，罪大恶极，死有余辜。秦王赐给我再生的恩典，现在我又在秦王府注册为官，只应当以死报答秦王。我没有为殿下立过尺寸之功，不敢凭空接受殿下如此丰厚的赏赐。倘若我私自与殿下交往，就是对秦王怀有二心，就是因贪图财利而忘掉忠义，殿下要这种人又有什么用处呢？"

李建成大怒，便与他断绝了往来。

尉迟敬德将此事告诉了李世民，李世民说："您的心就像山岳那样坚实牢靠，即使他赠送给您的金子堆积得顶住了北斗星，我知道您的心还是不会动摇的。他赠给您什么，您就接受什么，这又有什么值得猜疑的呢？况且，这样做能够了解他的阴谋，难道不是一个上好的计策吗？否则，祸事就将降临到您的头上了。”

不久，李元吉指使勇士在夜间刺杀尉迟敬德，尉迟敬德得知这一消息以后，将层层门户敞开，自己安然躺着不动，刺客屡次来到他的院子，终究没敢进屋。

于是，李元吉向高祖诬陷尉迟敬德，把他关进奉诏命特设的监狱里审问处置，并准备将他杀掉。幸亏李世民再三请求保全尉迟敬德的生命，他才得以不死。

李元吉又诬陷左一马军总管程知节，高祖将他外放为康州刺史。

程知节对李世民说：“大王的辅佐之臣快走光了，大王自身又怎么能够长久呢！我誓死不离开京城，希望大王及早将计策决定下来。”

李元吉又用金银布帛引诱右二护军段志玄，段志玄不肯从命。

李建成对李元吉说：“在秦王府有智谋才略的人物中，值得畏惧的是房玄龄和杜如晦。”

李建成与李元吉又向高祖诬陷他们二人，使他们遭到斥逐。

李世民的亲信只剩下长孙无忌还留在秦王府中，他与他的舅舅雍州治中高士廉、右候车骑将军侯君集以及尉迟敬德等人，夜以继日地劝说李世民诛讨李建成和李元吉，李世民犹豫不决。

李世民向灵州大都督李靖问计，李靖推辞了；又向行军总管李世勣（jì）问计，李世勣也推辞了。从此，李世民便器重他们二人了。

适逢突厥郁射设带领数万骑兵驻扎在黄河以南，进入边塞，包围乌城，李建成便推荐李元吉代替李世民督率各军北征突厥。

高祖听从了他的建议，命令李元吉督率右武卫大将军李艺、天纪将军张瑾等人前去援救乌城。李元吉请求让尉迟敬德、程知节、段志玄以及秦王府右三统军秦叔宝等人与自己一同前往，检阅并挑选秦王军中精悍勇锐的将士，来增强李元吉的军队。

率更丞王晊（zhì）秘密禀告李世民说："太子对齐王说：'现在，你已经得到秦王骁勇的将领和精悍的士兵，拥有数万人马了。我与秦王在昆明池为你饯行，让勇士就在帐幕里摧折秦王的身体，将他杀死，上奏时就说他暴病身亡，皇上该不会不相信。我自当让人进言申说，使皇上将国家事务交给我。尉迟敬德等人被你掌握以后，应该将他们悉数活埋，有谁敢不服呢？'"

李世民将王晊的话告诉了长孙无忌等人，长孙无忌等人劝说李世民在事发以前设法对付他们。

李世民叹息着说："骨肉相互残杀，是古往今来的大丑事。我诚然知道祸事即将来临，但我打算在祸事发动以后，再仗义讨伐他们，这不也是可以的吗？"

尉迟敬德说："作为人们的常情，有谁能够舍得死去？现在大家誓死拥戴大王，这是上天所授。祸患的机关就要发动，大王却仍旧态度安然，不为此事担忧。即使大王把自己看得很轻，又怎么对得起宗庙社稷呢？如果大王不肯采用我的主张，我就准备逃身荒野了。我是不能够留在大王身边，拱手任人宰割的！"

长孙无忌说："如果大王不肯听从尉迟敬德的主张，事情现在便没有指望了。尉迟敬德等人肯定不会再追随大王，我也应当跟着他们离开大王，不能够再侍奉大王了！"

李世民说："我讲的意见也不能够完全舍弃，您再计议一下吧。"

尉迟敬德说："如今大王处理事情犹豫不定，这是不明智的；面临危难，不能决断，这是不果敢的。况且，大王平时蓄养的八百多名勇士，凡是在外面的，现在已经进入宫中，他们穿好衣甲，握着兵器，起事的形势已经形成，大王怎么能够制止得住呢？"

于是，大家便定下了采取行动的计划。

六月初三，李世民暗中奏陈李建成与李元吉淫乱后宫嫔妃，而且说：“我丝毫也没有对不起哥哥与弟弟的地方，现在他们却打算杀死我，似乎是要为王世充和窦建德报仇。如今我含冤而死，永远离开父皇，魂魄回到地下，如果见到王世充等人，实在感到羞耻！”

高祖望着李世民，惊讶不已，回答说：“明天就审问此事，你最好及早前来朝参。”

初四，李世民率领长孙无忌等人入朝，将兵力埋伏在玄武门。张婕妤暗中得知了李世民上表的大意，急忙前去告诉李建成。

李建成将李元吉叫来商议此事，李元吉说：“我们应当统率好东宫与齐王府中的军队，托称有病，不去上朝，以便观察形势。”

李建成说：“军队的防备已很严密了，我与你应当入朝参见，亲自打听消息。”

于是，二人一起入朝，向着玄武门走来。

当时，高祖已经将裴寂、萧瑀、陈叔达等人召集前来，准备查验这件事情了。

李建成与李元吉来到临湖殿的时候，察觉到发生了变故，立即勒转马头，准备向东返回东宫和齐王府。李世民跟在后面招呼他们，李元吉拉开弓射李世民，一连两三次，都没有将弓拉满，李世民箭射李建成，却将他射死了。

尉迟敬德带领骑兵七十人相继赶到，他身边的将士将李元吉射下马来。李世民的坐骑奔入树林，被树枝挂住，倒在地上，不能起来。李元吉迅速赶到，夺过弓来，准备掐死李世民，尉迟敬德跃马奔来大声呵斥他。李元吉打算步行前往武德殿，尉迟敬德追着射他，将他射死了。

高祖正在海池划船。李世民让尉迟敬德入宫担任警卫，尉迟敬德身披铠甲，手握长矛，径直来到高祖所在的地方。

高祖极为震惊，便问他说："今天作乱的人是谁呀？你到这里来做什么？"

尉迟敬德回答说："由于太子和齐王作乱，秦王起兵诛杀了他们。秦王担心惊动陛下，便派我担任警卫。"

高祖对裴寂等人说："不料今天竟然会出现这种事情，你们认为应当怎么办呢？"

萧瑀和陈叔达说："李建成与李元吉原来就没有参与举义反隋的谋议，又没有为天下立下功劳。他们嫉妒秦王功勋大，威望高，便一起策划邪恶的阴谋。现在，秦王已经声讨并诛杀了他们，秦王的功绩名满天下，我国疆域以内的人们都诚心归向于他。如果陛下能够决定立他为太子，将国家政务交托给他，就不会再发生事端了。"

高祖说："好！这也正是我平素的心愿啊。"

当时，宿卫军和秦王府的兵马与东宫和齐王府的亲信交战还没有停止，尉迟敬德请求高祖颁布亲笔敕令，命令各军一律接受秦王的处置，高祖听从了他的建议。天策府司马宇文士及由东上阁门出来宣布敕令，大家便安定下来。

各位将领准备将李建成和李元吉的一百多名亲信全部诛除，将他们的家产没收官府。

尉迟敬德再三争辩说："罪过都在两个元凶身上，他们已经受到死刑的处罚了。倘若还要牵连他们的党羽，就不是谋求安定的做法了！"

于是，各位将领停止追杀下去。

当天，高祖颁诏赦免天下罪囚，叛逆的罪名只加给李建成和李元吉二人，对其余的党羽，一概不加追究。国家的各项政务，全部听候秦王的处置。

初七，高祖将李世民立为皇太子，还颁布诏书说："从今天起，军队和国家的各项事务，无论大小，全部交付太子处置决定，然后再报告朕知。”

八月初八，高祖颁布制书，将皇位传给太子李世民。李世民再三推辞，高祖不肯答应。

初九，李世民在东宫显德殿即皇帝位，是为唐太宗。

魏征进谏

唐高祖武德九年（626）

唐太宗李世民励精图治，多次让大臣魏征进入卧室内，询问政治得失。魏征知无不言，太宗均高兴地采纳。

太宗派人征兵，尚书右仆射封德彝上奏道：“中男虽不到十八岁，其中身体魁梧壮实的，也可一并征发。”

太宗同意。

敕令传出，魏征固执己见加以反对，不肯签署，如是往返四次。

太宗大怒，将他召进宫中责备道：“中男中魁梧壮实的，都是那些奸民虚报年龄以逃避徭役的人，征召他们有什么害处？而你却如此固执！”

魏征答道：“军队在于治理得法，而不在于人数众多。陛下征召身体壮健的成丁，用正确的方法加以管理，便足以无敌于天下，又何必多征年幼之人以增加虚数呢！而且陛下总说：‘朕以诚、信治理天下，欲使臣下百姓均没有欺诈行为。’现在陛下即位没多久，却已经多次失信了！”

太宗惊愕地问道：“朕怎么失信了？”

魏征答道：“陛下刚即位时，就下诏说：‘百姓拖欠官家的财物，一律免除。’

有关部门认为拖欠秦王府国司的财物，不属于官家财物，仍旧征求索取。陛下由秦王升为天子，秦王府国司的财物不是官家之物又是什么呢？

“又说：‘关中地区免收二年的租调，关外地区免除徭役一年。’不久又有敕令说：‘已纳税和已服徭役的，从下一年开始免除。’如果退还已纳税物之后，又重新征回，这样百姓不能没有责怪之意。现在是既征收租调，又征点兵员，还谈什么从下一年开始免除呢？

“另外，与陛下共同治理天下的都是地方官，日常公务都委托他们办理，至于征点兵员，却怀疑他们使诈，这难道是以诚信为治国之道吗？”

太宗高兴地说：“以前朕认为你比较固执，怀疑你不通达政务，现在看到你议论国家大政方针，确实都切中要害。朝廷政令不讲信用，则百姓不知所从，国家如何能得到治理呢？朕的过失很深哪！”于是不征点中男做兵员，并且赐给魏征一只金瓮。

唐太宗贞观元年（627）

岭南部落首领冯盎、谈殿等人互相争斗，很久没有入朝，各地方州府前后十几次奏称冯盎谋反。

九月，太宗命令将军蔺谟等人征发江、岭数十州兵马大举讨伐。

魏征劝谏说：“中原刚刚平定，岭南路途遥远、地势险恶，有瘴气瘟疫，不可以驻扎大部队。而且冯盎反叛的情状还没有形成，不宜兴师动众。”

太宗说：“上告冯盎谋反者络绎不绝，怎么能说反叛的情状还没有形成呢？”

魏征答道：“冯盎如果反叛，必然分兵几路占据险要之地，攻掠邻近州县。现在告发他谋反已有几年了，而冯氏兵马还没出境，这明显没有反叛的迹象。各州府既然怀疑冯氏谋反，陛下又不派使臣前去安抚，冯氏怕死，所以不敢来朝廷。如果陛下派使臣向他示以诚意，冯氏欣喜能免于祸患，这样可以不必劳动军队而使他顺从。”

于是太宗下令收兵。

十月初六，派员外散骑侍郎李公掩持旌节往岭南慰问冯盎，冯盎则让他的儿子冯智戴随着使臣返回朝廷。

太宗说：“魏征让我派遣一个使者，岭南就得以安定，胜过十万大军的作用，不能不加赏。”赐给魏征绢帛五百匹。

有人告发右丞魏征偏袒他的亲属，太宗派御史大夫温彦博查问，没有实据。

温彦博对太宗说：“魏征不留下办事的表态，远远地避开嫌疑，内心虽然无私，但也有应责备的地方。”

太宗让温彦博去责问魏征，而且说道：“从今以后，应留下办事的表态。”

有一天，魏征上朝，对太宗说：“我听说君主与臣下一体，应彼此竭诚相待。如果上下都追求留下办事的表态，那么国家的兴亡就难以预料了，我不敢接受这个诏令。”

太宗吃惊地说：“我已经后悔了。”

魏征拜了两拜道：“我很荣幸能为陛下做事，愿陛下让臣做良臣，不要让臣做忠臣。”

太宗问：“忠、良有什么区别吗？”

回答道：“后稷、契、皋陶，君臣齐心合力，共享荣耀，这就是所说的良臣。龙逄、比干犯颜直谏，身死国亡，这就是所说的忠臣。”

太宗听后十分高兴，赐给绢五百匹。

唐太宗贞观二年（628）

正月，太宗问魏征："君主如何做称为明，如何做称为暗？"

魏征答道："能听取各方面的意见，就是明，偏听偏信，就是暗。从前尧帝体恤下情，详细询问民间疾苦，所以能够知道有苗的恶行；舜帝目明能远视四方，耳聪能远听四方，所以共工、鲧、兜不能掩匿罪过。秦二世偏信赵高，造成望夷宫的灾祸；梁武帝偏信朱异，招来台城的羞辱；隋炀帝偏信虞世基，导致彭城阁的变故。所以君主善于听取各方面意见，则亲贵大臣就无法阻塞言路，下情也就得以上达。"

太宗说："非常对！"

魏征相貌平平，但是很有胆略，善于挽回皇帝的主意，常常犯颜直谏。有时碰上太宗非常恼怒的时候，他面不改色，太宗的神威也为之收敛。

魏征曾经告假去祭扫祖墓，回来后，对太宗说："人们都说陛下要临幸南山，外面都已严阵以待、整装完毕，而您最后又没去，不知为什么？"

太宗笑着说："起初确实有这个打算，害怕你又来嗔怪，所以中途停止了。"

太宗曾得到一只好鹞鹰，将它置于臂膀上，远远望见魏征走过来，便藏在怀里。魏征站在那里上奏朝政大事，很久不停下来，鹞鹰最后竟闷死在太宗的怀里。

唐太宗贞观四年（630）

十二月，众位宰相陪太宗饮宴，太宗对王珪说："你精通鉴别人才，又很健谈，房玄龄以下宰臣，望你能详细加以品评，而且自己衡量与他们相比如何？"

王珪答道："勤勤恳恳地侍奉大唐，尽心竭力无所保留，我不如房玄龄。文武全才，出将入相，我不如李靖。议事详尽周到，传达诏令，反映群臣意见，都平允恰当，我不如温彦博。处理繁重、艰难的事务都能办好，我不如戴胄。唯恐君王赶不上尧、舜，专以苦言强谏为己任，我不如魏征。说到辨别清浊，疾恶奖善，我与他们相比，倒是略有长处。”

太宗非常赞同，众人也钦佩他的高论。

太宗刚即位时，曾与群臣谈到教化问题。

太宗说：“如今刚经过一场大劫乱，我担心百姓不容易教化。”

魏征回答说：“我认为并非如此。长久安定的百姓容易骄逸，骄逸则难以教化；经过动乱的百姓易于忧患，忧患则容易教化。这如同饥饿的人不苛择饮食，饥渴的人不苛择饮水一样。”

太宗深表赞同。

封德彝否定其说法，说道：“三代以后，人心渐趋浇薄奸诈，所以秦朝专用法律，汉代采用王道的同时掺杂霸道内容，正是想行仁义教化而不能收效，哪里是能推行而不想推行呢？魏征是一介书生，不识时务，如果听信他的空谈，必然败坏国家。”

魏征说：“五帝、三王不是换掉百姓而施教化，从前黄帝征伐蚩尤，颛顼诛灭九黎，商汤放逐夏桀，武王讨伐纣王，均能达到生前的太平盛世，难道不是承接大动乱之后的缘故吗？如果说上古人淳朴，后代渐变得浇薄奸诈，那么到了今天，应当全都化为鬼魅了，君主怎么能统治他们呢？”

太宗最后听从了魏征的意见。

贞观元年时，关中地区闹饥荒，一斗米值一匹绢；贞观二年，全国出现蝗灾；贞观三年发大水。太宗勤勉听政，并加以安抚，百姓虽然东乞西讨，也未曾抱怨。

这一年，全国大丰收，背井离乡的人都回归故里，一斗米不过三四钱，整个一年犯死罪的只有二十九个人。东到大海，南至五岭，均夜不闭户，旅行不带粮，只是在路途上取食物。

太宗对长孙无忌说："贞观初年，大臣们都上书说：'君王应当独自运用权威，不能委任给臣下。'又说：'应当耀武扬威，讨伐四方。'只有魏征劝朕说：'放下武力勤修文教，中原安定之后，四方自然钦服。'朕采纳他的意见。如今颉利成了俘虏，其部族首领成为宿卫官，各部落都受到中原礼教的熏染，这都是魏征的功劳，只是遗憾封德彝见不到了！"

魏征再次拜谢说："突厥灭亡，海内承平，都是陛下的威德，我有何功德呢？"

太宗说："朕能够重用你，你能够十分称职，那么功劳怎么能是我一个人的呢？"

唐太宗贞观五年（631）

权万纪与侍御史李仁发，均因告发别人而得到太宗宠幸，从此诸位大臣多次被迁怒。

八月，魏征劝谏道："权万纪等小人，不识治国大体，以告发别人当作直言，以进谗言当作忠诚。陛下并非不知道他们使人无法忍受，只是取其讲话无所忌讳，想以此警策众大臣，然而权万纪等人挟皇恩依仗权势，使其阴谋得逞，凡所弹劾，均非真有罪。陛下既然不能标举善行以激励风俗，怎么能亲奸邪以损害自己的威信呢！"太宗默不作声，赐给魏征绢五百匹。很久以后，权万纪等人的奸状自行暴露，均获惩罚。

十二月，太宗对亲近大臣说："治理国家如同治病，病虽好了，仍需调养一段，倘若立即放纵自己，病会复发，那就不可救治了。如今中原幸得安定，四方顺服，实在是自古以来所少有，然而朕每日谨慎行事，唯恐不能持久，所以想多次听到你们的谏诤。”

魏征说：“国家内外俱得安定，我并不觉得高兴，只是高兴陛下能够居安思危。”

唐太宗贞观六年（632）

正月，文武百官又请行封禅大礼。

太宗说：“你们都认为登泰山封禅是帝王的盛举，朕不以为然，如果天下安定，百姓家家富足，即使不去封禅，又有什么伤害呢？从前秦始皇行封禅礼，而汉文帝不封禅，后代岂能认为文帝的贤德不如秦始皇吗？而且侍奉上天扫地而祭祀，何必要去登泰山之顶峰，封筑几尺的泥土，然后才算展示其诚心敬意呢？”

群臣还是不停地请求，太宗也想听从此意见，唯独魏征认为不可。

太宗问：“你不想让朕去泰山封禅，认为朕的功劳不够高吗？”

魏征答道：“够高了！”

太宗问：“德行不厚吗？”

魏征答道：“很厚了！”

太宗问：“大唐不安定吗？”

魏征答道：“安定！”

太宗问：“四方夷族未归服吗？”

魏征答道：“归服了！”

太宗问：“年成没丰收吗？”

魏征答道：“丰收了！”

太宗问："符瑞没有到吗？"

魏征答道："到了！"

太宗接着问："那么为什么不可以行封禅礼？"

魏征答道："陛下虽然有上述六点理由，然而承接隋亡大乱之后，户口没有恢复，国家府库粮仓还很空虚，而陛下的车驾东去泰山，大量的骑兵车辇，其劳顿耗费，必然难以承担。

"而且陛下封禅泰山，则各国君主咸集，远方夷族首领跟从，如今从伊水、洛水东到大海、泰山，人烟稀少，满目草木丛生，这是引戎狄进入大唐腹地，并展示我方的虚弱。

"况且赏赐供给无数，也不能满足这些远方人的欲望；几年免除徭役，也不能补偿老百姓的劳苦。像这样崇尚虚名而实际对百姓有害的政策，陛下怎么能采用呢？"

当时正赶上黄河南北地区数州县发大水，于是太宗就停止封禅之事。

三月，长乐公主将要出嫁长孙仲，太宗因为长乐公主是皇后亲生，特别疼爱她，敕令有关部门陪送要比皇姑永嘉长公主多一倍。

魏征劝谏说："过去汉明帝想要分封皇子采邑，说：'我的儿子怎么能和先帝的儿子相比呢？'均令分给楚王、淮阳王封地的一半。如今公主的陪送，比长公主多一倍，岂不是与汉明帝的意思相差太远吗？"

太宗觉得有理，进宫中告知皇后。

皇后感慨说："我总是听得陛下称赞魏征，不知是什么缘故，如今见其引征礼义来抑制君王的私情，这真是辅佑陛下的栋梁大臣呀！我与陛下是多年的结发夫妻，多蒙恩宠礼遇，每次讲话还都要察言观色，不敢轻易冒犯您的威严。何况大臣与陛下较为疏远，还能如此直言强谏，陛下不能不听从其意见。"

于是，皇后请求太宗派宦官去魏征家中，赏赐给四百缗钱、四百匹绢，并且对他说："听说您十分正直，今日得以亲见，所以赏赐这些。希望您经常秉持此忠心，不要有所迁移。"

有一次，太宗曾罢朝回到宫中，怒气冲冲地说："以后找机会一定杀了这个乡巴佬。"

皇后问是谁惹怒陛下，太宗说："魏征常在朝堂上羞辱我。"

皇后退下，穿上朝服站在庭院内，太宗惊奇地问这是何故。

皇后说："我听说君主开明则臣下正直，如今魏征正直敢言，是因为陛下的开明，我怎能不祝贺呢！"

太宗这才转怒为喜。

闰八月初四，太宗在丹霄殿大宴亲近的大臣。

长孙无忌说："王珪、魏征二人，以前侍奉太子李建成，与陛下为敌，难以料到今日能在此一同饮宴。"

太宗说："魏征与王珪尽心竭力地侍奉原来的主人，所以我能重用他们。可是每次魏征进谏而我没有听从的时候，我与他讲话，他也总是不做应答，为什么呢？"

魏征回答说："我认为事情不应该做，所以谏阻。陛下不听从谏阻而我如果答话，那么事情便能得到施行，所以不敢应答。"

太宗说："暂且应答而后再谏阻，又有什么伤害呢？"

答道："过去舜帝告诫群臣：'你们不要当面顺从，而背后却说另一套。'如果我心里知道不对，嘴上却答应陛下的意见，这正是当面顺从。难道这是稷、契侍奉舜帝的本意吗？"

太宗大笑着说："人们都说魏征行为举止粗鲁傲慢，我看他更觉得可爱，正是因为如此呀！"

魏征离席起身，拜谢道："陛下引导让我畅所欲言，所以我得以尽愚诚；如果陛下拒不接受忠言，我又怎么敢屡次犯颜强谏呢？"

唐太宗贞观十二年（638）

正月十五日，礼部尚书王珪上奏称："三品以上官员遇见亲王都要下车舆站立路旁，这不符合礼仪。"

太宗说："你们仗着自己身份尊贵，轻视诸位皇子。"

特进[1]魏征说："亲王们地位并列于三公，如今三品以上大臣均是九卿、八座，为亲王们下轿行礼，实在是不合适。"

太宗说："人的生命长短难以预料，万一太子遇到不幸早亡，谁能知道哪个王子他日不能做你们的君主呢？怎么能轻视他们呢？"

魏征答道："自周代以来，都是子孙相承，不立兄弟即位，这是为了杜绝庶子觊觎皇位，堵塞祸乱的根源，此是治国者应当深以为戒的。"

于是太宗听从了王珪的上奏。

三月二十七日，太宗以皇孙降生为由，在东宫宴请五品以上官员。

太宗说："贞观年以前，跟随朕夺取并治理天下的，以房玄龄的功劳最大。贞观年以来，纠正朕的过失，主要是魏征的功劳。"然后，赐给他们佩刀。

太宗对魏征说："朕治理国政与往年相比如何？"

魏征答道："威德加于四方，则远超过贞观初年；人心悦服则不如从前。"

太宗说："远方民族畏惧皇威羡慕圣德，所以前来归附，如果说不如以前，

[1] 特进：官名，西汉末期始置，隋初始以特进为散官，秩正二品，授给有声望的文武官员，唐为文散官，秩与隋同。

则何以至此？”

魏征答道：“陛下以前以天下未能大治为忧虑，所以注意修德行义，每天都有新的作为，如今既得到治理又较安定，所以说不如以前勤勉了。”

太宗说：“如今所做的与往年相同，有什么区别呢？”

魏征答道：“陛下在贞观初年唯恐臣下不行谏，常常引导他们进谏，听到进谏便乐而听从。如今却不然，虽然勉强听从，却面有难色。这便是区别。”

太宗说：“可以举例说明吗？”

魏征答道：“陛下以前曾想杀掉元律师，孙伏伽认为依法不当处死，陛下赐给他兰陵公主的花园，价值一百万。有人说：‘赏赐太厚重了。’陛下说：‘朕即皇位以来，未听到行谏的人，所以要重赏。’这是为了引导众人行谏。

“司户柳雄假冒隋朝所授官资，妄加官品，陛下想要杀掉他，又采纳戴胄的谏言而作罢。这是乐而听从的例子。贞观八年皇甫德参上书谏阻修缮洛阳宫，陛下内心愤恨，虽然因为我直言相劝而作罢，但只是勉强听从啊。”

太宗说：“若非是您不能有这样的见解。人苦于不能自知呀！”

唐太宗贞观十六年（642）

魏征患病，太宗手书诏令探问病情，且说：“几天不见，朕的过错又多起来。如今想亲去探望，又恐更添烦扰。你如果听到或看到什么，可以封上状子呈进来。”

魏征上书言道：“近来弟子冒犯老师，奴婢忽视主子，下属多轻视上级，都是有原因的，此风不可长。”

魏征又说：“陛下临朝听政，常常将公正挂在嘴边，退朝后所作所为，却未免有所偏私。有时害怕别人知道，横施神威圣怒，这样欲盖弥彰，有什么好处呢？”

魏征的宅院没有厅堂，太宗令将停建小殿的材料拿去建造厅堂，五天即完工，还赐给他质地平常、色彩单调的屏风和褥子，以及几案、手杖等，以顺应他的俭朴习惯。

魏征上表谢恩，太宗手书诏文称：“朕这样对待你，都是为了黎民百姓与国家，难道是为朕一人？何必过于客气呢？”

八月十四日，太宗说：“如今朝廷中什么事情最为急迫？”

谏议大夫褚遂良说：“如今四方安定，只有确定太子与诸王的名分最为紧要。”

太宗说：“这话说得有道理。”

当时太子李承乾德行欠缺，魏王李泰得到宠信，众位大臣愈益产生疑议。

太宗听说后十分厌恶，对身边大臣说：“当朝的臣属们，忠直没人能超过魏征，我让他做太子的老师，以此杜绝天下人的疑心。”

九月初四，任命魏征为太子太师。

魏征病刚有好转，亲到朝堂上表推辞，太宗手书诏令晓谕他：“周幽王、晋献公，废除嫡子立庶子造成国家危亡。汉高祖差一点儿废掉太子，幸亏商山四位老人才得以保住太子位。朕如今信赖你，就是这个意思。朕知道你有病在身，可以躺在床上辅佐太子。”

于是魏征接受诏令。

唐太宗贞观十七年（643）

正月，魏征卧病不起，太宗派人前去问讯，赐给他药饵，送药的人往来不绝；又派中郎将李安俨在魏征的宅院里留宿，一有动静便立即报告。

太宗和太子一同到其住处，指着衡山公主，想要将她嫁给魏征的儿子魏叔玉。

十七日，魏征去世，太宗命九品以上文武百官均去奔丧，赐给手持羽葆的仪仗队和吹鼓手，陪葬在昭陵。

魏征的妻子说：“魏征平时生活俭朴，如今用鸟羽装饰旌旗，用一品官的礼仪安葬，这并不是死者的愿望。”全都推辞不受，仅用布罩上车子载着棺材安葬。

太宗登上禁苑西楼，望着魏征灵车痛哭，非常悲哀。他亲自撰写碑文，并且书写墓碑。

太宗不停地思念魏征，对身边的大臣说：“人们以铜作为镜子，可以用来整齐衣帽，以历史作为镜子，可以观察到历朝的兴衰隆替，以人作为镜子，可以确知自己行为的得失。魏征死去了，朕失去了一面绝好的镜子。”

废王立武

唐高宗永徽五年（654）

当初，皇后王氏没有儿子，淑妃萧氏得高宗宠幸，王皇后十分忌妒。

唐高宗李治做太子的时候，进寝宫侍奉唐太宗李世民，看见才人武氏便十分喜欢。太宗驾崩后，武氏随着众位妃嫔到感业寺当尼姑。到了太宗的忌日，高宗到感业寺行香拜佛，见到了她，武氏哭泣，高宗也流泪。

王皇后听说后，暗中让武氏留发，劝说高宗纳武氏入后宫，想要以武氏来离间高宗对萧妃的宠爱。

武氏机敏聪慧，善施权术，刚进宫时，侍奉皇后十分谦恭有礼；皇后十分喜欢她，多次在高宗面前称赞她。不久武氏大得宠幸，拜为昭仪。

王皇后与萧妃均失宠，二人又一同诬告武氏，高宗均不予采纳。

六月，王皇后的舅舅、中书令柳奭（shì）因为王皇后失宠，内心很不安，请求解除职务。十九日，免去柳奭中书令职务，改任吏部尚书。

王皇后、萧淑妃与武昭仪之间相互诬告诽谤，高宗不相信王皇后、萧淑妃的话，唯独信任武昭仪。

王皇后不会曲意侍奉高宗身边的人，而且她的母亲魏国夫人柳氏及舅舅柳奭进见六宫妃嫔时，不讲礼节。

武昭仪观察到皇后不敬重的人，必定与她倾心相交，所得到的赏赐也要分给她们。因此，王皇后与萧淑妃的一举一动，武氏都知道，并且都告诉给高宗。

王皇后虽然失宠，但高宗并未有废后的想法。

正巧此时武昭仪生下一个女孩，皇后怜爱她并逗弄她玩。皇后走出去后，武昭仪趁没人将女孩掐死，又盖上被子。正好高宗来到，武昭仪假装欢笑，打开被子一同看孩子，发现女婴已经死了，武昭仪大声哭闹。

高宗问身边的人是怎么回事，身边的人都说："皇后刚刚来过这里。"

高宗勃然大怒，说道："皇后杀了我的女儿！"

武昭仪借机哭泣着数落其罪过，皇后无法申辩。

高宗从此有了废王皇后立武昭仪为后的打算，又担心大臣们不服，于是便和武昭仪一道临幸太尉长孙无忌的宅第，宴饮酣畅欢乐到极点，酒席上将长孙无忌宠姬的三个儿子都拜为朝散大夫，又命人装载金银财宝、锦缎丝绸等共十车赐给长孙无忌。

高宗乘机讲到王皇后没有子嗣，以此暗示长孙无忌，长孙无忌顾左右而言他，竟然没有顺从旨意，高宗与武昭仪二人在不愉快中结束这场酒宴。武昭仪又让自己的母亲杨氏到长孙无忌的宅第，多次请求，长孙无忌最终还是没有答应。礼部尚书许敬宗也曾多次劝说长孙无忌，长孙无忌正言厉色斥责了他。

唐高宗永徽六年（655）

六月，武昭仪诬陷王皇后和她的母亲魏国夫人柳氏求巫师施厌胜术诅咒武昭仪，高宗敕令禁止皇后母亲柳氏进入宫内。

七月初十，将吏部尚书柳奭贬为遂州刺史。他赴任走到扶风县，岐州长史于承揣摩圣意，上奏称柳奭泄露宫禁秘密，他又被贬为荣州刺史。

唐朝因袭隋朝制度，后宫有贵妃、淑妃、德妃、贤妃，都是正一品。高宗想要特别设置一个宸妃，封给武昭仪，韩瑗、来济谏阻，认为无旧例可循，于是作罢。

中书舍人李义府为长孙无忌所厌恶，降职为壁州司马。敕令还未到门下省，李义府已经暗中得知，便向中书舍人王德俭问计。

王德俭说："高宗想要立武昭仪为皇后，正在犹豫不决，一直担心宰相们会有异议。你如果能提议立武氏为后，则可转祸为福了。"

李义府同意他的话，这一天，他代替王德俭值宿，叩门向高宗上表章，请求废掉王皇后，立武昭仪为后，以满足黎民百姓的愿望。

高宗十分高兴，亲自召见李义府，与他谈话，赐给珍珠一斗，留下他官居原职。武昭仪又暗中派人慰劳勉励他，不久破格提拔为中书侍郎。

在此之后，卫尉卿许敬宗、御史大夫崔义玄、御史中丞袁公瑜都暗中向武昭仪表达效忠之心。

长安县令裴行俭听说朝廷将要立武昭仪为皇后，认为国家的祸患必定从此开始，便与长孙无忌、褚遂良私下议论此事。

袁公瑜听说后，将这一情况告诉武氏母亲杨氏，裴行俭因此获罪，被贬为西州都督府长史。

九月初一，任命许敬宗为礼部尚书。

有一天，高宗退朝后，宣召太尉长孙无忌、司空李世勣、尚书左仆射于志宁、尚书右仆射褚遂良进入内殿。

褚遂良说："今天皇上宣召，多半是为了后宫的事，皇上的主意既已定了，违抗者必是死罪。太尉是元舅[1]，司空是功臣，不可以让皇上承担杀元舅与功臣的不好名声。我褚遂良乃是自平民起家，没有汗马功劳，到了今日这个地位，又接受先帝托孤，不以死谏争，无颜去见先帝！”

李世勣称病没去内殿。

长孙无忌等人到了内殿，高宗对他们说：“皇后没有子嗣，武昭仪有，如今朕想立武昭仪为皇后，你们看怎么样？”

褚遂良答道：“皇后出身名门，是先帝为陛下娶的。先帝临死的时候，拉着陛下的手对我说：‘朕的好儿子好儿媳，如今就交付给你了。’这些话都是陛下亲耳听到的，言犹在耳。未听说皇后有什么过错，怎么能够轻易废掉呢？我不敢曲意顺从陛下，违背先帝的遗愿！”

高宗十分不高兴，只好作罢。

第二天又言及此事，褚遂良说：“陛下一定要更换皇后，我请求遴选全国的世家望族，何必非武氏不可。武氏曾经侍奉过先帝，这是众所周知，天下人的耳目，怎么能遮掩呢？千秋万代之后，人们又将怎么评价陛下呢？愿陛下三思而后行！我今日触怒陛下，罪该处死。”

他将朝笏放在殿内台阶上，解下头巾磕头直到血流满面，又说道：“还给陛下朝笏，乞求放我回老家去。”

高宗勃然大怒，命人将他带出去。

武昭仪在隔帘内大声说道：“何不就地杀了这老东西？”

长孙无忌说：“褚遂良是先朝顾命大臣，有罪也不可以加刑。”

于志宁不敢说话。

又一天，李世勣进宫见高宗，高宗问他：“朕想要立武昭仪为皇后，褚遂

[1]长孙无忌的同母妹，是唐太宗李世民的皇后，唐高宗李治的生母。

良固执己见认为不可以。褚遂良既是顾命大臣，他反对，那么事情就应该停止吗？”

李世勣答道：“这是陛下的家事，何必又去问外人呢？”

于是高宗废后主意定了下来。

许敬宗在朝中扬言道：“庄稼汉多收了十斛麦子，还想着要换个老婆呢！何况天子要立皇后，人们又何必管那么多事而妄生异议呢？”

武昭仪让身边的人将此话讲给高宗听。

九月初三，褚遂良被贬为潭州都督。

十月十三日，高宗便正式下诏说：“王皇后、萧淑妃因阴谋用毒酒杀人，废黜为平民。她们的母亲兄弟一并削除官爵，流放岭南。”

许敬宗上奏说：“已故特进赠司空王仁祐[1]授官的凭信还保存着，这将使逆乱的余孽还得以受荫任官，请一并削除他的官爵。”

高宗采纳了他的意见。

十九日，百官上奏表请求立皇后，于是高宗又下诏说：“武氏出身于有大功劳的家庭，累世都任官职，以前因才德出众选入后宫，声誉满后宫，品德光照宫闱。朕从前当太子时，她蒙受我已故母亲的特殊恩宠，时常侍从皇帝，日夜不离左右，在后宫中经常检点自己的行为，嫔妃之间未曾闹矛盾，皇帝看得很清楚，时常赞赏，于是将武氏赏赐给朕，就像汉宣帝将宫女王政君赏赐给了皇太子一样。武氏可以立为皇后。”

十一月初一，高宗让司空李世勣携带印玺在殿前册封武则天为皇后。当天，百官朝拜皇后于肃义门。

[1] 王仁祐，王皇后的父亲。

武氏临朝

唐高宗麟德元年（664）

当初，皇后武则天能屈身忍辱，顺从唐高宗李治的旨意，所以唐高宗排除不同意见，立她为皇后。等到她得志之后，恃势专权，唐高宗想有所作为，常为她所牵制，唐高宗非常愤怒。

有个道士叫郭行真，出入皇宫，帮助皇后施行诅咒害人的“厌胜”邪术，太监王伏胜揭发了这件事。唐高宗大怒，秘密召来西台侍郎、同东西台三品上官仪商议。

于是西台侍郎、同东西台三品上官仪进言说：“皇后专权自恣，天下人都不说好话，请废黜她。”

高宗也认为应当这么办，立即命令上官仪起草诏令。

高宗左右的人跑去告诉皇后，皇后赶忙来到唐高宗处诉说。

当时废黜的诏令草稿还在唐高宗处，他羞惭畏缩，不忍心废黜，又像原来一样对待她，因怕她怨恨恼怒，还哄骗她说：“我本来没有这个想法，都是上官仪给我出的主意。”

上官仪原先任陈王谘议，与王伏胜都曾侍奉已被废黜的太子李忠，于是武后便指使许敬宗诬奏上官仪、王伏胜与李忠阴谋背叛朝廷。

十二月十三日，上官仪被逮捕入狱，和他儿子上官庭芝以及王伏胜都被处死，家财被查抄没收。

十五日，赐李忠自尽于流放处所。右相刘祥道因与上官仪友善，被免去相位，降职为司礼太常伯，左肃机郑钦泰等朝廷官员被流放贬谪的很多，都因与上官仪有来往。

此后，唐高宗每逢临朝治事，皇后都在后边垂帘听政，政事无论大小，她都要参与。天下大权，全归于武后，官员升降生杀，取决于她一句话，皇帝只是无所事事的清闲人而已，朝廷内外称他们为“二圣”。

唐高宗显庆五年（660）

十月，高宗开始因风邪而目眩头重，眼睛不能看东西，各部门上奏事情，高宗有时让皇后决定。

皇后生性聪明机敏，广泛阅读文史书籍，处理事情都符合高宗的旨意。从此高宗将国家政事委托给她，她的权势与皇帝等同了。

唐高宗上元元年（674）

八月十五日，高宗追尊他的七世祖宣简公李熙为宣皇帝，七世祖母张氏为宣庄皇后；六世祖懿王李天赐为光皇帝，六世祖母贾氏为光懿皇后；祖父太武皇帝李渊为神尧皇帝，祖母太穆皇后为太穆神皇后；父亲文皇帝李世民为太宗文武圣皇帝，母亲文德皇后为文德圣皇后。

为了回避已故皇帝、皇后的称号，高宗改称天皇，皇后武则天改称天后。

十二月二十七日，天后上表高宗，认为：“国家圣业的开端，出自玄元皇帝，请皇帝命令王公以下各级官员都学习《老子》，每年明经科加试《老子》，考试方法同《孝经》《论语》一样。”

又请求“从现在起，父亲仍在世，为死去的母亲服丧，着齐衰三年。又，八品以上在京官员，应当酌量增加俸禄”，以及其他应办的事情，共十二条。

高宗下诏对天后给予表扬，全部接受并实行她的建议。

唐高宗上元二年（675）

三月，高宗受严重风眩病的困扰，商议由天后代理国家政事。

中书侍郎郝处俊说：“皇帝治理外朝，皇后治理后宫，是天经地义的。从前魏文帝曹丕曾立下法令，虽然皇帝幼小，也不许太后临朝听政，为的是防止祸乱发生。陛下为何不将高祖、太宗的天下传给子孙，而托付给天后呢？”

中书侍郎昌乐人李义琰说：“郝处俊的话是最忠诚的，陛下应当听取！”

于是高宗放弃原来的打算。

天后广泛招揽文人学士，如著作郎元万顷、左史刘之等，要他们撰写《列女传》《臣轨》《百僚新戒》《乐书》，共一千多卷。朝廷的奏议及各部门的表疏，时常秘密地让他们参与裁决，以此来削减宰相的权力，当时的人称这批人为北门学士。

唐高宗弘道元年（683）

十一月初三，高宗因为病重，下诏停止明年封嵩山。

高宗苦于头重，不能看东西，召侍医秦鸣鹤诊视。秦鸣鹤请求用针刺头使它出血，可以痊愈。

天后在帘中，她不希望唐高宗的病治好，大怒说："此人可以斩首！竟想在天子头上刺出血。"

秦鸣鹤叩头请求保全生命。

唐高宗说："只管刺，不见得一定不好。"于是，秦鸣鹤用针刺百会、脑户两个穴位。

高宗说："我眼睛似乎看得见了。"

天后把手举在额上说："这是上天的赐予！"亲自背负彩缎百匹赐给秦鸣鹤。

高宗自从在奉天宫病重，连宰相都不得觐见。二十四日，回东都洛阳，百官朝见于天津桥南。

十二月初四，唐朝更改年号，大赦天下。高宗想上则天门楼宣布赦令，因气喘不能乘马，便召集百姓到殿前宣布赦令。

这天夜里，高宗召裴炎入宫，接受遗诏，辅佐朝政。高宗在贞观殿驾崩。他在遗诏中命令太子李显在他灵柩前即帝位，军国大事有不能决断的，兼请天后处置。

初七，裴炎上奏说太子尚未即帝位，不宜由他直接发布诏令，有急需处理的重要事情，希望发布天后的命令由中书省、门下省施行。

十一日，李显即皇帝位，是为唐中宗，尊天后武则天为皇太后，政事全取决于她。

则天皇后光宅元年（684）

正月，中宗打算任命韦玄贞为侍中，又打算授给乳母的儿子五品官，裴炎坚持不同意见。

中宗大怒，说：“我将天下交给韦玄贞又有什么不可以？难道还吝惜侍中职位？”

裴炎畏惧，报告太后，并密谋废立皇帝的事。

二月初六，太后召集百官于乾元殿，裴炎与中书侍郎刘祎之、羽林将军程务挺、张虔勖领兵入宫，宣布太后命令，废中宗为庐陵王，扶他下殿。

中宗说：“我犯了什么罪？”

太后说：“你想将天下交给韦玄贞，怎么会没有罪？”于是，将他幽禁在别的地方。

初七，唐朝立雍州牧豫王李旦为皇帝。政事取决于太后，让皇帝睿宗居于别殿，对政事不得有所干预。

初九，太后命令左金吾将军丘神前往巴州，检查原太子李贤的住宅以防备意外，实际上是暗示丘神杀死他。

十二日，太后来到武成殿，皇帝率王公以下官员给太后上尊号。

十五日，太后临殿前平台，派礼部尚书武承嗣在殿前册封新继位的皇帝。

从此太后常到紫宸殿，张挂浅紫色的帷帐临朝听政。

三月，丘神到巴州，幽禁唐朝原太子李贤于另外的屋子，逼迫他自杀。李贤死后，太后便归罪于丘神，十六日，在显福门行哭祭之礼，丘神被贬为叠州刺史。

十七日，追封李贤为雍王。丘神不久又回京任左金吾将军。

神龙政变

唐中宗神龙元年（705）

正月，武周皇帝武则天[1]病得非常严重，麟台监张易之和春官侍郎张昌宗居宫中执政。

中书侍郎、同平章事张柬之，崔玄与中台右丞敬晖，司刑少卿桓彦范，以及相王府司马袁恕己，谋划杀掉张易之和张昌宗。

张柬之问右羽林卫大将军李多祚说："将军今日的荣华富贵，是谁给的？"

李多祚流着眼泪回答说："是大帝高宗给的。"

张柬之说："现在大帝的儿子受到张易之和张昌宗这两个小子的威胁，难道将军不想报答大帝的恩德吗？"

李多祚回答说："只要对国家有利，我一切都听相公安排，不敢顾及自身以及妻儿的安危。"于是自己指天发誓，并且与张柬之、崔玄等人一同定下了铲除张易之和张昌宗的计谋。

[1] 载初元年（690），武则天正式称帝，改唐为周，定都洛阳，尊号圣神皇帝，史称武周。

当初，张柬之接替荆州都督府长史乡人杨元琰的职务，二人一同泛舟于长江之中，当小船漂到江心时，谈到了武则天以周代唐的事，杨元琰慷慨激昂，有救助大唐的志向。

张柬之入朝做了宰相后，便推荐杨元琰担任右羽林将军，并且提醒他说："您大概还记得我们当初在江心泛舟时所说的话吧？今天这项任命可不是随便给您的呀。"

张柬之还任用了桓彦范、敬晖以及右散骑侍郎李湛，都让他们担任左、右羽林将军，把禁军交给他们指挥。

这件事引起了张易之等人的怀疑和忧虑，于是张柬之又任用张易之的党羽武攸宜为右羽林大将军，张易之等人才放了心。

不久，姚元之从灵武回朝，张柬之和桓彦范交谈说："大事就要成功了！"于是把商量好的计谋告诉姚元之。

桓彦范将这事禀告了他的母亲，母亲勉励他说："忠孝不能两全，应当先为国家大事着想，然后再考虑自家的小事。"

当时太子李显都从北门入宫向天子问安，桓彦范和敬晖前往拜见，秘密地把他们的计策告诉太子，太子允许他们这样去做。

二十二日，张柬之、崔玄、桓彦范与左威卫将军薛思行等人率领左右羽林兵五百余人来到玄武门，派李多祚、李湛及内直郎、驸马都尉王同皎到东宫去迎接太子李显。

太子有所怀疑，没有出来，王同皎说："先帝把皇位传给殿下，殿下无故遭到幽禁废黜，皇天后土、士民百姓无不义愤填膺，已经有二十三年了。现在上天诱导人心，北门的羽林诸将与南牙朝臣得以同心协力，立志诛灭凶恶的小人，恢复李氏的江山社稷，希望殿下暂时到玄武门去以满足大家的期望。"

太子回答说："凶恶的小人的确应该剪除，但是天子圣体欠安，你们这样做能不使天子受惊吗？请诸位日后再图此事。"

李湛说："诸位将帅宰相为了国家不顾身家性命，殿下为什么非要让他们面临鼎镬的酷刑呢？请殿下亲自去制止他们好了。"

太子这才出来。

王同皎将太子抱到马上，并陪同太子来到玄武门，斩断门闩进入宫中。

此时武则天在迎仙宫，张柬之等人在迎仙宫的走廊里将张易之和张昌宗斩首，然后进至武则天居住的长生殿，在她周围环绕侍卫。

武则天吃惊地坐起来，问道："是谁作乱？"

张柬之回答说："张易之、张昌宗阴谋造反，臣等已奉太子的命令将他们杀掉了，因为担心可能会走漏消息，所以没有向您禀告。在皇宫禁地举兵诛杀逆贼，惊动天子，臣等罪该万死！"

武则天看见太子李显也在人群之中，便对他说："这件事是你让干的吗？这两个小子已经被诛杀了，你可以回到东宫去了。"

桓彦范上前说："太子哪能还回到东宫去呢？当初天皇把心爱的太子托付给陛下，现在他年纪已大，却一直在东宫当太子，天意民心，早已思念李家。群臣不敢忘怀太宗、天皇的恩德，所以尊奉太子诛灭犯上作乱的逆臣。希望陛下将帝位传给太子，以顺从上天与下民的心愿！"

武则天发现了李湛，对他说："你也是杀死张易之的将军吗？我平时对你们父子不薄，想不到竟然有今天的变故！"

李湛满面羞惭，无法回答。

武则天又对崔玄说："别的人都是经他人推荐之后提拔的，只有你是朕亲手提拔的，你怎么也在这里呢？"

崔玄说："我这样做正是为了报答陛下对我的大恩大德。"

接下来张柬之等人逮捕了张昌期、张同休、张昌仪等人，并在神都天津桥的南边将上述人犯与张易之、张昌宗二人一道枭首示众。

在这一天里，为防范突然事变的发生，袁恕己随相王李旦统率南牙兵马，他们将韦承庆、房融及司礼卿崔神庆等逮捕下狱，这些人都是张易之的同党。

二十三日，武则天颁下制书，决定由太子李显代行处理国政，大赦天下。任命袁恕己为凤阁侍郎、同平章事，派遣十位使者分别携带天子的玺书前往各州进行安抚工作。

二十四日，武则天将帝位传给太子李显。

二十五日，唐中宗李显即皇帝位。中宗下诏大赦天下，只有张易之的党羽们不在赦免之列；那些被周兴等人冤枉的人，都让进行清理和昭雪，他们的子女中如有被发配流放或者被没入官府作奴婢的，都予以赦免。

中宗还加相王李旦封号为安国相王，并任命他为太尉、同凤阁鸾台三品；加太平公主封号为镇国太平公主。此外，皇族中先前被发配或没入官府为奴的人，他们的子孙都恢复皇族身份，并且根据具体情况封授官爵。

二十六日，武则天搬到上阳宫居住，李湛留下负责警卫。

二十七日，中宗带领文武百官来到上阳宫，上武则天尊号为则天大圣皇帝。

十一月二十六日，武则天在上阳宫驾崩，终年八十二岁。

临死时武则天留下遗命："去掉皇帝称号，以后称为则天大圣皇后。高宗的后妃王氏和萧氏二族以及褚遂良、韩瑗、柳奭三人的亲属都全部赦免。"

巧答玄宗

唐玄宗开元二十九年（741）

唐朝平卢兵马使安禄山性格巧诈，善于讨人喜欢，所以人们都称赞他。唐玄宗李隆基左右的人到了平卢，安禄山就用重金收买他们，因此玄宗更加认为他是贤能之士。

御史中丞张利贞为河北采访使，到了平卢，安禄山刻意逢迎，以致张利贞左右的人都受到安禄山的贿赂。张利贞入朝上奏，尽力说安禄山的好话。

八月十七日，玄宗任命安禄山为营州都督，兼平卢军使，两蕃、勃海、黑水四府经略使。

唐玄宗天宝元年（742）

正月初六，朝廷分平卢另为节度镇，任命安禄山为节度使。

唐玄宗天宝二年（743）

正月，安禄山入朝。玄宗对他十分宠信，随时可以觐见。

安禄山上奏说：“去年营州蝗虫吃禾苗，我焚香祝告上天说：‘我如果心术不正，对君王不忠，愿让蝗虫吃我的心；如果未负神灵，愿使蝗虫自动散去。’于是，有一群鸟从北面飞来，立刻吃尽了蝗虫。希望能把此事交付史官记录。”

玄宗答应了。

唐玄宗天宝三年（744）

玄宗任命安禄山兼任范阳节度使，任命范阳节度使裴宽为户部尚书。

礼部尚书席建侯为河北黜陟使，称赞安禄山公正无私，李林甫、裴宽也都顺从圣意称颂安禄山。这三个人都是玄宗所信任的臣子，于是安禄山愈加受到玄宗的宠信，地位稳固不可动摇。

唐玄宗天宝四年（745）

九月，安禄山想以战功求得玄宗宠信，所以多次侵略奚与契丹，奚与契丹就杀掉了所娶的唐朝公主而反叛，安禄山又出兵击败了他们。

十月初十，安禄山上奏说：“我讨伐契丹来到北平郡，梦见先朝名将李靖与李勣向我求讨食物。”于是，玄宗下令为他们建庙。

安禄山又上奏说奠基的那天，庙梁上长出了灵芝草。

唐玄宗天宝六年（747）

玄宗任命范阳、平卢节度使安禄山兼御史大夫。

安禄山身体肥胖，大腹便便垂过膝盖，曾自言腹重三百斤。他外表看似老实，实际上内心狡猾，常令部将刘骆谷留在京师刺探朝廷的动向，一举一动都向他报告。如有事要向皇上奏表，刘骆谷就替他代写上奏。

安禄山每年都向朝廷奉献俘虏、杂畜、奇禽、异兽和珍宝玩物，一路不绝，以致沿途郡县都因转运这些东西而疲乏。

安禄山在玄宗面前应对敏捷，常常还夹杂着一些诙谐幽默的言语。

玄宗曾经开玩笑指着安禄山的肚子说："你这个胡人肚子中有什么东西，竟然这么大！"

安禄山回答说："没有什么东西，只有对陛下的一片赤心！"

玄宗听后十分高兴。

玄宗又曾让安禄山去见太子，安禄山见后不礼拜。

左右的人催促他礼拜，安禄山却站立着说："我是胡人，不懂得朝廷中的礼仪，不知道太子是什么官？"

玄宗说："太子就是将来的皇上，朕去世之后，代朕做君王统治你的就是他。"

安禄山说："我愚蠢，过去只知有陛下一人，不知还有太子。"不得已，然后才拜见。

玄宗相信安禄山的这些话而更加宠信他。

玄宗曾在勤政楼设宴，百官都坐在楼下，却单独为安禄山于自己的座位东边设置了画金鸡的障子，设了床榻，使安禄山坐在前面，并命令卷起帘子以示宠信；又命杨铦、杨锜、贵妃的三姐等都与安禄山叙兄弟之情。

安禄山可以出入宫中，便乘机奏请做杨贵妃的儿子。

玄宗与贵妃一起坐，安禄山却先拜贵妃。

唐玄宗问他为什么先拜贵妃，安禄山回答说："我们胡人的习惯是先母而后父。"

玄宗听后十分高兴。

从唐朝建立以来，边防将帅用的都是忠厚名臣，不让久任，不让在朝中遥领，不让同时任数职，功名显著的常常入朝为宰相。四方夷族的将领，虽然才略像阿史那社尔、契苾何力那样的名将，也不让他们为一方大将，都任命朝中大臣为使职来节制他们。

到了开元年间，天子有并吞周边民族的志向，担任边将的人十多年都不替换，边将开始久任；皇子中有庆王、忠王等人，宰相中有萧嵩、牛仙客等人，开始遥领边将之职；盖嘉运、王忠嗣等一人节制数道之兵，开始兼职统领军队。

李林甫想要杜绝边将入朝为宰相的路，因胡人没有文化，就上奏说："文臣为将帅，怯懦不敢作战，不如用出身低贱从事过农耕的胡人。胡人都勇敢好战，出身低贱而孤立没有党援，陛下如果真能够用恩惠笼络他们，他们一定能够为朝廷尽力死战。"

玄宗觉得李林甫的话很有道理，就重用了安禄山。

这时，各镇节度使都是用胡人，精兵强将都戍守在北方边疆，形成里轻外重的局面，最后安禄山得以发动叛乱，几乎推翻唐朝的天下。

马嵬兵变

唐玄宗天宝十三年（754）

正月初三，平卢、范阳、河东三镇节度使安禄山入朝。

当初，杨国忠[1]进言说安禄山必反，并说："陛下试召他入朝，他一定不来。"

于是，唐玄宗李隆基就派人召见安禄山，安禄山听见命令立刻来朝。

初四，安禄山觐见玄宗于华清宫，哭诉说："我本是一名胡人，只是受到陛下的信任才有今天的地位，但却不为杨国忠所容，恐怕难以活命了！"

玄宗听后十分怜爱，重加赏赐，因此更加信任安禄山，杨国忠的话一点儿也听不进去。

玄宗想要加封安禄山同平章事，已经令太常卿张垍（jì）草写了制书。

这时，杨国忠进谏说："安禄山虽然有战功，但是目不识丁，怎么能够做宰相呢？如果制书颁布，恐怕周边的夷人会轻视我们大唐王朝。"

[1]杨国忠（？—756），杨贵妃的族兄，时任文部尚书、右相等官职。

玄宗只好取消了这一任命。

安禄山从长安离去时，玄宗命令高力士在长乐坡为安禄山饯行。

高力士回来后，玄宗问道："安禄山满意吗？"

高力士回答说："我看到他心中不愉快，一定是知道了想要任命他为宰相，后来又改变的缘故。"

唐玄宗天宝十四年（755）

二月二十二日，安禄山派副将何千年入朝奏事，请求用蕃人将领三十二人代替汉人将领，玄宗命令中书省立刻下敕书，由自己签署施行，并发给委任状。

韦见素[1]对杨国忠说："安禄山早就怀有反心，现在又请求以番将代替汉将，谋反的迹象已经很明确了。明天我一定尽力向皇上说这件事，如果皇上不听，请您继后劝说。"杨国忠答应。

二十三日，杨国忠与韦见素入宫觐见玄宗，玄宗迎接他们，并说："你们是怀疑安禄山要谋反吗？"

韦见素极力说安禄山反迹已露，对于他的请求千万不能答应，玄宗不高兴。

这时杨国忠竟因有顾虑而不敢说话，玄宗便答应了安禄山的请求。

有一天，杨国忠和韦见素对玄宗说："我们有计策可以消除安禄山的阴谋。现在如果任命安禄山为平章事，召他入朝，然后任命贾循为范阳节度使，吕知诲为平卢节度使，杨光为河东节度使，这样安禄山的势力就会分化瓦解。"

玄宗同意了。

制书已经写好，但玄宗却留在朝中不发，而又派宦官辅璆（qiú）琳拿着珍

[1]韦见素（697—762），时任武部尚书、同平章事。

果去赐给安禄山，并让他暗中观察形势的变化。

辅璆琳受了安禄山的重赂，还朝后极力说安禄山忠诚奉国，没有二心。

唐玄宗对杨国忠等人说："我推心置腹地对待安禄山，他必不会有异心。再说东北地区的奚与契丹还要靠他镇抚。朕可以保证他不会谋反，你们不要担忧！"

这件事就这样平息了。

杨国忠日夜搜集安禄山谋反的证据，派京兆尹包围了安禄山在京城的住宅，逮捕了安禄山的门客李超等，送到御史台狱中，然后秘密地杀了他们。

安禄山的儿子安庆宗婚匹皇室女荣义郡主，在京师为太仆卿，他把这件事密报给了安禄山，安禄山更加恐惧。

安禄山一身兼任三道节度使，阴谋作乱已将近十年，只是因为玄宗待他很好，所以想等到玄宗死后再反叛。

十月，杨国忠因为与安禄山不和，多次上言说他要谋反，玄宗不信。杨国忠又多次以事激怒安禄山，想让他立刻反叛，以此取信于玄宗。

于是安禄山决意举兵反叛，只与孔目官、太仆丞严庄和掌书记、屯田员外郎高尚以及将军阿史那承庆等人密谋，其他将领都不让知道。其他将领只是觉得奇怪，不知道安禄山为什么从八月份以来多次招待士卒，秣马厉兵，准备打仗。

这时有入朝奏事官从京师回来，安禄山就假造敕书，把将领都召来告诉他们说："皇上有密诏给我，让我率兵入朝讨伐杨国忠，你们应该听我指挥随军行动。"

众将领听完后都十分惊愕，相看而不敢反对。

十一月初九，安禄山率领所统辖的三镇军队及同罗、奚、契丹、室韦兵共十五万人，号称二十万，在范阳起兵反叛。

第二天早晨，安禄山出蓟城南门，召集全军检阅誓师，以讨伐杨国忠为名，在军中发文告说："谁要是煽动军人反对这一行动，灭杀他的三族！"然后率兵向南进军。

安禄山坐着铁车，精锐步骑兵浩浩荡荡，战尘千里，鼓角震地。

当时唐朝国内长治久安，老百姓几代没有经过战争，猛然得知范阳兵起，远近惊骇。河北地区都在安禄山的统辖之内，所以叛军经过的州县望风瓦解，郡守与县令有的大开城门迎接敌人，有的弃城逃命，有的被叛军俘虏杀害，没有人敢于抵抗。

河西、陇右节度使哥舒翰因病在家中休养，玄宗因为他有威名，而且素来与安禄山关系不和，于是就召见他，拜为兵马副元帅，率兵八万去征讨安禄山。还下敕让各地进军，集兵收复洛阳。

哥舒翰因病不能料理军务，就把军政大事都委托给田良丘处理。田良丘又不敢一人决定大事，于是就让王思礼统领骑兵，李承光统领步兵，又因为这二人争权，军令无法统一。

唐玄宗天宝十五年（756）

五月，人们都认为安禄山叛乱是因为杨国忠骄横放纵所致，无不对杨国忠切齿痛恨。而且安禄山起兵是以讨杨国忠为名，所以王思礼就悄悄地劝哥舒翰，让他上表请求玄宗杀掉杨国忠，哥舒翰没有答应。

王思礼又请求率领三十个骑兵把杨国忠劫持出京师，到潼关把他杀掉。

哥舒翰说："如果这样做就是我谋反，而不是安禄山谋反。"

有人劝杨国忠说："现在朝廷的重兵都在哥舒翰掌握之中，他如果挥兵西向京城，您不就危险了吗！"

杨国忠大为恐惧，于是就上奏玄宗说："现在潼关虽然有大军把守，但后无援兵，一旦潼关失守，京师就难保，请求挑选牧马的士卒三千人于禁宛中训练，以应付不测。"

玄宗同意，于是就派剑南军将李福德等人统领这支队伍。杨国忠又招募了一万人屯兵于霸上，命令他的亲信杜乾运率领，名义上是抵御叛军，实际上却是为了防备哥舒翰。

哥舒翰得知后，也怕被杨国忠谋算，于是就上表玄宗请求把驻扎在霸上的军队归于潼关军队统一指挥。

六月初一，哥舒翰把杜乾运召到潼关，借机杀了他，杨国忠更加害怕。

这时有人告诉玄宗说，安禄山手下的崔乾祐在陕郡的兵力不到四千，都是老弱兵，而且没有准备，玄宗就派人催促哥舒翰出兵收复陕郡和洛阳。

哥舒翰上奏说："安禄山善于用兵，现在刚举兵反叛，怎么能够不设防呢？这一定是故意示弱来引诱我们，如果出兵攻打，正中了他的计谋。再说叛军远来，利在速战速决，我们据险扼守，利在长期坚持。

"何况叛军残暴，失去人心，兵势正在变为不利，将会有内乱，到那时再乘机进攻，就可不战而获胜。我们最主要是要取胜，何必要立刻出兵呢？现在各地所征的兵大多都还没有到达，请暂且等待一段时间。"

杨国忠怀疑哥舒翰想要谋害他，就告诉玄宗说叛军没有准备，而哥舒翰却逗留拖延，将要失去战机。

玄宗信以为然，于是，又派宦官去催促出兵，连续不断。

哥舒翰没有办法，抚胸痛哭，初四，亲自率兵出关。

初八，官军与崔乾祐的叛军交战，大败。

初九，崔乾祐率兵攻陷潼关。

潼关失守的当天，哥舒翰的部下到朝廷报告情况危急，玄宗当时没有召见，只是派李福德等人率领监牧小儿组成的军队开赴潼关增援。到了晚上，没看到报告平安的烽火，玄宗才感到惧怕。

初十，玄宗把宰相召来商议对策。杨国忠因为自己兼任剑南节度使，安禄山反叛后，即命令节度副使崔圆暗中准备物资，以防备危急时到剑南使用，所以这时他首先提出到蜀中避难。玄宗赞成他的意见。

十一日，杨国忠召集百官于朝堂，神色惊惧，痛哭流涕地问他们有什么计策，百官都不回答。

杨国忠说："人们告安禄山的反状已有十年了，但皇上总是不相信。现在事情发展到这种地步，不是宰相的过错。"罢朝后卫兵退下。

这时长安城中的百姓惊慌逃命，都不知道该往哪里躲避，店铺关门，市里一片萧条。

杨国忠又让韩国夫人与虢国夫人入宫，劝说玄宗到蜀中去避难。

十二日，百官上朝的不到十分之一二。

玄宗登临勤政楼，下制书说要亲自率兵征讨安禄山，听到的人都不相信。玄宗又任命京兆尹魏方进为御史大夫兼置顿使，京兆少尹崔光远为京兆尹，兼西京留守，让将军边令诚掌管宫殿的钥匙。玄宗假称剑南节度大使颍王李璬将要赴镇，命令剑南道准备所用物资。

当天，玄宗移居大明宫。天黑以后，玄宗命令龙武大将军陈玄礼集合禁军六军，重赏他们金钱布帛，又挑选了闲厩中的骏马九百余匹，所做的这些事情外人都不知晓。

十三日，天刚发亮，玄宗只与杨贵妃姐妹、皇子、皇妃、公主、皇孙、杨国忠、韦见素、魏方进、陈玄礼及亲信宦官、宫人从延秋门出发，在宫外的皇妃、公主及皇孙都弃而不顾，只管自己逃难。

玄宗路过左藏库，杨国忠请求放火焚烧，并说："不要把这些钱财留给叛贼。"

玄宗心情凄惨地说："叛军来了没有钱财，一定会向百姓征收，还不如留给他们，以减轻百姓们的苦难。"

这一天，百官还有入朝的，到了宫门口，还能听到漏壶滴水的声音，仪仗队的卫士们仍然整齐地站在那里，待宫门打开后，则看见宫人乱哄哄地出逃，宫里宫外一片混乱，都不知道皇上在哪里。

于是，王公贵族、平民百姓四出逃命，山野小民争着进入皇宫及王公贵族的宅第，盗抢金银财宝，有的还骑驴跑到殿里。还放火焚烧了左藏大盈库。崔光远与边令诚带人赶来救火，又招募人代理府、县长官分别守护，杀了十多个人，局势才稳定下来。

崔光远派他的儿子去见安禄山，边令诚也把宫殿各门的钥匙献给安禄山。

玄宗一行经过便桥后，杨国忠派人放火烧桥。

玄宗说："官吏百姓都在避难求生，为何要断绝他们的生路呢？"于是，就把内侍监高力士留下，让他把大火扑灭后再赶来。

玄宗派宦官王洛卿先行，告诉郡县官做好准备。到吃饭的时候，抵达咸阳县望贤宫，而王洛卿与咸阳县令都已逃跑。宦官去征召，官吏与民众都没有人来。

已到了中午，玄宗还没有吃饭，杨国忠就亲自用钱买来胡饼献给玄宗。于是，百姓争献粗饭，并掺杂有麦豆，皇孙们争着用手抓吃，不一会儿就吃光了，还没有吃饱。玄宗都按价给了他们金钱，并慰劳他们。众人都涕泣流泪，玄宗也禁不住哭泣。

这时有一位名叫郭从谨的老人进言说："安禄山包藏祸心，阴谋反叛已经很久了，期间也有人到朝廷去告发他的阴谋，而陛下却常常把这些人杀掉，使安禄山奸计得逞，以致陛下出逃。所以先代的帝王务求延访忠良之士以广视听，就是为了这个道理。

"我还记得宋璟当宰相的时候，敢于犯颜直谏，所以天下得以平安无事。但从那时候以后，朝廷中的大臣都忌讳直言进谏，只是一味地阿谀奉承，取悦于陛下，所以对于宫门之外所发生的事陛下都不得而知。

"那些远离朝廷的臣民早知道会有今日了，但由于宫禁森严，远离陛下，区区效忠之心无法上达。如果不是安禄山反叛，事情到了这种地步，我怎么能够见到陛下而当面诉说呢？"

玄宗说："这都是我的过错，但后悔已经来不及了。"然后安慰了一番郭从谨，让他走了。

不一会儿，管理皇上吃饭的官吏给玄宗送饭来了，玄宗命令先赏赐给随从的官吏，然后自己才吃。玄宗命令士卒分散到各村落去寻找食品，约好未时集合继续前进。

快半夜时，到了金城县，县令和县民都已逃走，但食物和器物都在，士卒才能够吃饭。

当时跟随玄宗的官吏逃跑的也很多，宦吏内侍监袁思艺就借机逃走了。

驿站中没有灯火，人们互相枕藉而睡，也不管身份的贵贱。

王思礼从潼关赶到后，玄宗才知道哥舒翰被俘，于是，就任命王思礼为河西、陇右节度使，命令他立刻赴任，收罗散兵，准备向东进讨叛军。

十四日，玄宗一行到了马嵬驿，随从的将士因为饥饿疲劳，心中怨恨愤怒。

龙武大将军陈玄礼认为天下大乱都是杨国忠一手造成的，想杀掉他，于是，就让东宫宦官李辅国转告太子李亨，太子犹豫不决。

这时有吐蕃使节二十余人拦住杨国忠的马，向他诉说没有吃的，杨国忠还没有来得及回答，士卒们就喊道："杨国忠与胡人谋反！"

有人用箭射击，射中了杨国忠坐骑的马鞍。杨国忠急忙逃命，逃至马嵬驿西门内，被士兵追上杀死，并肢解了他的尸体，把头颅挂在矛上插于西门外示众，然后杀了他的儿子户部侍郎杨暄与韩国夫人、秦国夫人。

御史大夫魏方进说："你们胆大妄为，竟敢谋害宰相！"士兵们又把他杀了。

韦见素听见外面大乱，跑出驿门察看，被乱兵用鞭子抽打得头破血流。

众人喊道："不要伤了韦相公。"韦见素才免于一死。

士兵们又包围了驿站，玄宗听见外面的喧哗之声，就问是什么事，左右侍从回答说是杨国忠谋反。玄宗走出驿门，慰劳军士，命令他们撤走，但军士不答应。

玄宗又让高力士去问话，陈玄礼回答说："杨国忠谋反被诛，杨贵妃不应该再侍奉陛下，愿陛下能够割爱，把杨贵妃处死。"

玄宗说："这件事由我自行处置。"然后进入驿站，拄着拐杖侧首而立。

过了一会儿，京兆司录参军韦谔上前说道："现在众怒难犯，形势十分危急，安危在片刻之间，希望陛下赶快做出决断！"说着不断地跪下叩头，以致血流满面。

玄宗说："杨贵妃居住在戒备森严的宫中，不与外人交结，怎么能知道杨国忠谋反呢？"

高力士说："杨贵妃确实是没有罪，但将士们已经杀了杨国忠，而杨贵妃还在陛下的左右侍奉，他们怎么能够安心呢？希望陛下好好地考虑一下，将士安宁，陛下就会安全。”

玄宗这才命令高力士把杨贵妃引到佛堂内，用绳子勒死了她，然后把尸体抬到驿站的庭中，召陈玄礼等人入驿站察看。

陈玄礼等人脱去甲胄，叩头谢罪，玄宗安慰他们，并命令告谕其他的军士。陈玄礼等都高喊万岁，拜了两拜而出，然后整顿军队准备继续行进。

杨国忠的妻子裴柔与她的小儿子杨晞、虢国夫人与她的儿子裴徽都乘乱逃走，到了陈仓县，被县令薛景仙率领官吏抓获杀掉。

甘露之变

唐文宗太和七年（833）

十二月十八日，唐文宗李昂中风后不能说话。右神策军护军中尉、宦官王守澄向文宗推荐说，昭义行军司马郑注擅长医术。文宗召郑注来京城，吃了他开的药后，很有效果。于是，郑注开始得到文宗的宠信。

唐文宗太和八年（834）

当初，李仲言被流放到象州，后来，由于朝廷大赦，回到东都洛阳。这时，他的叔叔、东都留守李逢吉正想再入朝担任宰相。李仲言自称和郑注关系密切，于是，李逢吉派李仲言用重金向郑注行贿。

郑注引李仲言拜见王守澄，王守澄又把李仲言推荐给文宗，声称李仲言精通《周易》。于是，文宗召见李仲言。这时，李仲言正在为母亲服丧，身着丧服，不便进入宫中，文宗便让他穿上民服，号为王山人。

李仲言身材魁梧，潇洒豪爽，擅长文辞，而且口才好，足智多谋。文宗召见后，十分高兴，认为他是一个奇才，因而对他的待遇日益隆重。

十一月三十日，李仲言奏请改名为李训。

唐文宗太和九年（835）

自从唐宪宗元和末年以后，宦官日益骄横跋扈，皇帝废立都由他们掌握，权威远在皇帝之上，百官敢怒而不敢言。

文宗忧虑宦官势力过于强盛，杀害唐宪宗李纯、唐敬宗李湛的凶手，仍有人在文宗左右侍从。

当初，宋申锡[1]被判罪贬官后，宦官更加骄横。文宗虽然外表不露声色，内心却不能容忍。李训、郑注得到文宗信任后，揣摩了解了文宗的心思。于是，李训在给文宗讲读经典时，多次暗示文宗。

文宗觉得李训很有才能，能言善辩，认为可以和他商议诛除宦官。同时，考虑到李训和郑注都是宦官王守澄推荐的，估计和二人商议，宦官不会疑心，于是，把自己的意图秘密地告诉了二人。李训、郑注因此以诛除宦官为己任。二人相互依赖，昼夜商议对策，凡给文宗的建议，文宗无不采纳，声势煊赫。

郑注经常待在宫中，有时休假在家，要求拜见他的人站满他的门前，贿赂他的财物堆积如山。外面人只知道李训和郑注依靠宦官的权势擅自作威作福，却不知道他们二人和文宗密谋诛除宦官。

当初文宗被拥立为皇帝时，右领军将军、宦官仇士良曾经有很大的功劳，但他受到王守澄的压制，于是，二人产生了矛盾。

这时，李训、郑注向文宗建议，提拔仇士良以便分割王守澄的权力。

[1] 宋申锡（760—834），太和四年（830），与唐文宗密谋诛除宦官，被任命为同平章事。太和五年（831），意图泄露，被诬告勾结漳王李凑谋反，被贬为开州司马。太和八年（834），卒于贬所。

五月二十一日，文宗任命仇士良为左神策军护军中尉，王守澄得知后很不高兴。

六月，左神策军护军中尉、宦官韦元素，枢密使、宦官杨承和与王践言在宫中当权，与王守澄争权不和。李训和郑注乘机劝文宗任命杨承和为剑南西川监军，韦元素为淮南监军，王践言为河东监军。

八月二十三日，文宗下诏，鉴于杨承和当年曾袒护宋申锡的罪行，韦元素、王践言和前宰相李宗闵、李德裕在朝廷内外相互勾结，接受他们的贿赂，因此，免去三人的职务，把他们分别发放到边远的骥州、象州、恩州监管，命令西川、淮南和河东分别派人把他们枷锢押送到监管地区；不久，又派人追命杨承和、韦元素、王践言自尽。这时，前枢密使、宦官崔潭峻已经去世，文宗命把他剖棺鞭尸。

当年宪宗去世，宫中侍从都说是被宦官陈弘志所暗害的。九月，陈弘志正担任山南东道监军，李训建议文宗召陈弘志来京。陈弘志走到青泥驿，二十一日，被朝廷派人杖杀。

二十六日，文宗任命右神策军护军中尉、行右卫上将军、知内侍省事王守澄为左、右神策军观军容使，兼十二卫统军。李训、郑注为文宗策划，擢拔王守澄担任荣誉性的最高级军职，以表示对他的尊崇，实际上削除他的兵权。

十月，李训、郑注秘密地向文宗建议，请求诛杀王守澄。初九，文宗派遣宦官李好古前往王守澄的住宅，赐王守澄毒酒，把他杀死。

这样，元和末年暗害唐宪宗的叛贼逆党几乎被诛除干净。

李训虽然是通过郑注推荐而被提拔的，但当他的职务和权势都已达到顶点时，心中十分妒忌郑注。他密谋在朝廷里应外合诛除宦官，所以建议郑注担任凤翔节度使，其实是想等诛除宦官后，连同郑注也一同除掉。

十三日，郑注前往凤翔上任。

当初，郑注和李训商议，待郑注到凤翔上任后，挑选几百名壮士，每人携带一根白色棍棒，怀揣一把利斧，作为亲兵。二人约定，本月二十七日，朝廷在浐河旁埋葬王守澄时，由郑注奏请文宗批准率兵护卫葬礼，这样便可带亲兵随从前往，同时奏请文宗，命神策军护军中尉以下所有宦官都到河旁为王守澄送葬。届时，郑注下令关闭墓门，命亲兵用利斧砍杀宦官，全部诛除。

计划已经约好，李训又和他的同党密谋说："如果这个计划成功，那么，诛除宦官的功劳就全部归于郑注，不如让郭行余和王璠（fán）赴邠（bīn）宁、河东上任为名，多招募一些壮士，作为私兵，同时调动韩约统领的金吾兵和御史台、京兆府官吏和士卒，先于郑注一步，在京城诛除宦官，随后，把郑注除掉。"

邠宁节度使郭行余、河东节度使王璠、左金吾卫大将军韩约、京兆少尹罗立言和御史中丞李孝本，都是李训所信用的官员，所以被任命担任要职。李训只和这几个人以及宰相舒元舆密谋，其他朝廷官员一概不知。

二十一日，文宗御临紫宸殿。

百官列班站定后，左金吾卫大将军韩约不按规定报告平安，奏称："左金吾衙门后院的石榴树上，昨晚发现有甘露降临，这是祥瑞的征兆，昨晚我已通过守卫宫门的宦官向皇上报告。"

于是，韩约行舞蹈礼，再次下拜称贺，宰相也率领百官向文宗祝贺。

李训、舒元舆乘机劝文宗亲自前往观看，以便承受上天赐予的祥瑞。文宗表示同意。接着，百官退下，列班于含元殿。

辰时刚过，文宗乘软轿出紫宸门，到含元殿升朝，先命宰相和中书、门下两省的官员到左金吾后院察看甘露，过了很久才回来。

李训奏报说："我和众人去检查过了，不像是真正的甘露，不可匆忙向全国宣布，否则，全国各地就会向陛下祝贺。”

文宗说：“难道还有这种事？”随即命左、右神策军护军中尉仇士良、鱼弘志率领诸位宦官再次前往左金吾后院察看。

宦官走后，李训急忙召集郭行余、王璠，说：“快来接受皇上的圣旨！”

王璠紧张得两腿发抖，不敢前去，只有郭行余一人拜倒在含元殿下接旨。

这时，二人招募的私兵几百人都手执兵器，立在丹凤门外等待命令。李训已经先派人去叫他们来含元殿前，接受文宗下达的诛除宦官的命令。结果，只有郭行余率领的河东兵来了，王璠率领的邠宁兵竟没有来。

仇士良率领宦官到左金吾后院去察看甘露，韩约紧张得浑身流汗，脸色十分难看。

仇士良觉得很奇怪，问：“将军为什么这样？”

过了一会儿，一阵风把院中的帐幕吹起来，仇士良发现很多手执兵器的士卒，又听到兵器的碰撞声音。仇士良等人大惊，急忙往外跑，守门的士卒正想关门，被仇士良大声呵斥，门没有关上。

仇士良等人急奔含元殿，向文宗报告发生兵变，被李训看见。

李训急呼金吾士卒说：“快来上殿保护皇上，每人赏钱百缗！”

宦官对文宗说：“事情紧急，请陛下赶快回宫！”随即抬来软轿，迎上前去搀扶文宗上轿，冲断殿后面的丝网，向北急奔而去。

李训拉住文宗的软轿大声说：“我奏请朝政还没有完，陛下不可回宫！”

这时，金吾兵已经登上含元殿。同时，罗立言率领京兆府担负巡逻任务的士卒三百多人从东边冲来，李孝本率领御史台随从二百多人从西边冲来，一齐登上含元殿，击杀宦官。宦官血流如注，大声喊冤，死伤十几个人。

文宗的软轿一路向北进入宣政门，李训拉住软轿不放，呼喊更加急迫。文宗呵斥李训，宦官郗志荣乘机挥拳奋击李训的胸部，李训被打倒在地。

文宗的软轿进入宣政门后，大门随即关上，宦官都大呼万岁。这时，正在含元殿上朝的百官都大吃一惊，四散而逃。

李训见文宗已入后宫，知道大事不好，于是，换上随从官吏的绿色官服，骑马而逃。一路上大声扬言说："我有什么罪而被贬逐？"因而，人们也不怀疑。

宰相王涯、贾悚（sù）、舒元舆回到政事堂，相互商议说："皇上过一会儿就会开延英殿，召集我们商议朝政。"

中书、门下两省的官员来问王涯三人到底发生了什么事，三人都说："我们也不知怎么回事，诸位各自随便先去吧！"

仇士良等宦官知道文宗参与了李训的密谋，十分愤恨，在文宗面前出言不逊。

文宗羞愧惧怕，不再作声。

仇士良等人命令左、右神策军副使刘泰伦、魏仲卿等各率禁兵五百人，持刀露刃从紫宸殿冲出讨伐贼党。

这时，王涯等宰相在政事堂正要吃饭，忽然有官吏报告说："有一大群士兵从宫中冲出，逢人就杀！"

王涯等人狼狈逃奔。中书、门下两省和金吾卫的士卒和官吏一千多人争着向门外逃跑。不一会儿，大门被关上，尚未逃出的六百多人全被杀死。

仇士良下令分兵关闭各个宫门，搜查南衙各司衙门，逮捕贼党。各司的官吏和担负警卫的士卒，以及正在里面卖酒的百姓和商人一千多人全部被杀，尸体狼藉，流血遍地。各司的大印、地图和户籍档案、衙门的帷幕和办公用具被捣毁、抄掠一空。

仇士良等人又命左、右神策军各出动骑兵一千多人出城追击逃亡的贼党，同时派兵在京城大搜捕。

舒元舆换上民服后，一人骑马从安化门逃出，被骑兵追上逮捕。

王涯步行到永昌里的一个茶馆，被禁兵逮捕，押送到左神策军中。王涯这时年迈，已七十多岁，被戴上脚镣手铐，遭受毒打，无法忍受，因而，违心地承认和李训一起谋反，企图拥立郑注为皇帝。

王璠回到长兴里家中后，闭门不出，用招募的私兵防卫。

神策将前来搜捕，到他的门口时，大声喊道："王涯等人谋反，朝廷打算任命您为宰相，护军中尉鱼弘志派我们来向您致意！"

王璠大喜，马上出来相见。神策将再三祝贺他升迁，王璠发现被骗，流着眼泪跟随神策将而去。

二十三日，百官开始上朝。直到太阳已经出来时，大明宫右侧的建福门才刚刚打开。宫中传话说，百官每人只准带一名随从进门，里面禁军手持刀枪，夹道防卫。到宣政门时，大门尚未打开。

这时，由于没有宰相和御史大夫率领，百官队伍混乱，不成班列。

文宗亲临紫宸殿，问："宰相怎么没有来？"

仇士良回答："王涯等人谋反，已经被逮捕入狱。"接着，把王涯的供词递呈文宗。

贾竦换了官服以后，潜藏在百姓家里，过了一夜，感到实在无法逃脱。

于是，他换上丧服，骑驴到兴安门，说："我是宰相贾竦，被奸人所污蔑，你们把我抓起来送到左、右神策军去吧！"

守门人随即把他押送到右神策军中。

李孝本改换六品、七品官员穿的绿色官服，但仍旧系着只有五品以上官员才能穿戴的金带，用帽子摭住脸，一个人骑着马直奔凤翔，打算投靠郑注。到了咸阳城西，被追兵逮捕。

李训向来和终南山的僧人宗密关系亲近，于是，前往投奔。

宗密想为李训剃发，装扮成僧人，然后藏在寺院中。他的徒弟们都认为不妥。李训只好出山，打算前往凤翔投靠郑注，被周至镇遏使宋楚逮捕，戴上脚镣手铐，押送到京城。

走到昆明池，李训恐怕到神策军后被毒打污辱，便对押送他的人说："无论谁抓住我都能得到重赏而富贵！听说禁军到处搜捕，他们肯定会把我夺走。不如把我杀了，拿我的首级送到京城！"

押送他的人表示同意，于是，割下李训的头送往京城。

二十四日，左神策军出兵三百人，以李训的首级引导王涯、王璠、罗立言和郭行余，右神策军出兵三百人，押贾餗、舒元舆和李孝本，献祭太庙和太社；接着，在东、西两市游街示众，命百官前往观看；然后，在京城独柳树下把他们腰斩，首级挂在兴安门外示众。

李训等人的亲属不管亲疏老幼，全部被杀。妻子、女儿没有死的，没收为官奴婢。

郑注按照事先和李训的约定，率亲兵五百人已经从凤翔出发，到达扶风县。

扶风县令韩辽知道他和李训的密谋，因此，不加接待，携带县印和下属胥吏、士卒逃往武功。

这时，郑注得到李训失败的消息，于是，又返回凤翔。

仇士良等人派人携带文宗的密敕授予凤翔监军张仲清，命令他诛除郑注。张仲清疑惧不知所措。

押牙李叔和劝张仲清说："我以您的名义用好言好语召来郑注，然后设计退下他的亲兵，在坐席把他杀死，叛乱即刻就可平定！"

张仲清同意，于是，设下伏兵等待郑注。郑注依恃他的亲兵，因而也不怀疑，径直进入凤翔城来见张仲清。

李叔和把郑注的亲兵引到门外予以款待，只有郑注和几个随从进入监军使院。郑注刚刚喝完茶，被李叔和抽刀斩首。随即关闭外门，全部诛杀郑注的亲兵。

于是，张仲清出示文宗的密敕，向将士宣布，接着，杀死郑注的家眷，以及节度副使钱可复、节度判官卢简能、观察判官萧杰、掌书记卢弘茂等人和他们的同党，总共一千多人。

这时，朝廷还不知道郑注已经被杀。

二十六日，文宗下诏，免去郑注的职务和爵位，命令与凤翔邻近的藩镇按兵不动，观察凤翔城中的动静，同时，任命左神策大将军陈君奕为凤翔节度使。

二十七日夜晚，张仲清派李叔和等人前往京城献上郑注的首级，朝廷命挂在兴安门上示众。于是，京城的人心逐渐安定，禁军诸军开始各回军营。

文宗下诏，凡讨伐贼党有功的禁军将士以及追捕逃亡贼党有功者，各根据功劳大小授予官爵和赏赐财物。右神策军在崇义坊抓获韩约，二十八日，把他斩首。文宗又下令，仇士良等有功的宦官，各根据功劳大小迁升阶品和职位。

从此以后，凡朝政大事都由北司的宦官决定，宰相仅仅奉命下达文书而已。宦官的气焰更加嚣张，逼迫威胁皇上，鄙视宰相，凌辱百官如同草芥。每逢延英殿商议朝政，仇士良等人动不动就拿李训、郑注谋反的事折辱宰相。

刘稹割据

唐武宗会昌三年（843）

当初，昭义节度使刘从谏多次上表指斥左神策军护军中尉仇士良的罪行，仇士良也向朝廷上言，说刘从谏窥伺朝廷的动向。

唐武宗李炎即位以后，刘从谏把自己一匹高达九尺的良马献给武宗，武宗拒绝没有接受。刘从谏认为是仇士良从中作梗，大怒，杀掉了这匹良马。

从此以后，刘从谏和朝廷之间相互猜忌怨恨。于是，他招收亡命之徒，修造完善各种兵器军械。与昭义邻接的藩镇都秘密地防备他。

刘从谏身患疾病，对他的妻子裴氏说："我对朝廷忠心直言，但朝廷却不明了我的心意，各个藩镇也都不了解我。我死了以后，如果朝廷另外派人来担任昭义节度使，我们家的香火从此也就断绝了！"

于是，他和幕僚张谷、陈扬庭密谋效法河北藩镇，实行割据，任命他的弟弟右骁卫将军刘从素的儿子刘稹为牙内都知兵马使，侄子刘匡周为中军兵马使，孔目官王协为押牙亲事兵马使，家奴李士贵为使宅十将兵马使。

四月，刘从谏去世，刘稹封锁消息，不为刘从谏治丧。

王协为刘稹谋划说："现在，只要你按照宝历元年刘悟去世后，刘从谏得以世袭而为节度使那样行事，尊奉监军，对朝廷的使者厚加贿赂，四邻边境切勿出兵侵扰，城中秘密地进行防备。这样，不出一百天，朝廷任命你为节度使的旌节自然就会送来。"

于是，刘稹命押牙姜向朝廷上奏，请求派宫廷中著名的医生为刘从谏治病。武宗派遣宦官解朝政携朝廷医官前往昭义，为刘从谏诊断。

刘稹又逼迫监军崔士康上奏，说刘从谏身患疾病，请求朝廷任命他的侄子刘稹为留后。

于是武宗又派供奉官薛士干出使昭义，传达武宗的旨意说："朝廷恐怕刘从谏的病一直不好，因此让他暂且到东都洛阳去治病，等到病情逐渐好转，再另外安排任命。并让刘从谏命刘稹到京城朝拜，朝廷必定授予优厚的官爵。"

武宗召集宰相商议如何处置昭义的事宜，多数宰相认为："回鹘的残余还未消灭，边境仍然需要加强防守，现在又要征讨昭义，恐怕国家的财政难以支持。因此，请求任命刘稹暂为昭义留后。"

谏官和凡是上言朝廷的官员也都持同样看法。

只有宰相李德裕说："昭义的情况和河朔地区的魏博、成德、幽州三个割据跋扈的藩镇不同。河朔地区割据跋扈已有很长时间，人心难以感化，所以，几朝皇上都承认现状，不再讨伐他们。昭义则邻近京城，处于国家的心腹地区。昭义的将士向来以忠义而闻名，曾经在贞元元年（785）出兵击退幽州节度使朱滔的叛乱，元和三年（808）擒拿本镇的叛将卢从史。

"过去，朝廷大多任用文官担任昭义节度使。如李抱真，最初组建昭义的军队，有很大的功劳，唐德宗李适仍不许他的儿子李缄世袭为该镇的节度使，命令他护送父亲的灵柩回归东都洛阳。后来，唐敬宗李湛不理朝政，当时的宰相也缺乏远见卓识，因此，在节度使刘悟去世后，命他的儿子刘从谏世袭担任了节度使。

“刘从谏跋扈骄横，朝廷难以控制，他多次上表逼迫威胁朝廷。现在，在临死的时候，又擅自把兵权传给自己的侄子。如果朝廷又沿袭过去的惯例，任命刘稹为节度使，那么，全国各地的藩镇谁不想效法他们的做法。这样一来，皇上的威严和诏令也就难以在全国贯彻执行了！”

武宗问：“你有什么办法能够制服刘稹？而且，果真能够奏效吗？”

李德裕回答说：“刘稹所依赖的是河朔魏博、成德和幽州三个割据藩镇。如果能使成德和魏博不与他相互勾结，那么，刘稹就无所作为了。假如朝廷能够派遣一位德高望重的大臣前往成德和魏博，向两镇的节度使王元逵、何弘敬转达皇上的旨意，说明自从安史之乱以后，历代皇上许可他们传位子孙，世袭节度使，已经成为惯例，和昭义不同。

“现在，朝廷准备出兵讨伐昭义，但不打算派禁军攻打昭义在太行山以东的邢、洛、磁三州，而命成德和魏博两镇攻讨；同时也向这两个藩镇的将士转达皇上的旨意，在平定昭义的叛乱后，朝廷将给予将士优厚的官爵和赏赐。如果成德和魏博听从朝廷的命令，不从旁阻挠官军的行动，那么，刘稹肯定会被官军擒获！”

武宗大喜，说：“我和德裕意见一致，以后保证不后悔。”于是，决心讨伐刘稹。

百官再有人上言劝阻，武宗不再听取。

五月十三日，武宗下制令，削除刘从谏和他的侄子刘稹的官爵，任命王元逵为昭义北面招讨使，何弘敬为南面招讨使，与河中节度使陈夷行、河东节度使刘沔、河阳节度使王茂元共同出兵，讨伐刘稹。

此前，河朔地区的藩镇凡是有节度使去世，他们的子孙世袭自立，朝廷一般先派遣吊祭使，然后册赠使、宣慰使相继前往了解军心向背。如果肯定不可任命，则另外授予一个职务；如果他们拒不从命，然后才开始发兵征讨。所以，从朝廷开始派遣吊祭使到最后发兵征讨，往往中间有半年的时间，以致他们能够做好防守的准备。这时，宰相仍打算先派遣使者前往昭义，开导规劝刘稹听从朝廷的诏令，武宗则立即命令下诏讨伐。王元逵接到诏令的当天，出兵屯驻赵州。

八月十八日，昭义衙内十将薛茂卿率兵攻破河阳的科斗寨，擒获河阳大将马继等人，焚烧并掠夺河阳的小营寨十七个，进兵距怀州十几里才停止。薛茂卿鉴于没有刘稹的命令，所以才没敢进攻怀州。

朝廷得知后，议论哗然，百官都认为刘悟过去有功，不应该讨伐灭绝他的后代；又有人说，刘从谏豢养精兵十万，储存的粮食可以支持十年，怎么能够轻易攻取？

武宗也感到疑惑，问李德裕，李德裕说："小小失败，是兵家的常事。希望陛下不要听外人的议论，讨伐昭义肯定能够成功！"

于是，武宗对宰相说："请向百官转达我的命令，如果有人胆敢上疏劝阻讨伐昭义，我一定要在贼兵的边境上把他斩首！"

百官的议论这才停止。

忠武藩镇的军队向来以精锐勇敢闻名，节度使王宰治军严格，昭义人对王宰十分惧怕。

昭义衙内十将薛茂卿在科斗寨战役立功后，希望能够得到升迁。

有人对刘稹说："您所企求的是节度使的职位，薛茂卿入河阳境内太深，杀死很多官军，激怒了朝廷，这正是朝廷迟迟不任命您的缘故。"

于是，刘稹对薛茂卿不加赏赐。薛茂卿十分怨恨，秘密地和王宰通谋。

十二月初三，王宰率兵进攻天井关，薛茂卿假装交战一会儿，就率兵退走，于是王宰攻克天井关，进行防守。天井关东西两翼的昭义营寨得知薛茂卿失守，也都退走。于是，王宰出兵焚掠大小箕村。

薛茂卿退回泽州，密派侦探召王宰进攻泽州，表示愿做内应。王宰猜疑有诈，不敢出兵，按约定的日期没有到达。薛茂卿捶胸顿足，无可奈何。

刘稹得知后，把薛茂卿诱骗到潞州，连同他的宗族，全部杀死。

唐武宗会昌四年（844）

刘稹年轻性情懦弱，其部将押牙王协、宅内兵马使李士贵居中用事掌权，二人专事聚敛财货，使府库财货充斥溢满，而部下将士却有功而得不到赏赐，于是人心离散怨恨。

刘从谏的妻子裴氏是前宰相裴冕的旁支孙女，忧虑刘稹将遭败亡。她的弟弟裴问，率领军队在太行山以东戍守。

闰七月，裴氏想召裴问回来掌握昭义镇的军政。

李士贵担心裴问到来后收夺自己的权柄，且使自己的奸状暴露，于是向刘稹进言说："太行山以东的军政大事全仰仗于五舅裴问，如果将裴问召回，邢、磁三州之地将无法控制。"

由于李士贵从中作梗，所以召裴问回镇之事不再提了。

昭义军府押牙王协推荐王钊为州都知兵马使。

王钊很得部众的心，而其部众大都不遵从节度使府的约束，王钊的同僚将领高元武、安玉声言王钊有二心。

刘稹召王钊，王钊推辞说："到州来没有立下多少功劳，实在是惭愧自恨，乞求再留任州几个月，然后再回节度使府效劳。"

刘稹也只好准许。

王协又请刘稹向商人收税，每州派遣军将一人主持收税事宜。名义上说是收税，实际上却是把所有百姓的财产都登记造册，以至于连家庭日用器具也一扫无余。这些器具全用来估价折算成绢匹，按其价值十分收取其二，并动不动就将其价估高，多收税钱。

百姓虽然竭尽浮财以及存粮交纳给军府，也无法充实军府的税收，以致群情激愤，上下不安。

昭义军将刘溪尤其贪暴残忍，以前刘从谏对他弃而不用。刘溪用丰厚的财物贿赂王协，王协见邢州富商最多，任命刘溪为邢州主税官。

当时裴问所率领的兵将号称“夜飞”，大多是富商子弟。刘溪到邢州主税，将他们的父兄全部拘捕。夜飞军士向裴问申诉，裴问为他们向刘溪求情，并请求释放士兵家属，刘溪不许，竟用极不礼貌的语言回答裴问。

裴问勃然大怒，秘密与麾下谋划杀刘溪，归降朝廷，并告知邢州刺史崔嘏，崔嘏表示赞同。

二十五日，崔嘏、裴问将邢州城关闭，斩城中四员大将，向成德节度使王元逵请降，当时高元武在党山，闻知此讯，也向官军投降。

八月十一日，镇州、魏州藩镇使府向朝廷上奏，称邢、洺、磁三州皆已投降，宰相们入朝向武宗庆贺。

李德裕对武宗说：“昭义镇的根本尽在太行山以东，邢、洺、磁三州归降朝廷后，上党肯定在不久之内会有变故。”

武宗说：“郭谊必定会斩下刘稹的首级，挂在竹竿上，归降朝廷以赎自己的罪。”

李德裕回答说：“实际情况必定会如皇上所预料的那样。”

武宗说："那么，现在首先应该处理什么事呢？"

李德裕请求以卢弘止为邢、洺、磁三州留后，说："万一镇州、魏州两个藩镇请求占有三州，朝廷将难于表态。"

武宗同意了李德裕的请求。颁下诏书任命山南东道兼昭义节度使卢钧乘驿马赶赴镇治。

潞州人听说邢、洺、磁三州降唐，大为恐惧。郭谊、王协密谋杀刘稹以向朝廷赎罪。

刘稹的远房堂兄中军使刘匡周兼任押牙，郭谊对他有顾虑，于是对刘稹说："由于十三郎刘匡周在牙院，诸位将领都不敢说话言事，恐怕为十三郎猜疑而获罪，正因如此，我们才失去了太行山以东三个州。今天如果不让十三郎进入牙院，诸位将领才敢尽其所言，您如果听计于众人，必定能获得万全长策。"

刘稹听后召刘匡周晓以道理，让刘匡周宣称有疾病而不进入牙院。

刘匡周勃然大怒说："正由于我在牙院中，诸将领才不敢有异图；我若出牙院，刘家必遭破灭！"

刘稹还是坚持要刘匡周出牙院，刘匡周不得已，又气又恨，只得即刻走出了牙院。

郭谊又指使刘稹所信任的董可武游说刘稹说："太行山以东三州的叛变，事由您的五舅裴问发起，现在上党城中人谁敢保护您？您今天想怎么办？"

刘稹回答说："目前上党城中尚有五万人，应当紧闭城门坚守吧！"

董可武说："这不是良策，留后您不如将自己捆绑起来归降朝廷，如文宗时张元益那样，还不失作一个刺史。应暂让郭谊充任留后，待得到旌节的时候，从容不迫地奉太夫人以及家室财产归居东都洛阳，不是也很好吗？"

刘稹说："郭谊怎么肯这么做呢？"

董可武说：“我已与郭谊立下重誓，必定不会背负誓约的。”

于是，引郭谊入见刘稹。刘稹与郭谊密谋降唐事宜，密约完成之后，告诉母亲裴氏。

裴氏说：“归降朝廷当然是一件好事，只恨已经太晚。我弟裴问尚不忠于你，又如何能保证郭谊不背负于你呢？请您自己再三考虑吧！”

刘稹不假思索，穿着素服出使府牙门，以母亲裴氏之命任郭谊为都知兵马使。

这时王协已经告诫诸将领，于使府外庭站立排列，郭谊拜谢刘稹礼毕后，出使府门接见诸位将领，刘稹则于内厅整理行装。

李士贵听说事变，率领后院兵数千人攻击郭谊。

郭谊向后院兵大喊说：“你们为何不各自求取赏物，而想与李士贵同死吗？”

军士听后纷纷后退，共同将李士贵杀死。郭谊改换使府将吏，安插自己的亲信，重新部署军士，一个晚上就全部准备就绪。

次日，郭谊又指使董可武入室谒见刘稹，说：“郭公请您商讨公事。”

刘稹说：“为何不到此对我讲？”

董可武说：“恐怕惊动了太夫人。”于是，引刘稹步行出使府牙门，来到使府之北的别宅，摆设酒宴奏乐痛饮。

当喝得痛快之时，董可武对刘稹说：“今天的事是想保全您祖父太尉刘悟传下的一家人，但您必须自己决定去留，这样朝廷才会同情和照顾您的家属。”

刘稹回答说：“如您所说，我心里也这么想！”

于是，董可武上前抓住刘稹的手，崔玄度自后面将刘稹斩首。接着，收捕刘稹宗族家人，刘匡周以下以至襁褓之中的婴儿全部杀死。又杀死原刘从谏父子所信任善待的张谷、陈扬庭、李仲京、郭台、王羽、韩茂章、韩茂实、王渥、贾庠等总共十二家，并株连他们的子侄、外甥、女婿等，无一人能幸存。

这时郭谊总揽昭义军政大权，凡军中对他稍有嫌隙的人，郭谊也将其诛杀，以致每天都要杀人，血流在地上碾成了血泥。

大局稳定后，郭谊将刘稹的首级封装在一个盒子里，派遣使者带着表文和书札，向王宰投降。刘稹的首级经过泽州，刘公直及其营垒的将士痛哭失声，也就一同投降王宰。

十五日，王宰将情况写成状奏告朝廷。

十六日，宰相们入朝向唐武宗祝贺。李德裕奏言："如今不需要再设置邢、洛、磁留后，只须派遣卢弘止去宣慰这三者以及成德、魏博两道。"

武宗问："郭谊应当如何处置呢？"

李德裕说："刘稹是个傻小子罢了，其调兵遣将抗拒朝廷命令，都是郭谊为他出主意，做谋主；到刘稹势孤力单不能支持时，郭谊又出卖刘稹以求朝廷的赏赐。对这种人不加以诛除，又如何能说是惩治罪魁祸首。应该趁诸路征讨大军压境之时，将郭谊等人一并诛除！"

武宗说："我也认为这样处置为好。"

于是，武宗下诏命石雄率领七千人进入潞州，以和先前的谣言相应。杜则以军饷运输困难，不能供给为由，声言郭谊等人可以赦免，唐武宗对其奏议不予理睬。

李德裕说："今年春天泽潞未能平定，太原又出现骚乱，如果不是皇上圣明坚决果断，两处贼寇怎么可能平定？朝外议论认为如果是先朝皇上，像郭谊这样的情况早就赦免了。"

武宗说："你不知文宗心里和你意见不合，怎么能议到一处去呢！"于是，罢除卢钧山南东道节度使的职务，让他专任昭义节度使。

十八日，刘稹的首级被传送至京师长安。

黄巢起义

唐僖宗乾符元年（874）

唐僖宗李儇（xuān）年龄尚小，军国大政多听从臣下，南衙朝官和北司宦官为争权互相攻击，矛盾很深。

自从唐懿宗李漼以来，奢侈之费一日甚过一日，加上用兵不息，加给人民的赋税也愈益繁重。潼关以东地区连年水旱灾害，州县官吏不以实情上报朝廷，上下蒙骗，百姓大批饿死。

处于水深火热中的农民无处控诉，只好相聚为盗，以求生路，于是到处盗贼成群，犹如蜂起云涌。唐朝地方州县的兵员很少，加上过了很长一段时间的太平日子，一般人久不习惯于战阵，每次遭遇盗贼，官军多半被打败。

这一年，王仙芝开始聚众数千人，在长垣县起事。

唐僖宗乾符二年（875）

六月，黄巢也聚集了数千人响应王仙芝。

黄巢少年时与王仙芝都以贩私盐为生，黄巢善于骑马射箭，性格豪爽任侠，粗略地涉猎了史传经书，但屡次参加进士科考均未及第，于是成为盗贼，与王仙芝攻略州、县，横行于山东。

农民在官府重敛下无以为生，于是争相投奔黄巢，几个月内，队伍即发展到数万人。

唐僖宗乾符三年（876）

十二月，王仙芝率军攻蕲州。

蕲州刺史裴偓（wò）是王铎主掌科举考试时所选取的进士。王镣被俘后在贼军中，为王仙芝写书信劝说裴偓。

于是，裴偓与王仙芝约和，将军队收回不再进行争战，并答应为王仙芝向朝廷奏请求得一个官爵。王镣也劝说王仙芝准许裴偓的约和请求。于是，裴偓大开蕲州城请王仙芝及黄巢等三十余人入城，置酒投宴，并摆出大量的宝货赠送给王仙芝等人，以表示其约和的诚意。

朝廷诸宰相大都以为不可，说："先帝唐懿宗不赦庞勋之罪，当年就将庞勋诛除，今天王仙芝不过是一个小贼，其势力无法与庞勋相比，赦免他的罪而给予官爵，只能是更加助长奸贼的反叛气焰。"

只有王铎坚持招降王仙芝，僖宗听信王铎之言，准许招降，于是，任命王仙芝为左神策军押牙兼监察御史，派遣宦官中使将委任状送到蕲州以授给王仙芝。

王仙芝得到委任状欢喜万分，王镣、裴偓均来祝贺。

王仙芝等尚未退出蕲州，黄巢因为朝廷给官没有自己的份，勃然大怒，对王仙芝说："我与你曾共同立下誓言，要横行天下，今天你独自获得朝廷的官爵而要赴长安为禁军左军军官，让我们五千多弟兄怎么办？归于何处？"

愤怒之余，黄巢竟殴打王仙芝，将王仙芝的头打伤，其余部众也喧闹不已。

王仙芝畏惧士众的怒气，于是不接受唐廷的委任状，在蕲州大肆剽掠，蕲州城内的百姓，一半被驱出城外，一半被屠杀，居民的房屋被焚毁。

裴偓逃奔鄂州，宦官中使逃奔襄州，王镣被贼军拘留。于是贼军分兵行动，三千余人跟从王仙芝及尚君长，两千余人随黄巢北上。

唐僖宗乾符五年（878）

正月初六，唐招讨副使曾元裕在申州以东大破王仙芝军，杀死万人，招降遣散的也有万人。

后来，曾元裕上奏，称在黄梅大破王仙芝率领的贼军，杀五万余人，并追斩王仙芝，传首京师，王仙芝党羽大都散去。

黄巢率军正围攻亳州不下，尚让率领王仙芝余众来归，合兵一处。众人共推黄巢为盟主，号称“冲天大将军”，改年号为王霸，设置官职属僚。

黄巢又领兵攻陷沂州、濮州，之后却屡次被唐朝官军打败，于是给唐天平节度使张杨一封求信降，请求代向朝廷上奏。

僖宗得到奏文后下诏任命黄巢为右卫将军，命令黄巢率部众到郓州解除武装。黄巢没有从命，根本未去郓州。

唐僖宗乾符六年（879）

五月，黄巢请唐浙东观察使崔璆、岭南东道节度使李迢投书，请求天平节度使的职位。崔璆和李迢为黄巢奏闻于朝廷，朝廷不准。

黄巢再向朝廷上表乞求广州节度使的职位，僖宗命满朝大臣对此事讨论。

左仆射于琮认为：“广州有市舶司，每年蕃船往来，聚集大量宝货，这样重要的地方岂能让盗贼控制。”

于是，僖宗又不批准黄巢乞任广州节度使的要求，而让大臣们议论给黄巢其他官职。

六月，宰相们提出可任黄巢为率府率，僖宗表示同意。

九月，黄巢得到朝廷给予的率府率的委任状，大怒，大骂当朝宰相，并率军急攻广州。他当天即将广州攻陷，活捉广州节度使李迢，并挥师转掠岭南地区各州县。

黄巢又让李迢草写表文向朝廷申述自己想当广州节度使的愿望，李迢回答说：“我世代蒙受国家的恩典，亲戚当官的布满朝廷，我宁愿被斩断手腕，决不为你草写表文。”

黄巢将其杀死。

十一月，黄巢向北进攻襄阳，唐山南东道节度使刘巨容与江西招讨使淄州刺史曹全晸（zhěng）合兵，屯于荆门以抗拒黄巢。贼军赶到，刘巨容在林中埋下伏兵，曹全晸率轻骑迎战，假装不胜而逃，贼军追赶，伏兵齐发，大破贼军，并乘胜追逐到江陵，俘虏和斩杀贼军十分之七八。黄巢与尚让收集余众渡过长江向东转移。

有人劝刘巨容穷追不舍，可将贼军杀尽，但刘巨容却有不同看法。

他说：“国家常说话不算数，有危急时就抚存将士，不惜赏官予人，事情平定下来时就将我们抛弃于一边，有的人甚至因功得罪；不如留下来，以为我辈取富贵的资本。”

于是部众不再提追击黄巢之事。

曹全晸率军渡过长江追赶贼军，恰好朝廷任命泰宁都将段彦谟代曹全晸为招讨使，于是，曹全晸也停止了追击。

贼军得以逃走，势力复振，进攻鄂州，将其外城攻陷，转而挥师掠夺饶州、信州、池州、宣州、歙州、杭州等十五州之地，部众又发展到二十万人。

唐僖宗广明元年（880）

五月，黄巢军驻扎在信州，遇到传染病，士卒死了很多。张璘趁机急攻贼军，黄巢以黄金引诱张璘，并向诸道行营兵马都统高骈致书请降，请求高骈向朝廷保奏；高骈也想诱黄巢上钩，许诺愿为黄巢向朝廷求得节。

当时昭义、感化、义武等军队都赶到淮南，高骈恐怕这些军队瓜分他的功劳，于是上奏朝廷说贼众不几日就当平定，不用麻烦诸道军队，请求将诸道军队全部遣归本镇。朝廷相信高骈，批准了他的奏请。

黄巢刺探到唐诸道兵已经北渡淮河，于是与高骈绝交，并且出战。

高骈得知后怒气冲天，命令张璘向黄巢军进攻，被杀得大败，张璘也战死，于是黄巢的势力复振。

七月，黄巢军从采石渡过长江，围攻天长、六合，兵势相当强大。

淮南军将毕师铎向高骈进言："朝廷把安危倚仗于您，如今贼众数十万乘胜长途驱进，有如进入无人之境，倘若不及时占据险要之地攻击贼军，让他们越过长淮，就再也没有办法制服他们了，这必要成为中原的大患。"

高骈因诸道援军已遣散，张璘又战死，自己感到不能制止黄巢北进，畏惧之心加上懦怯使他不敢出兵，只是命令诸将严加戒备，采取自保策略而已。

高骈上表朝廷告急，声称："黄巢贼六十余万众屯聚天长，距我城不到五十里。"

先前，卢携声言："高骈有文武大才，如果将兵柄全都委交于他，平定黄巢将不在话下。"

朝野人士虽然有不少人说高骈不足以依恃，但犹对他抱有一线希望。当高骈的表文送达朝廷，朝野上下一片失望，人情震恐。唐僖宗下诏谴责高骈妄自遣散诸道军队，致使黄巢贼众乘唐军无备而渡过长江。

高骈上表辩解说："我上奏建议遣归诸道军队，不能算是自我专权。今天我竭尽全力保卫一方，必定是能办到的，只是恐怕贼众连绵曲折渡过淮河，应紧急命令东面诸道将士加强戒备，奋力抵御为是。"然后宣称患风痹症，不再派兵与黄巢作战。

当初，黄巢将要率领军队北渡淮河，唐宰相豆卢请求唐僖宗将天平节度使的节授予黄巢，待黄巢到镇上任时，再行攻讨。

宰相卢携说："盗贼们都是贪得无厌，虽然给黄巢节，也未必能制止他四处剽掠，不如赶快调发诸道军队扼守泗州，任命汴州节度使为都统，率大军阴击黄巢贼众。黄巢既往前不能进入关中，必定转而攻掠淮、浙一带，逃至大海中去偷生！"

僖宗听后表示同意。

谁知不久淮北诸州相继来使告急，卢携知道情势不妙，于是宣称有病，不再上朝议政，京师长安上下一片恐慌。

十一月十七日，黄巢军攻陷东都，唐东都留守刘允章率领官员迎拜。黄巢大军入城，对城中百姓劳问而已，坊里和平常一样，人民生活正常。

十二月初二，黄巢军猛攻潼关，张承范竭尽全力进行抵抗，自寅时到申时，关上官军弓箭已无矢可射，于是用石头投向黄巢军。

潼关外有壕沟，黄巢军驱赶平民千余人来壕中，掘土将壕沟填上，不一会儿，即将壕沟填平。于是，黄巢军渡过壕沟，入夜，纵火将关楼全部焚烧干净。

于是张承范分八百士兵，交王师会，令他拒守禁坑，当王师会率军赶到禁坑时，黄巢军已经通过。

初三早晨，黄巢军夹攻潼关，关上唐守军全部溃散，王师会自杀，张承范身穿便服率领残余士兵逃脱回到长安，行至野狐泉，遇到相继到来的奉天援兵两千人。

张承范对他们说："你们来晚了！"于是退还。

博野镇和凤翔镇的军队退至渭桥，见田令孜所招募的新军穿着新衣皮裘，十分愤怒，说："这些家伙有什么功劳能穿上这样好的衣服？我们殊死拼战反倒受冻挨饿！"于是抢劫新军，并为黄巢军做向导，往长安进发。

初五,百官退出朝堂，听说乱兵已入长安城，分路躲藏。

田令孜率领神策军士兵五百人护卫着僖宗自金光门出城，只有福王、穆王、泽王、寿王四王及几个妃嫔随銮驾而去，百官竟无人知晓，不知皇帝去向。

僖宗昼夜不停地奔驰，随从人员大多跟不上。僖宗的车驾既已远去，长安城中的军士及坊市百姓争先恐后地闯入皇家府库盗取金帛。

临近傍晚时，黄巢部下前锋将柴存进入长安城，唐金吾大将军张直方率文武官数十人往霸上迎接黄巢。黄巢坐着用黄金装饰的轿子，其部下全都披着头发，穿着红丝锦绣衣裳，手持兵器跟从着，铁甲骑兵行如流水，辎重车辆塞满道路，大军延绵千里络绎不绝。

长安居民夹道聚观，尚让挨个向士民们宣谕说："我黄王起兵，本为了百姓！不像唐朝李氏皇帝不爱你们，你们只管安居乐业，不要恐慌。"

黄巢住宿于田令孜的家。其部下将士为盗贼既久，极为富有，看到贫穷的人，往往施舍财物。但在他们那居住几天以后，又各自出来大肆抢劫，焚烧坊市，到处杀人，使死尸满街，黄巢无法禁止。黄巢部下尤其憎恨唐朝官吏，凡抓获到的全部杀死。

十一日，黄巢将留在长安的唐朝宗室全部杀光，一个不剩。

十二日，黄巢始入居禁宫。

十三日，黄巢称帝，在含元殿即皇帝位，做天子礼服，敲响数百只战鼓替代金石音乐，作为登基之礼。黄巢登上丹凤楼，颁下赦书：定国号为大齐，改年号为金统。

昭宗退位

唐昭宗光化三年（900）

司空、门下侍郎、同平章事王抟，明白通达，宽宏大量，当时被称为良相。

唐昭宗李晔一向痛恨枢密使、宦官宋道弼、景务修专断强横，崔胤天天与昭宗商量除去宦官，宦官也知道他们的行动。因此，南司和北司更加相互憎恨嫉妒，各自交结藩镇以为援助，互相倾轧争夺。

王抟担心这样会招致变乱，就从容不迫地向唐昭宗进言说："君主行事，应当致力于申明大局，没有偏心私情。宦官专权的弊病，谁不知道呢？但是他们的势力不可能急速除掉，应当等候各种灾难渐渐平息，通过正当途径逐渐消灭。希望陛下说话不要轻易泄露，以免加速奸邪小人的变乱。"

崔胤听说这话，就向昭宗诬陷王抟说："王抟奸诈邪恶，已经成为宋道弼等的外应。"

昭宗怀疑他的话。

崔胤被罢免了宰相职务，就猜想是王抟排斥自己，更加痛恨他。崔胤奉命离京师去镇守广州之后，他就送书信给朱全忠，原原本本地讲了王抟说过的话，让朱全忠进呈表章来辩论是非。

于是朱全忠上表说："崔胤不能离开辅佐陛下的宰相之位，王抟与敕使互为表里，内外勾结，危害国家。"

朱全忠的表章接连呈进，继续不停。昭宗虽然察觉其中实情，但迫于朱全忠，也无可奈何，在崔胤行至湖南时又召他回京师。

十一日，昭宗任命崔胤为司空、门下侍郎、同平章事，王抟被罢免司空、门下侍郎、同平章事，降为工部侍郎。命宋道弼出任荆南监军，景务出任青州监军。

十二日，贬王抟为溪州刺史。

十三日，又贬王抟为崖州司户；宋道弼流放驩州，景务修流放爱州。当天，三人都被赐令自杀。王抟死在蓝田驿，宋道弼、景务死在霸桥驿。

于是，崔胤操纵朝廷政权，势力威震朝野，宦官都怒目而视，非常愤慨痛恨。

当初，崔胤与昭宗秘密谋划全部杀死宦官，等到宋道弼、景务死后，宦官更加恐惧。

唐昭宗自华州回到京城以后，精神恍惚，抑郁不乐，常常纵情饮酒，喜怒无常，左右的人尤其人人自危。

于是，左军中尉刘季述、右军中尉王仲先、枢密使王彦范、薛齐等暗中共同商量说："主上轻浮而多机变欺诈，难于侍奉；并且凡事专听任宰相办理，我等终究要遭受他的祸害。不如立太子为皇帝，尊主上为太上皇，招岐州李茂贞、华州韩建的军队为援助，控制各个藩镇，谁还能加害我们呢？"

十一月，昭宗在禁苑中打猎，因此摆酒纵饮，夜里大醉回宫，亲手杀死宦官、侍女数人。天明，已经是辰巳左右，宫门还没有开。

刘季述到中书省告诉崔胤说：“宫中一定有了变故，我是内臣，能够根据实际情况自行斟酌处理，请进宫察看发生了什么事情。”于是，率领宫禁警卫一千人破门而入，经过访查讯问，获得具体情况。

刘季述出来对崔胤说：“主上所为如此，岂可管理国家？废黜昏君，拥立明主，自古就有这样做的，为了国家大计，这样做不是叛逆。”

崔胤害怕被杀，不敢违抗。

初六，刘季述召集文武百官到来，在殿庭布置了军队，起草崔胤等请太子代管国事的联名状，出示给文武官员看，让他们签名。崔胤及文武百官不得已，都签了名。

昭宗在乞巧楼，刘季述、王仲先在门外埋伏一千名全武装的将士，与宣武进奏官程岩等十余人进楼请求奏对。刘季述、王仲先刚登殿，将士大声呼喊，突然冲入宣化门，到思政殿前，遇到宫人就杀。

昭宗看见军队闯入，被惊吓得掉到床下，起来将要逃走，刘季述、王仲先架着让他坐下。

宫人跑去禀报皇后，何皇后快步走来，向刘季述等拜请说：“军容使不要惊吓皇上，有事求军容使商量。”

于是刘季述等拿出文武百官的联名状，禀告昭宗说：“陛下厌倦帝位，内外群情希望太子代行管理国家事务，请陛下在东宫颐养天年。”

昭宗说：“昨天与卿等玩乐饮酒，不觉喝得太多。怎么能弄到这种地步？”

刘季述等回答说：“这联名状不是我等所定，都是南司百官群情激昂，不能阻止啊！请陛下暂且前去东宫，等到事情稍微安定，再迎陛下回归正宫来罢了。”

何皇后说：“皇上赶快依从军容使的话！”立即取出传国玺印授予刘季述。

宦官扶持昭宗与何皇后同乘一车，与嫔御侍从十余人往少阳院去。

刘季述用银楇（zhuā）画地，数落昭宗说："某时某事，你不听从我的话，这是一条罪。"就这样数十下还不停止。

于是，刘季述亲手锁了少阳院的门，熔化铁水将锁灌实，派遣左军副使李师虔带兵将少阳院包围，昭宗一有动静就禀报刘季述，凿出墙洞来递送饮食。凡是兵器针刀都不能入内，昭宗要些钱帛全不成，要些纸笔也不给。当时天气十分寒冷，嫔御公主没有衣被，号哭之声传到墙外。

刘季述等假传昭宗的诏书，令太子代管国事，迎太子入宫。

初七，刘季述等又假传昭宗的语书，令太子李裕继承皇位，更名李缜。于是，以昭宗为太上皇，何皇后为太上皇后。

初十，李缜即皇帝位，把少阳院改名叫问安宫。

李缜即位几十天，各藩镇例应奏进的笺表大多不到。

右军中尉王仲先性情苛刻细察，向来知道左、右军积弊很多，等到担任中尉，查考校核军中钱谷，查到隐没钱谷为奸的人，就痛加鞭打，紧急征索所欠。将士很不安宁。

盐州雄毅军使孙德昭，担任左神策指挥使，自刘季述废黜唐昭宗、强立太子之后，经常愤惋不平。崔胤听说后，派遣度支盐铁判官石戬与孙德昭交游。

孙德昭每次饮酒到酣畅时，一定哭泣。

石戬知道他诚实，就秘密按照崔胤的意思劝说他，说："自太上皇幽禁以来，内外大臣以至于军队士卒，谁不咬牙切齿？如今造反的只有刘季述、王仲先二人而已，您如果能杀死这两个人，迎太上皇复位，就会富贵穷极一时，忠义流传千古；如果犹豫不决，就要功落他人之手了！"

孙德昭叩谢说："德昭不过是个小军官，国家大事，岂敢专擅？如果相公有命令，德昭不敢惜死。"

石戬把孙德昭的情况禀报了崔胤。崔胤割下衣带，亲笔书写命令，交给孙德昭。孙德昭又结交右军清远都将董彦弼、周承诲，商量在除夕夜里伏兵安福门外，俟机行事。

唐昭宗天复元年（901）

正月初一，右军中尉王仲先入宫朝见，行至安福门。

孙德昭将他捉住杀死，随即快马奔赴少阳院，敲门高喊道："逆贼王仲先已被杀死，请陛下出来慰劳将士。"

何皇后听了不相信，说："如果真是这样，就将他的首级拿来！"

孙德昭献上王仲先的首级，昭宗才与何皇后毁坏门扇出来。崔胤迎接昭宗登上长乐门楼，率领文武百官称颂庆贺。

这时，周承诲捉获刘季述、王彦范接着到达，昭宗刚责问他们的谋逆罪行，就已被乱棍打死了。薛齐投井淹死，被捞出来斩了首级。杀灭王仲先、刘季述、王彦范、薛齐四人全家，并把他们的党羽二十余人处死。

宦官侍奉太子藏在左军之中，把传国宝玺献了出来。

昭宗说："李裕年幼懦弱，被凶恶小人立为皇帝，不是他的罪过。"命令他回东宫废黜为德王，并恢复旧名李裕。

存勖袭位

后梁太祖开平二年（908）

正月，晋王李克用头上生毒疮，病情严重。周德威等撤退到乱柳驻扎。

李克用命他的弟弟、内外蕃汉都知兵马使、振武节度使李克宁，监军张承业，大将李存璋、吴珙，掌书记卢质等人拥立他的儿子、晋州刺史李存勖为嗣，说：“此子志向远大，必能成就我的事业，你们好好教导他！”

十九日，李克用对李存勖说：“李嗣昭困于重围，我来不及见他了。等到丧事完毕，你与周德威等立即竭力救他！”

然后，他又对李克宁等说：“把亚子[1]托付给你们照管了！”李克用话说完就死了。

此时李克宁治理军府，内外没有人敢喧哗。

李克宁长期总理兵权，有兄死弟立之势，当时上党围困没解除，军中认为李存勖年少，多有私下议论的，人心不定。

[1]亚子，李存勖的小名。

李存勖害怕，把王位让给李克宁。

李克宁说：“你是嫡长子，况且有先王的遗命，谁敢违抗？”

将吏想要谒见李存勖，李存勖正在悲伤哭泣，没有出来。

张承业进内对李存勖说：“大孝在于不失去基业，总是哭做什么？”于是，扶着李存勖出来，继位为河东节度使、晋王。

李克宁首先率领诸将拜贺，李存勖把军府事务全部委托给李克宁。

李存勖任李存璋为河东军城使、马步都虞候。

李克用在世时，多宠信依靠胡人及军士，侵犯扰乱街市店铺，李存璋上任以后，逮捕其中尤其残暴蛮横的杀死，一个月的时间城中秩序肃然。

当初，李克用收养许多军中壮士为养子，宠信待遇如同亲子。等到李存勖继位，诸养子都年长并掌握军权，心里郁闷不服，或者托病不出，或者觐见新王不叩拜。

二月，李克宁的权力地位已经很重要，多数人倾向他。

养子李存颢暗中劝说李克宁道：“哥哥死了，弟弟继位，自古就有这样的事情。以叔叔叩拜侄子，于理心安吗？上天授予不取，后悔就来不及了！”

李克宁说：“我家世代以父慈子孝闻名天下，先王的基业如果有了归属，我又有什么希求？你再胡说，我就杀了你！”

李克宁的妻子孟氏，向来刚强蛮横，诸养子各派他们的妻子到内室劝说孟氏，孟氏认为有理，并且担心这些话泄露出去遭受祸患，屡次逼迫李克宁。

李克宁性情怯懦，早晚被众人的话蛊惑，不能不动心；又与张承业、李存璋失和，屡次责备他们；又因故擅自杀死都虞候李存质；又要求兼任大同节度使，以蔚州、朔州、应州为巡属。李存勖都听从了他。

李存颢等为李克宁谋划，趁着晋王到李克宁的家里探望，杀死张承业、李存璋，拥奉李克宁为节度使，率河东所属九州归附后梁，逮捕晋王李存勖及太夫人曹氏送往大梁。

太原人史敬熔，年轻时侍奉晋王李克用，居于帐下，受到亲信，李克宁想知道王府中的秘密事情，召见史敬熔，秘密地把计划告诉他。

史敬熔假装应允他，入府报告太夫人。

太夫人大惊，召见张承业，指着李存勖对他说："先王把着此儿的胳膊交给您等，如果听到外边图谋想要背弃他，就只求有地方安置我母子，不要送往大梁，其他不连累您。"

张承业惶恐说："老奴以死奉先王的遗命，这是什么话呢？"

李存勖把李克宁的图谋告诉张承业，并且说："至亲不可以自相残杀，我如果让位，祸乱就不会发生了。"

张承业说："李克宁想要把大王母子投入虎口，不除掉他岂有安全的道理？"

于是，张承业召见李存璋、吴珙及养子李存敬、长直军使朱守殷，让他们暗中防卫提防。

二十一日，李存勖在王府摆酒宴请诸将，埋伏的甲兵在座位上把李克宁、李存颢逮捕。

李存勖流着泪数说李克宁道："孩儿以前把节度使府让给叔父，叔父不接受。现在事情已定，怎么又有这样的图谋，忍心把我母子送给仇人吗？"

李克宁说："这都是说坏话的谗人挑拨离间，又有什么话可说？"

当日，李存勖便杀了李克宁及李存颢。

三月，李嗣昭固守潞州一年，城中物资用品将要竭尽，李嗣昭登城宴请诸将取乐。飞箭射中李嗣昭的脚，李嗣昭秘密地把箭拔掉，座中的人都没有发觉。

后梁太祖朱温屡次派遣使者前去颁赐诏书，劝他投降。李嗣昭烧毁诏书，斩杀使者。

当初，李克用去世，周德威在外地掌握重兵，国中人都怀疑他。李存勖召周德威带兵会于晋阳。

四月初一，周德威到晋阳，把军队留在城外，独自步行入城，伏在李克用的灵柩上哭得极为悲伤。他退出后，拜见李存勖，礼节非常恭敬，众人心里的疑虑因此消释了。

潞州夹寨的后梁军将领奏报余吾寨的晋兵已经退走。朱温以为晋的援兵不能再来，潞州一定能够夺取，初六自泽州南下返回，十二日到大梁，在夹寨的后梁兵也不再布置防备。

晋王李存勖与诸将商议说："上党是河东的屏障；没有上党，就没有河东啊。况且朱温惧怕的只是先王罢了，听说我才登帝位，以为小孩不熟悉军事，一定有骄傲懈怠的心理。如果选派精锐部队兼程急速前去，出其不意，打败梁兵是一定的了。取得威势，确定霸业，在此一举，不可失掉机会啊！"

张承业也劝他亲自出征。于是，李荐勖大阅士卒，任命前昭义节度使丁会为都招讨使，二十四日，率领周德威等由晋阳出发。

二十九日，李存勖驻扎在黄碾，距离上党四十五里。

五月初一，晋王埋伏军队在三垂冈下，凌晨大雾，进兵直达夹寨。

后梁军未设岗哨，没料到晋兵的到来，将士还未起床，军中惊慌纷扰。

李存勖命令周德威、李嗣源分兵两路，周德威攻西北角，李嗣源攻东北角，填沟烧寨，擂鼓呐喊而入。

后梁兵大败，向南逃跑，招讨使符道昭的坐马栽倒，被晋兵杀死，逃失死亡将士数以万计，丢弃的物资、粮草、器械堆积如山。

周德威等人到潞州城下，呼唤李嗣昭说："先王已经去世，现在嗣王亲自前来，攻破梁贼夹寨。梁贼已经逃走了，可打开城门！"

李嗣昭不信，说："这一定是被梁贼俘虏，派来诳骗我。"想要用箭射周德威。

左右的人阻止他，李嗣昭说："嗣王如果真的来了，可以与我相见吗？"

李存勖自己往前呼唤他。李嗣昭见李存勖穿着白色丧服，放声大哭悲恸欲绝，城中全都哭了，于是开了城门。

当初，周德威与李嗣昭有仇怨，李克用临死对李存勖说："进通[1]忠诚孝敬，我爱他很深。现在没有出重围，难道是周德威不忘旧日的仇怨吗？你替我把这个意思告诉他。如果潞州不能解围，我死了也不能闭上眼睛。"

李存勖把父王的意思告诉周德威，周德威感激哭泣，因此攻打夹寨非常卖力，与李嗣昭相见后，从此欢洽和好如初。

后梁潞州行营都虞候康怀贞率领骑兵一百余人自天井关逃回大梁。

后梁太祖听说潞州夹寨没有守住，大惊失色，过了一会儿长叹说："生子当如李亚子，李克用家业可以不亡了！至于像我的儿子，只是一些猪狗罢了！"

[1]进通，李嗣昭的小名。

闵帝出逃

后唐明宗长兴四年（933）

十一月二十九日，后唐明宗李嗣源去世。

十二月初一，宋王李从厚即位，是为后唐闵帝。

二十八日，闵帝开始驾临中兴殿处理朝政。闵帝自从结束守丧礼制之日，就召学士为他讲读《贞观政要》《太宗实录》，怀有谋求天下大治的志愿。然而他不懂求治的要领所在，宽容软弱，缺乏决断。

后唐潞王清泰元年（934）

正月十七日，枢密使、同平章事朱弘昭，同中书门下二品冯赟，河东节度使兼侍中石敬瑭，都兼任中书令。冯赟因为越级升迁太多，坚辞不受，十八日，改兼侍中。

凤翔节度使兼侍中、潞王李从珂，年轻时与石敬瑭跟从明宗征伐，立过功，有声望，又得人心。朱弘昭、冯赟的地位和声望，历来距李从珂、石敬瑭二人很远，朱、冯执掌朝政，都憎恶这两个人。

当时，李从珂长子李重吉在朝廷任控鹤都指挥使，朱弘昭、冯赟不想让他掌管禁中兵权，二十八日，将他调出任亳州团练使。李从珂有个女儿李惠明出家为尼，住在洛阳，也被召入禁中。李从珂由此产生疑惧。

二月，朱弘昭、冯赟不想让石敬瑭久居太原，并且想召回权知天雄军府的孟汉琼。

初九，迁成德节度使范延光为天雄节度使，代替孟汉琼；派李从珂为河东节度使，兼任北都太原留守；迁石敬瑭为成德节度使。

李从珂已经与朝廷猜忌疏远了，结果朝廷又任命洋王李从璋暂主凤翔事务。

李从璋性情粗鲁而且幸灾乐祸，以前代替安重诲镇守河中，亲手槌杀安重诲。李从珂听说要派他来接替自己，心里尤其厌恶，想要拒绝朝廷的命令，却兵弱粮少，不知怎么办为好，便同所属将佐商议。

众人都说："自从皇上年纪衰老以来[1]，国家政事都操纵在朱弘昭、冯赟手中，大王您功高名大，震慑君主，离开镇所必然不能保全自己。不能接受别人的替代。"

于是李从珂便向邻近各道发出宣告文书，言称："朱弘昭等人，趁先帝患病严重之际，杀长立少，专擅朝廷大权，离间挑拨皇室骨肉，动摇藩镇根基，深恐他们要倾覆唐室的江山社稷。现在，从珂即将入朝以清君侧的坏人，而如此大事又不是独力所能办到，愿意请求邻藩各道支援，合力达到这个目的。"

朝廷研究讨伐凤翔的事。康义诚[2]不想调派在外边，害怕丢了兵权，便奏

[1]此处皇上，指的是后唐明宗李嗣源。

[2]康义诚（？—934），后唐将领。清泰元年（934）正月十一日，闵帝李从厚加封河阳节度使兼侍卫都指挥使康义诚兼任侍中，判理六军诸卫事。

请派王思同[1]为统帅。

王思同虽然有忠义的志向，但是驾驭军队却没有法度。李从珂对于治理行军作战很有经验，将士希望升迁跻身富贵的，内心都愿意归附他。

闵帝下诏派遣殿直楚匡祚拘捕亳州团练使李重吉，幽禁在宋州。

十五日，诸道之兵会集在凤翔城下大举进攻。交战数日，兵众都弃甲缴械投降，那声音响得地动山摇。乱兵都进了城，外面的军队也溃散了，王思同等六位节度使都逃跑了。

二十日，西面步军都监王景从等从前线奔逃回洛阳，朝廷内外都很震惊。

闵帝不知该怎么办，对康义诚等人说："先帝辞世之际，朕正在外边戍守藩镇，那个时候，谁来继承大位，只在诸位明公所选取而已，朕实在没有心思与别人争当皇帝。后来继承了大业，朕年纪还很轻，国家大事都委托给诸位明公办理。朕和兄弟之间不至于隔阻不通，诸位明公把有关国家社稷的大计告知朕，朕哪里敢不听从？

"这次兴兵讨伐凤翔之初，大家都夸大其词，认为凤翔乱寇很容易讨平。现在事情已经到了这个地步，有什么办法可以扭转祸局？朕打算亲自迎接潞王，把皇帝大位让给他，如果不能免去罪罚，也心甘情愿。"

朱弘昭、冯赟大为恐惧，不敢答对。

康义诚想把全部宿卫兵迎降作为自己的功劳，便说："朝廷的军队溃败惊散，是由于主将的指挥失策。现在，还有很多侍卫部队，我请求亲自去扼守住冲要之地，招集离散了的部队，来谋求以后的效果，请陛下不要过于忧虑！"

[1]王思同（892—934），后唐将领，时任西都长安留守。由于他的位置正处在凤翔东讨洛阳的必经之路上，李从珂起兵后，接连派使者去见他，希望得到他的支持。结果王思同把李从珂的使者拘留起来，并向朝廷报告。

闵帝想派使臣去召唤石敬瑭，让他统兵去抗拒李从珂的人马。

康义诚坚持请求自己去，闵帝便把将士招集起来进行慰问和动员，调用全部府库财物犒劳军队，并且许愿：平定凤翔之乱以后，每人加赏二百缗钱，如果府库不足，便用宫中锦帛珍玩变价补充。

因此，军士更加骄横，肆无忌惮，背负着所赏赐的东西，在路上张扬说："到了凤翔，还要再弄一份。"

朝廷派遣楚匡祚到宋州把李从珂的儿子李重吉杀了，又杀了李从珂已经出家为尼的女儿李惠明。

二十一日，闵帝亲临府库左藏，给将士发放金帛赏物。

康义诚同马军都指挥使朱洪实一起议论此次用兵的利与害，朱洪实主张用禁军固守洛阳，并说："这样做，对方也就不敢直攻洛阳，然后再想办法进一步加以解决，这是万全之计。"

康义诚听了发怒地说："洪实说这样的话，是想要造反吗？"

朱洪实说："您自己要造反，还说别人要造反！"

二人争吵的声音越来越大，闵帝听到了，召唤二人来询问。

二人各把自己的意见向闵帝诉说，闵帝不能明辨二人争辩的是非，便把朱洪实斩杀了，军士更加愤怒。

二十二日，李从珂到达昭应，听说前军抓获王思同，他说："虽然王思同的谋划有所失误，然而他竭尽心力为其所侍奉的主上，也是可以嘉许的。"

二十三日，李从珂到达灵口，前军把王思同押见李从珂，李从珂责备他。

王思同回答说："思同起于行伍之间，先帝提拔我，位至建立节度的大将，经常惭愧自己没有功劳报答重用的大恩。并非不知道依附大王您马上就能得到富贵，帮助朝廷是自取祸殃，只是怕临死之日没有面目在九泉之下见先帝。如果失败了就用我的血来祭奠战鼓，也算是得其所了。请您让我早些就死！”

李从珂听了这些话大受感动，改容相敬。

朝廷前后所派发的各路军马，遇到凤翔来的军队后都纷纷迎降，没有一个肯于应战的。

闵帝下令任命康义诚为凤翔行营都招讨使。

二十六日，康义诚率领侍卫兵从洛阳出发。

二十七日，李从珂到达陕州，僚佐劝他说：“现在大王将要到达京畿，传闻皇帝乘舆已经转移出去，大王最好稍微在这里停留一下，先发布文告慰抚京城士庶。”

李从珂听从这个意见，便发布安抚文告传谕洛阳文武士庶说，除了朱弘昭、冯赟两个家族不赦免之外，其余人等都不要有疑虑。

康义诚的军队到达新安，所部将士自己相互结合，百八十人为一群，丢弃兵器铠甲，争先奔向陕州投降，连续不断。

康义诚到达干壕后，在他指挥下的人只剩几十个，路上遇到李从珂在那里的候骑十多人，康义诚解下所佩的弓和剑作证，随着候骑请求向李从珂投降。

二十八日，闵帝闻报潞王到达陕州，康义诚军队溃败，忧愁害怕，不知如何是好，急忙派人召见朱弘昭商量怎么办。

朱弘昭说：“急切召见我，是要加罪于我啊。”便投井而死。

京城巡检安从进听说朱弘昭死讯后，便在冯赟的府第杀了冯赟，并杀灭了他的家族，把朱弘昭、冯赟的首级传送给李从珂。

闵帝想逃奔魏州，召见孟汉琼让他到魏州先去安置。孟汉琼不应召命，自己单骑奔向陕州。

从前，闵帝在藩镇时，宠信牙将慕容迁，即位为帝后，任用他为控鹤指挥使；闵帝将要北渡黄河去魏州，秘密地与他策划，让他带领所属兵士把守玄武门。

当晚，闵帝带了五十名骑兵出玄武门，对慕容迁说：“朕即将去魏州，慢慢再图复兴，你率领有马的控鹤军跟我走。”

慕容迁说：“生死跟着皇上。”于是表面上团结在闵帝周围，等到闵帝出了宫城后，他就关了城门不跟随了。

四月初一，天还没有亮，闵帝到达卫州以东几里的地方，遇到石敬瑭。闵帝大喜，便向他询问如何保存社稷的大计。

石敬瑭说：“听说康义诚向西讨伐，怎么样了？陛下为什么来到这里？”

闵帝说：“康义诚也叛变离去了。”

石敬瑭垂头长叹了好几次，说：“卫州刺史王弘贽是位宿将，懂得很多事情，请您等我和他商量。”

于是石敬瑭就去问王弘贽，王弘贽说：“前代天子流亡的也不少，然而都随从有将相、侍卫、府库、法物，使得随从的人有所依恃和希望。现在主上什么也没有，只有五十骑兵跟随着他自己，我们虽然有忠义之心，还能有什么办法呢？”

石敬瑭回来，到卫州的驿馆去见闵帝，把王弘贽的话告诉闵帝。

弓箭库使沙守荣、奔洪进上前责备石敬瑭说：“您是明宗的爱婿，富贵相互共同享有，忧患也应该相互体谅、承担。现在，天子奔波在外，把希望寄托于您，以图复兴，竟然拿这四样来做托词，这简直是要依附于叛贼而出卖天子呀！”

沙守荣抽出佩刀要刺杀他，石敬瑭的亲将陈晖救了他。沙守荣与陈晖相斗而死，奔洪进也自刎而死。

石敬瑭的牙内指挥使刘知远带着兵卒进来，杀死闵帝左右及随从的骑兵，只是留下闵帝不顾而去。

太后命宫内诸司的人到千壕迎接李从珂。

初三，潞王李从珂到达蒋桥，百官在路上列班迎接，尚书左仆射冯道等人都上书劝进大位。

初四，太后下令废除闵帝为鄂王，委任潞王李从珂主持军国大事，暂且以书诏印施行政令。百官进诣至德宫门待罪，李从珂命他们各还其位。

初五，太后命令李从珂即皇帝之位。

初六，李从珂在明宗灵柩前即位，是为后唐末帝。

儿皇敬瑭

后唐潞王清泰元年（934）

当初后唐末帝李从珂和石敬瑭都是由于勇武善斗而服侍在明宗李嗣源的左右，然而二人心里竞争，平素彼此不和睦。现在，李从珂即位为皇帝，石敬瑭不得已入京朝拜，安葬完明宗以后，不敢提出归还镇所。

五月，石敬瑭久病之后很疲弱，曹太后和魏国公主几次替他说情；而从凤翔来的将佐大多劝说末帝把他羁留洛阳，只有韩昭胤、李专美认为宣武节度使赵延寿正在汴梁，逼近洛都，为了避免赵延寿的疑惧，不应当猜忌石敬瑭。

末帝也看到石敬瑭很消瘦衰弱，不担心他，便说："石郎不但是内亲，关系密切，而且他从小与我共同经历艰难；现在我做了天子，不依靠石郎还能依靠谁呀！"便仍任用他为河东节度使。

后唐潞王清泰二年（935）

河东节度使、北面总管石敬瑭返归镇所后，暗中谋划如何保全自己。

末帝喜欢访查咨询外边的事情，常常命令端明殿学士李专美、翰林学士李崧、知制诰吕琦、薛文遇、翰林天文赵延等轮换在中兴殿庭院值班，有时候同他们谈论到深夜。

当时，石敬瑭的两个儿子任内使，曹太后则是石敬瑭之妻晋国长公主的母亲，石敬瑭贿赂太后的左右，让他们暗中侦查末帝的密谋，不论事情的大小他都能知道。石敬瑭常常在宾客面前自称病弱不能领兵为帅，希图朝廷不猜忌他。

当时，契丹族频繁侵扰北部边界，守卫的禁军大多设防在幽州和并州，石敬瑭与赵德钧都请求朝廷增兵运粮，日夜相继不断。

五月二十一日，朝廷下诏向河东有积蓄的人征借菽粟。二十二日，下诏令镇州输纳绢五万匹给总管府，用来购买军粮，率领镇冀的人车一千五百辆运粮供给代州；又下诏令魏博开市购粮。当时水灾、旱灾使得百姓饥饿，石敬瑭派人督催缴纳非常严厉紧急，崤山以东的百姓流离失散，开始露出了动乱的兆头。

石敬瑭率领大军屯驻忻州，朝廷派使臣赏赐军士夏衣，传布诏书加以抚慰，军士曾多次呼喊万岁。石敬瑭害怕，他的幕僚段希尧请求杀了那些带头呼叫的，石敬瑭命令都押牙刘知远斩了挟马都将李晖等三十六人作为此事的宣示。

末帝听说这些情况，更加怀疑石敬瑭。

后晋高祖天福元年（936）

正月二十三日，末帝在自己的生日千春节置酒设宴，晋国长公主上寿祝贺完毕，告辞回晋阳。

当时末帝已经醉了，说道：“为什么不多留些时候，忙着赶回去想帮助石郎造反吗？”

石敬瑭听说后，更加害怕。

石敬瑭想试探末帝的意图，多次上表陈诉身体羸弱，请求解除他的兵权，调迁到别的镇所。末帝与执政大臣商议后答应了他的请求，把他移镇郓州。房暠、李崧、吕琦等人都极力谏劝，认为不能这样做，末帝犹疑了很长时间。

五月初二夜间，李崧因有急事请假在外，薛文遇独自承值夜班，末帝同他议论河东的事情。

薛文遇说：“俗谚说：‘在道路当中盖房，三年也盖不成。’这种事情只能由主上的意志进行决断。群臣各为自身利害作打算，怎么肯什么话都说？以臣看来，河东的事，移镇也反，不移也要反，只是时间早晚而已，不如走在前头，先把他解决了。”

以前，术士说国家今年应该得到贤人辅佐，提出奇谋，安定天下，末帝以为这个人当由薛文遇来应验，听到他的话，大为高兴，说道：“爱卿的话，很使我心意豁然开朗，不论成功还是失败，我决心施行。”立即命薛文遇写出封授官职的拟议，交付学士院草拟任命制书。

初三，任命石敬瑭为天平节度使，任用马军都指挥使、河阳节度使宋审虔为河东节度使。制令一出，文武两班听到呼叫石敬瑭的名字，相顾失色。

初六，末帝任用建雄节度使张敬达为西北蕃汉马步都部署，催促石敬瑭速赴郓州。

石敬瑭很是疑惧，便和他的将佐计议说：“我第二次来河东时，主上曾当面答应我终身不再派别人来替换我；现在又忽然有了这样的命令，莫不是像今年过千春节时，主上同公主所讲的那样吗？

“我如果不造反，朝廷要先发制人，怎么能束手被擒，死于道路之间呢？今天我要上表说有病，来观察朝廷对我的意向，如果他对我宽容，我就臣事他；如果他对我用兵，那我就要另作打算了。”

幕僚段希尧极力反对，石敬瑭因为他为人直率，并不责怪他。

节度判官赵莹劝石敬瑭去郓州赴任。

观察判官薛融说："我是个书生，不懂得遣兵作战的事。"

都押牙刘知远说："明公您长期统率兵将，很能受到士兵的拥护；现在正占据着有利的地势，将士和马步军队都很精锐强悍，如果起兵，传发檄文宣示各道，可以完成统一国家的帝王大业，怎么能只为一道朝廷制令便自投虎口呢？"

掌书记桑维翰说："主上当初即位时，明公您入京朝贺，主上岂能不懂得蛟龙不可纵之归渊的道理？然而到底还是把河东再次交给您，这正是天意要借一把快刀给您。先帝明宗的遗爱留给了后人，主上却用旁支的庶子取代大位，群情是不依附于他的。

"您是明宗的爱婿，可是现在主上却把您当作叛逆看待，这就不是仅仅靠表示低头服从所能取得宽免，只能努力为保全自己想办法了。

"契丹向来同明宗协约做兄弟之邦，现在，他们的部落近在云州、应州，您如果真能推心置腹地曲意讨好他们，万一有了急变之事，早上叫他晚上就能来到，还担心什么事不能办成吗？"

石敬瑭于是便下了造反的决心。

初十，昭义节度使皇甫立奏报石敬瑭叛乱。

石敬瑭上表称："皇帝是养子，不应该继位，请把皇位传给许王李从益。"

末帝把石敬瑭的表章撕碎扔在地上，用诏书回答他说："你同鄂王李从厚本来并不疏远，卫州的事情，天下人都知道；许王的话，谁肯听他？"

十四日，末帝下制令，削夺了石敬瑭的官爵。

七月，石敬瑭派使者从僻路求救于契丹，让桑维翰草写表章向契丹主称臣，并且请求用对待父亲的礼节来侍奉他，约定事情成功之日，划割卢龙一道及雁门关以北诸州给契丹。

刘知远劝谏他说："称臣就可以了，用父亲的礼节对待他就太过分了。用丰厚的金银财宝贿赂他，自然是足以促使他发兵，不必许诺割给他土田，恐怕那样以后要成中国的大患，后悔就来不及了。"

石敬瑭不听。

表章送到契丹，契丹主耶律德光非常高兴，告诉他的母亲述律太后说："孩儿最近梦见石郎派遣使者来，现在果然来了，这真是天意啊。"便向石敬瑭写了回信，答应等到仲秋时节，发动全国人马来支援他。

九月，契丹主耶律德光统领五万骑兵，号称三十万，从代州扬武谷向南进发，旌旗连绵不断达五十余里。代州刺史张朗、忻州刺史丁审琦绕城自守，敌人骑兵经过城下时，也不诱降挟胁他。

十五日，契丹主到达晋阳，把兵马布列在汾北的虎北口。

他先派人对石敬瑭说："我打算今天攻打贼兵，行不行？"

石敬瑭派人驰奔告诉他们说："南军力量很雄厚，不可以轻视，请等到明天议论好如何开战也不晚。"

使者还未到达契丹军营，契丹兵已经同后唐骑将高行周、符彦卿打了起来，石敬瑭便派刘知远出兵帮助他们。

后唐张敬达、杨光远、安审琦用步兵列阵在城西北山下，契丹派轻骑兵三千人，不披铠甲，直奔后唐兵阵列。后唐兵看到契丹兵单薄，争相驱赶，到了汾水之曲，契丹兵涉水而去。后唐兵沿着河岸向北进取，契丹伏兵从东北涌起，冲击后唐兵，把后唐兵截为两段，在北面的步兵大多被契丹所杀，在南面的骑兵引退回到晋安营寨。

契丹放开兵马乘乱攻击，后唐兵大败，步兵死亡近万人，骑兵却保全了。张敬达等收集余众退保晋安，契丹也率领其兵返回虎北口。

石敬瑭俘获后唐降兵一千余人，刘知远劝石敬瑭把他们都杀了。

这天晚上，石敬瑭出北门，会见契丹主。契丹主握住石敬瑭的手，只恨相见晚了。

石敬瑭问道："皇帝远道而来，兵马疲倦，急切同（后）唐兵作战而取得大胜，这是什么原因？"

契丹主说："开始我从北面过来，以为（后）唐兵必然要切断雁门的各条道路，埋伏兵众在险要之地，那样我就不能顺利前进了。我使人侦察，发现断路和伏险都没有，这样，我才得以长驱深入，知道大事必然成功了。

"兵马相接以后，我方气势正锐盛，彼方气势正沮丧，如果不乘此时急速攻击他，旷日持久，那谁胜谁负就不可预料了。这就是我之所以速战而胜的道理，不能用谁劳谁逸的通常的道理来衡量了。"

石敬瑭很是叹服。

十一月，契丹主对石敬瑭说："我从三千里以外来帮助你解决危难，必然会成功。观察你的器宇容貌和见识气量，真的是个中原的国主啊。我想扶立你做天子。"

石敬瑭推辞逊让了好几次，将吏又反复劝他进大位，于是便答应了。

契丹主制作册封的文书，命令石敬瑭为大晋皇帝，自己解下衣服冠冕亲授给他，在柳林搭筑坛台。就在这一天，石敬瑭即皇帝之位，是为后晋高祖。他割让了幽、蓟、瀛、莫、涿、檀、顺、新、妫、儒、武、云、应、寰、朔、蔚十六个州给予契丹，仍然答应每年运输帛三十万匹给他们。

十四日，后晋高祖下制令，更改长兴七年为天福元年，实行大赦，敕命各种法制都遵守后唐明宗时的旧规。

后晋高祖天福三年（938）

七月，高祖给契丹主耶律德光及述律太后上尊号，任命冯道为太后册礼使，左仆射刘煦为契丹主册礼使，配备着卤簿、仪仗、车辂，送至契丹行礼，契丹主极为高兴。

高祖侍奉契丹很恭谨，上表称臣，叫契丹主为“父皇帝”。每当契丹的使者来到，高祖在别殿拜接契丹的诏书和敕令。每年除了要输送金帛三十万之外，各种吉凶庆吊，季节馈赠，玩好珍异，运送的车马接连于道路。而且对述律太后、元帅太子、伟王、南王、北王、韩延徽、赵延寿等诸大臣都有贿赠。他们稍有不如意，便来责备、索取，高祖往往用谦卑的语言谢罪。

后晋的使者到契丹，契丹骄横倨慢，语多不逊。使者回朝，向后晋报告，朝廷内外都以为羞耻，而高祖卑恭对待契丹，从来没有怠慢过，因此，整个高祖在位的时期，同契丹没有发生过嫌隙。然而所输送的金帛，不过是几个县的田租赋税，往往托词说民间困乏，不能满额送到。

后来，契丹主多次制止高祖上表称臣，只叫他写信时自称“儿皇帝”，像家庭之间行礼一样。

澶州兵变

后汉高祖乾祐元年（948）

正月二十七日，后汉高祖刘知远病危，召见召苏逢吉、杨邠、史弘肇、郭威入宫接受遗嘱，说：“我气息微弱，不能多说。刘承祐年幼弱小，一切后事拜托各位爱卿。”

当天，高祖在万岁殿去世。

二月初一，周王刘承祐即皇帝位，是为后汉隐帝。

后汉隐帝乾祐三年（950）

自隐帝即位以来，枢密使、右仆射、同平章事杨邠总理机要政务，枢密使兼侍中郭威主持征战，归德节度使、侍卫亲军都指挥使兼中书令史弘肇典领京城警卫，三司使、同平章事王章掌管财政赋税。

杨邠十分秉公忠心，退朝回家，门下没有私人拜会，虽然不拒绝四方的馈赠，但有多余的就进献皇上。史弘肇负责京城治安，路上丢了东西没有人捡。这时正值契丹大乱中原之后，官府、百姓都十分拮据。王章搜集点滴余利，节约开支，以此充实国库，虽然跟着就有李守贞、王景崇、赵思绾的三镇互相勾结叛乱，虽为此用兵多年而供应并不短缺，直至事态平息，除赏赐之外，还有积余，因此国家基本安定。

后来，隐帝的左右宠臣逐渐被任用，太后的亲戚也干预朝政，杨邠等人屡次加以裁减抑制。

隐帝刚解除高祖的三年之丧，就听音乐，赏赐优伶锦袍、玉带。

优伶到史弘肇处告谢，史弘肇大怒道："将士守卫边疆殊死苦战尚且没有赏赐这些，你们这等人有什么功劳得到锦袍、玉带？"随即全部没收还归官府。

隐帝想立他宠爱的耿夫人为皇后，杨邠认为太快；耿夫人去世，隐帝想用皇后之礼安葬，杨邠又认为不可。

隐帝年龄渐大，愈加讨厌被大臣制约。

杨邠、史弘肇曾在隐帝面前议论政事，隐帝说："仔细考虑，不要让人有闲话！"

杨邠说："陛下只管闭口不出声，有我们在。"

隐帝的积怨久不能平，左右宠臣就乘机向隐帝进谗言说："杨邠等人专横跋扈肆无忌惮，最终定当犯上作乱。"

隐帝听信了这话。

司空、同平章事苏逢吉已与史弘肇有了隔阂，知道李业[1]等人怨恨史弘肇，就多次用言语激他们。

隐帝于是和李业、聂文进、后匡赞、郭允明谋划诛杀杨邠等人，商议已定，入内禀告太后。

---

[1]李业，太后的弟弟。当初，后汉高祖让他掌管宫内财物。到了后汉隐帝即位，他特别受到宠信。适逢宣徽使空缺，李业一心想补缺，后汉隐帝和太后也给执政宰辅们打了招呼。结果，杨邠、史弘肇认为内朝使职的升迁递补有规定次序，不能因为外戚而越级担任，于是作罢。

十一月十三日早晨，杨邠等上朝，有几十名全副武装的武士从广政殿出来，在东面廊屋下杀死杨邠、史弘肇、王章。

隐帝又分头派遣使者率领骑兵逮捕杨邠等人的亲属、党羽、随从，全部杀死。

史弘肇对侍卫步军都指挥使王殷特别厚待，杨邠等死后，隐帝派遣供奉官孟业携带绝密诏书到澶州和邺都，命令镇宁节度使李洪义杀死王殷，又命令邺都行营马军都指挥使郭崇威、步军都指挥使曹威杀死郭威以及监军、宣徽使王峻。

十四日，使者到达澶州，李洪义畏缩胆怯，顾虑王殷已经知道此事，不敢动手，于是带着孟业去见王殷。王殷囚禁孟业，派遣副使陈光穗把绝密诏书拿给郭威看。

郭威召见枢密吏魏仁浦，把诏书拿给他看，说："怎么办？"

魏仁浦说："您是国家的大臣，功勋名声素来卓著，加上掌握强兵，据守重镇，一旦被小人们诬陷，灾祸出于不测，这不是用言辞所能排解的。事态已经如此，不可坐着等待。"

郭威于是召集郭崇威、曹威以及众将，告知杨邠等人蒙冤屈死以及有绝密诏书的情况，并且说："我与杨邠等人，披荆斩棘，跟随先帝夺取天下，接受托孤的重任，尽心竭力保卫国家，如今他们已死，我还有什么心思独自活着？各位应当执行诏书指令，斩取我的脑袋来禀报天子，大概能不受牵累。"

郭崇威等都流着泪说："天子年少，这必定是天子身边小人们所干的，倘若让这帮小人得志，国家岂能得到安宁？我郭崇威情愿跟从您进京入朝亲自申诉，扫除无能鼠辈来肃清朝廷污浊，切不可为一个使者所杀，蒙受千古恶名。"

翰林天文赵修己对郭威说："您白白送死有什么好处？不如顺应众人之心，领兵南行，这是天赐良机啊。"

郭威于是留下他的养子郭荣镇守邺都，命令郭崇威率骑兵前面开路，十五日，自己带领大部队接着进发。

十六日，郭威已经到达澶州，李洪义迎纳郭威。王殷迎接拜见时痛哭，率领所统辖的军队跟随郭威过黄河。

隐帝派遣宫中杂役鸗（lóng）脱暗中监视郭威，郭威抓获了他，把上奏的文表放在他的衣领里，让他回去告诉隐帝说："臣下昨日得到诏书，伸着脖子等死。郭崇威等不忍心杀我，说这都是陛下身边贪图权势不知满足的人进谗言陷害我，便逼着我向南行进，到宫阙下请罪。我求死不得，又无力量能控制他们。

"我数日之内必当到达宫阙大庭。陛下如果认为我有罪，岂敢逃避惩处？如果确实有进谗言的小人，希望抓交军前以大快人心，那么，我又岂敢不安抚晓谕各部、撤退回归邺都？"

十七日，郭威赶赴滑州。

十八日，义成节度使宋延渥出迎并投降了郭威。

郭威取出滑州仓库的财物来慰劳将士，并且告诉他们说："听说侯令公已经督率各军从南面而来，如今遇上他们，交战就违背进京入朝的本意，不战就为他们所屠杀。我想成全你们的功名，不如执行日前诏书，我死了也没有遗恨！"

众将士都说："朝廷辜负了您，您没有辜负朝廷，因此万众奋勇争先，如同各报私仇一样，侯益一伙能有什么作为呢？"

王峻向部众宣布说："我已得郭公的命令，等到攻克京城，准许抢劫十天。"大家都欢腾雀跃。

十九日，郭威的军队到达封丘，京城人心惶惶。

二十日，两方军队在刘子陂相遇。

隐帝准备亲自出去慰劳军队，太后说：“郭威是我家的旧臣，如果不是生死攸关，哪里会到这个地步？只要按兵不动守在城中，飞传诏书告诉他，观察他的志向，必定有解说道理，那君臣大礼就可以保全，千万不要轻易出去。”隐帝不听。

二十一日，隐帝想再次出城，太后极力制止，隐帝没有答应。

摆好军阵后，郭威训诫部众说：“我来诛讨这帮小人，不是敢与天子对抗，千万不要首先动手。”

过了好久，慕容彦超带领轻骑兵径直前进猛烈攻击，郭崇威与前博州刺史李荣率领骑兵抵抗。慕容彦超坐骑摔倒，差点被抓获。慕容彦超带兵撤退，手下死亡一百多人，于是南面各军丧失士气，逐渐向北方军队投降。

侯益、吴虔裕、张彦超、袁嶬（yí）、刘重进都暗中前往拜见郭威，郭威逐一遣返他们回营，又对宋延渥说：“天子正处危难，您是天子的亲近，应该带领牙帐卫兵前往保卫天子，并请附带启奏陛下，希望有空早日光临臣下军营。”

宋延渥没找到天子营帐，因乱兵纷扰，不敢前进而退回。

到了天黑，南面军队大多数投归到北面。慕容彦超与手下十几名骑士逃跑返回兖州。

当晚，隐帝只与窦贞固、苏逢吉、苏禹三位宰相以及随从官员数十人在七里寨住宿，其余人都逃跑溃散。

二十二日早晨，郭威望见天子的旌旗在高坡上，便下马脱去头盔前往跟随，到达后隐帝已经离去了。

隐帝扬鞭赶马准备回宫，到达大梁玄化门。

开封府尹刘铢在城门上，问隐帝周围的人：“兵马在何处？”然后就向隐帝身边人射箭。

隐帝掉转马头，往西北到达赵村，追兵已经赶到，隐帝下马进入百姓家，为乱兵所杀。苏逢吉、阎晋卿、郭允明都自杀；聂文进挺身逃跑，被军士追上斩杀；李业逃奔陕州，后匡赞逃奔兖州。

郭威听说隐帝遇害，呼喊痛哭道："是老夫我的罪过啊！"

郭威到达玄化门，刘铢像雨点似的向城外射箭。

郭威从迎春门入城，回到私宅，派遣前曹州防御使何福进领兵把守明德门。各军大肆抢掠，整夜烟火四起。

王殷、郭崇威向郭威进言说："不制止抢掠，今晚就只剩一座空城了。"

郭威于是命令众将约束所部禁止抢掠，不服从就斩首，到黄昏才安定下来。

郭威命令将隐帝的棺木迁到西宫。

有人请求比照三国时魏高贵乡公的旧例，用公礼安葬隐帝，郭威不允许，说："紧急之时，我不能保卫好天子，罪责已够大了，何况再敢贬低国君呢？"

二十四日，郭威率领百官到明德门向太后请安，并且进奏说："军政事务繁多，请早立继位国君。"

太后发诰令说："郭允明大逆杀君，但君位不可一日无主；河东节度使刘崇，忠武节度使刘信，都是高祖的弟弟；武宁节度使刘赟，开封尹刘勋，是高祖的儿子，就让百官商议选择最合适的吧。"

郭威、王峻进入内宫在万岁宫谒见太后，请求立刘勋为继承人。

太后说："刘勋长期虚弱患病不能起床。"

郭威出去告知众将，众将请求面见刘勋。太后命令手下人用卧榻抬着刘勋给众将看，众将这才相信。于是郭威和王峻商议立刘赟继位。

二十六日，郭威率领百官上表请求让刘赟继承帝位。太后诰令各部，选择日子，准备天子车马迎接刘赟就皇帝位。郭威上奏派遣太师冯道以及枢密直学士王度、秘书监赵上交到徐州侍奉迎接。

镇州、邢州奏报："契丹主率领数万骑兵入侵，攻打内丘，五天没有打下来，死伤很多。有五百守兵叛变策应契丹，领契丹军队入城，屠杀居民，又攻陷饶阳。"

太后敕令郭威率领大部队攻打契丹，国事暂时委交窦贞固、苏禹、王峻，军事委交王殷。

十二月初一，郭威从大梁出发。

刘赟留下右都押牙巩廷美、元从都教练使杨温二人守卫徐州，与冯道等人向西而来，在路上的仪仗警卫，都按照王的规格，左右高呼万岁。

郭威到达滑州，停留数日，刘赟派遣使者慰劳。

众将接受犒赏赐命时，相互环顾不下拜，私下又相互说："我们攻陷京城，屠杀吏民，那罪行够大了。倘若刘氏再立为国君，我们还会有后代吗？"

十六日，郭威听说这情况，立即领兵行进，赶赴澶州。

十八日，太后派遣苏禹到宋州迎接准备继承君位的刘赟。

十九日，郭威渡过黄河，寓居澶州驿馆。

二十日早晨，将要出发时，将士数千人忽然大声喧哗。

郭威即下令关上房门，将士们便翻越墙头登上房顶而进入说："天子必须侍中您自己来做，我们已经与刘氏结仇，不可再立刘氏为君！"

有人撕裂黄旗披在郭威身上，共同扶抱起郭威，欢呼万岁，震天动地，趁势簇拥着郭威向南行进。

郭威于是向太后上奏笺，请求主持宗庙社稷，以母亲之礼侍奉太后。

二十三日，郭威到达韦城，发下文告安抚大梁百姓：于昨日离开黄河岸边，一路上秋毫无犯，大家不必担心疑虑。

二十五日，郭威到达七里店，窦贞固率领文武百官出城迎接拜见，乘机劝他即帝位。

刘赟已经到达宋州，王峻、王殷听说澶州军队哗变，就派遣侍卫马军都指挥使郭崇威带领七百骑兵前往阻击，又派遣前申州刺史马铎领兵到许州巡察。

郭崇威却突然到达宋州，在府第门外排队列阵，刘赟大为惊恐，关闭府门登上门楼责问郭崇威。

郭崇威回答说："澶州发生军队哗变，郭公顾虑陛下不知详情，故派遣崇威前来警卫，没有别的意思。"

刘赟召见郭崇威，郭崇威不敢进去。冯道出门和郭崇威面谈，郭崇威这才登上门楼。刘赟抓住郭崇威的手流泪，郭崇威转达郭威之意安慰他。

郭威写书信给刘赟，说自己是被众军逼迫，然后召冯道先回京城，留下赵上交、王度侍候。

郭崇威将刘赟迁居到府外驿馆，杀死刘赟的心腹董裔、贾贞等几人。

二十六日，太后发布诰令，废黜刘赟为湘阴公。

二十七日，太后发布诰令，任命侍中郭威代理国政。文武百官和四方藩镇相继上表劝郭威即帝位。

后周太祖广顺元年（951）

正月初五，太后颁下诏令，授予监国郭威传国玺印，并让他正式即皇帝位。

郭威从皋门进入皇宫，在崇元殿即位，是为后周太祖。

杨邠、史弘肇、王章等人都被追赠官爵，官府为他们收殓安葬，并且寻访他们的子孙依次任用。

FONGHONG
凤凰联动出品